WOLFGANG WAGNER

Die Polizeipflicht von Hoheitsträgern

AF883176

Schriften zum Öffentlichen Recht

Band 163

Die Polizeipflicht von Hoheitsträgern

Überlegungen zur Entstehung polizeilicher Rechtspflichten

Von

Dr. Wolfgang Wagner

DUNCKER & HUMBLOT / BERLIN

Alle Rechte vorbehalten
© 1971 Duncker & Humblot, Berlin 41
Gedruckt 1971 bei Alb. Sayffaerth, Berlin 61
Printed in Germany

ISBN 3 428 02473 7

Meinen Eltern

Vorwort

Die vorliegende Arbeit ist eine ergänzte Überarbeitung meiner Dissertation, die im Sommer 1970 der Rechts- und Staatswissenschaftlichen Fakultät der Philipps-Universität Marburg vorgelegen hat. Die ursprüngliche Ausarbeitung hatte ich in der Verwertung von Literatur und Rechtsprechung im Dezember 1969 abgeschlossen. Soweit es mir erforderlich erschien, habe ich die Arbeit um die Literatur und Rechtsprechung ergänzt, die bis einschließlich Dezember 1970 erschienen bzw. zugänglich geworden ist und diese nach Möglichkeit voll in den Text eingearbeitet. Dabei ist insbesondere die Dissertation von *Hermann Schönfelder* zu erwähnen, die sich im wesentlichen mit dem gleichen Fragenkreis befaßt wie die vorliegende Arbeit. Während jedoch Schönfelder das Schwergewicht auf eine Zusammenstellung und Auswertung einzelner Rechtsvorschriften gelegt hat, kam es mir entscheidend auf die dogmatische Erarbeitung einer Lösung des Problems der Polizeipflicht von Hoheitsträgern an. Insofern ergänzen sich beide Arbeiten. Sie sind im übrigen auch zu durchaus unterschiedlichen Ergebnissen gelangt. Die Übereinstimmung von Teilergebnissen — vor allem die Ablehnung jeder Differenzierung zwischen fiskalischem und hoheitlichem Handeln als Voraussetzung einer Polizeipflicht von Hoheitsträgern sowie die Ablehnung einer Unterscheidung zwischen materieller und formeller Polizeipflicht — ist um so bemerkenswerter.

Hinsichtlich der in der Arbeit äußerlich erkennbar verarbeiteten Literatur habe ich mich bewußt beschränkt; mein Ziel war nicht bibliographische Vollständigkeit, sondern Überschaubarkeit des Gedankengangs. Die Auseinandersetzung mit den verschiedenen Teilfragen war durch den Blick darauf begrenzt, was sie für die Erörterung meines Themas beitragen konnten. Die einzelnen Abschnitte sind demgemäß keine aus dem Zusammenhang lösbaren Darstellungen der dort erörterten Probleme. Auch unmittelbar zur Frage einer Polizeipflicht von Hoheitsträgern erschließt sich die Fülle der jeweils möglichen Belegstellen bisweilen erst über die Verweisung auf andere Autoren; ich habe mich aber bemüht, mich mit allen auseinanderzusetzen, die einen eigenständigen Beitrag zur Lösung des Problems geleistet haben. Auf die Erstellung eines Abkürzungsverzeichnisses habe ich verzichtet; die verwendeten Abkürzungen entsprechen dem üblichen Sprachgebrauch, wie er aus dem Duden und dem Abkürzungsverzeichnis von *Kirchner* (2. Aufl. 1968) folgt. Die Abkürzungen und Fundstellen der Polizeigesetze sind über die Fußnoten 209, 210 zu B und 10, 11 zu F auffindbar.

Der Gedanke, mich mit der Frage einer Polizeipflicht von Hoheitsträgern zu beschäftigen, ist mir anläßlich der Korrektur und der Ausarbeitung eines Lösungsvorschlags für eine Hausarbeit gekommen, die Herr Prof. Dr. Dr. Pirson in einer Vorgerücktenübung gegeben hatte. Auch wichtige Gedankengänge meiner Arbeit beruhen auf Überlegungen, die Prof. Pirson in seinen Marburger Kollegs vorgetragen hat. Schließlich sind in die vorliegende Fassung der Arbeit auch zahlreiche Anregungen eingegangen, die ich der Kritik von Herrn Prof. Dr. Dr. Pirson und Herrn Prof. Dr. Häberle als Berichterstatter verdanke.

Für ihre unermüdliche Mitarbeit bei der Herstellung des Manuskripts und ihre Geduld und Aufmerksamkeit in langen Gesprächen über das Thema der Arbeit danke ich meiner Frau.

Herrn Ministerialrat a. D. Dr. Johannes Broermann danke ich für die Aufnahme meiner Arbeit in die Reihe der „Schriften zum Öffentlichen Recht".

Marburg/Lahn, im Februar 1971

Wolfgang Wagner

Inhaltsverzeichnis

A. Einleitung

I. Einführung in die Fragestellung

1. Rechtliche Regelungen im staatlichen Innenbereich

Eine Polizeipflicht von Hoheitsträgern, was immer das im einzelnen bedeutet, setzt voraus, daß zwischen verschiedenen Organisationseinheiten der öffentlichen Verwaltung (Hoheitsträgern) — im sogenannten „Innenbereich" der Verwaltung — überhaupt Beziehungen rechtlicher Art möglich sind. Nach klassischer Verwaltungsrechtslehre war dies durchaus zweifelhaft. So klammerte etwa *Otto Mayer* den „Innenbereich" aus dem Bereich des Verwaltungsrechts ganz aus[1]. Der Grund für diese Auffassung ist letztlich in dem historischen Vorgang zu suchen, der zur Entstehung des sogenannten „klassischen" Gesetzesbegriffs geführt hat.

Als Ergebnis des politischen Kampfes des Bürgertums gegen die absolute Monarchie band dieser „klassische" Gesetzesbegriff, soweit Einschränkungen von Freiheit und Eigentum in Frage standen, den Monarchen an Rechtsnormen, bei deren Entstehung die Repräsentationsorgane der bürgerlichen Gesellschaft mitwirkten. Die Bürger waren zur Befolgung der mit diesen Normen oder auf ihrer Grundlage getroffenen „staatlichen" Anordnungen — aber auch nur dazu — verpflichtet (Gesetzesvorbehalt). Indem sich der Gesetzesbegriff auf diese Bindung der monarchischen Staatsgewalt beschränkte, setzte er den Staat als handelnden Organismus voraus, der seine Grundlage außerhalb des Rechts hatte — in der Person des Monarchen und schließlich in der Abstraktion der „juristischen" Person. Der in dieser „Person" verkörperte Staat konnte — als Person — unmöglich Anordnungen gegen sich selbst erlassen. Freilich mußten zur Verwirklichung des Staatszwecks Anordnungen — auch allgemeiner Art — nicht nur an die Bürger, sondern auch an die zahlreichen organisatorischen Untergliederungen der staatlichen Verwaltung ergehen; diese Anordnungen waren aber keine „rechtlichen", sondern innerpersonale Vorgänge eigener Art. Im Laufe der Rechtsentwicklung ist die ursprünglich vorgenommene Zuordnung bestimmter Bereiche zu diesem innerpersonalen Raum fragwürdig geworden. So ist die Annahme von „besonderen Gewaltverhältnissen" als Titel für eine („rechtsfreie") Anwendung staatlichen

---

[1] Verwaltungsrecht I, S. 13.

Zwangs eingeschränkt worden[2]; Untersuchungen der „mehrstufigen Verwaltungsakte“ haben die Bewertung der einzelnen Mitwirkungsakte als nur „interne“ Vorgänge aufgegeben[3]. Aber auch die Regeln, deren Zuordnung zum internen Bereich nicht zweifelhaft ist, werden heute vielfach nicht mehr als innerpersonale Vorgänge eigener Art angesehen, sondern als Rechtsakte[4] — die systematisch richtige Betrachtungsweise im republikanischen Staat, der nur existiert, soweit er rechtlich verfaßt ist[5]. Auf dieses „Innenrecht“ sind freilich die Postulate des bürgerlichen Rechtsstaates nicht ohne weiteres übertragbar, die im Anwendungsbereich des klassischen Gesetzesbegriffs, im Verhältnis von Staat und Gesellschaft, entwickelt worden sind — verwaltungsinterne Normen und Einzelweisungen unterliegen nicht dem Gesetzesvorbehalt und selbst der Vorrang von Gesetzen vor internen Regelungen ist nicht selbstverständlich[6].

2. „Außenrecht“ im staatlichen Innenbereich

Schon dem geltenden Recht der konstitutionellen Monarchie entsprach freilich die Beschränkung des Gesetzesbegriffs auf die Freiheits- und Eigentumsklausel nicht ausnahmslos[7]. Endgültig hat aber erst das Sozialstaatsgebot des Grundgesetzes deutlich gemacht, daß der Zweck öffentlich-rechtlicher Gesetze nicht darin liegt, staatliche Eingriffe zu ermöglichen und zu beschränken, sondern in der Beeinflussung und bewußten Gestaltung konkreter gesellschaftlicher Situationen. Diese Betrachtungsweise ist durch das verstärkte Aufkommen der staatlichen Leistungsverwaltung gefördert worden, kann aber nicht auf diesen Bereich beschränkt bleiben; denn die Eingriffe in Freiheit und Eigentum sind — nicht anders als staatliche Leistungen — nur Gestaltungsmittel zur Verwirklichung der hinter ihnen stehenden Zwecke. Diese Zwecke können gerade im Eingriffsbereich vielfach nur dann verwirklicht werden, wenn sich die staatlichen Organe ebenso verhalten, wie es von den Bürgern gefordert wird. So ist das Ziel der Verkehrssicherheit nur dann zu erreichen, wenn sich auch staatliche Fahrzeuge an die Verkehrsregeln halten; die im Baurecht zum Ausdruck kommenden Vorstellungen über Baugestaltung und Bausicherheit können nur verwirklicht werden, wenn sich auch der Staat als Bauherr nach ihnen richtet; die Reinhaltung von Flüssen ist nur dann gewährleistet, wenn

---

2 Vgl. *H. J. Wolff*, Verwaltungsrecht I, § 32 IV c 3, S. 184 f.

3 Vgl. *H. J. Wolff*, Verwaltungsrecht I, § 46 V c 2, S. 303 f.; *Sauer*, Zusammenwirken verschiedener Verwaltungsbehörden, insbes. S. 28 ff., S. 95 ff., jeweils m. w. N.

4 Nachweise bei *Ewald* in DVBl. 1970, 237 (241 Fußn. 51).

5 *Hesse*, Grundzüge, S. 10 ff.

6 *Rupp*, Grundfragen, insbes. S. 70 ff.

7 *Maunz* in Maunz-Dürig-Herzog, Grundgesetz, Art. 20 Rdnr. 95.

das Verbot, ungeklärte Abwässer einzuleiten, auch für staatliche Unternehmen gilt.

Daß derartige Rechtsnormen grundsätzlich auch für den Staat gelten, wird heute nicht mehr in Zweifel gezogen[8]; auch der Gesetzgeber geht davon aus: Die Sonderregelungen zugunsten bestimmter Hoheitsträger[9] setzen unausgesprochen voraus, daß die Hoheitsträger im übrigen gebunden sind. Obwohl diese Wirkungsrichtung von Normen also kaum als bemerkenswerte Tatsache angesehen werden kann, bleiben doch einige Besonderheiten festzuhalten: Der „Staat" ist im Hinblick auf dieselbe Pflicht Bindender und Gebundener zugleich; die rechtliche Bindung von Hoheitsträgern aufgrund dieser Rechtsnormen besteht nicht „korrespondierend" zu der Rechtsstellung der Bürger, sondern „parallel" zu ihr. Das bedeutet, daß das Verhalten staatlicher Organe insoweit aufgrund von Normbefehlen gebunden ist, die zwar in dem konkreten Rechtsverhältnis ausschließlich „intern" wirken, die im Gegensatz zu den übrigen Normen des „Innenbereichs" aber wegen der „parallelen" Geltung für die Bürger nur dann wirksam sind, wenn sie im Gesetzgebungsverfahren zustande gekommen sind und sich im Rahmen der Grundrechtsbestimmungen halten — ohne daß dadurch die Hoheitsträger selbst Grundrechtsträger würden.

3. Polizeiliche Anordnungen gegen Hoheitsträger

Ist einmal die Bindung von Hoheitsträgern an Normen bejaht, die (auch oder primär) eine „parallele" Bindung der Bürger bewirken, so liegt es nahe, die Hoheitsträger auch im Rahmen des Vollzugs dieser Normen den Bürgern gleichzustellen[10]. Das würde bedeuten, daß die im Verhältnis zu den Bürgern zuständigen Vollzugsorgane auch gegenüber Hoheitsträgern Anordnungen zum Vollzug der Normen erlassen und die Befolgung dieser Anordnungen erzwingen können.

Die Frage nach der Möglichkeit derartiger Anordnungen und ihrer rechtlichen Qualifizierung (sind sie Verwaltungsakte?) stellt sich in der Praxis vor allem im Bereich des Polizeirechts. Seit dem Beginn einer eigentlichen Verwaltungsrechtsprechung in Deutschland ist die Befugnis der Polizeibehörden, gegen andere Hoheitsträger durch den

[8] BVerwGE 29, 52 (56 f.); *Menger* und *Erichsen* in VerwArch 60, 89 (94 f.); nach *Werner Weber* sind Hoheitsträger „erst recht" zur Beachtung solcher Normen verpflichtet — in APF 1958, 65 (66).

[9] z. B. § 35 StVO (entspricht § 48 StVO a. F.), weitere Nachweise bei *Schönfelder*, Polizeiliche Eingriffe gegen Hoheitsträger, S. 96 ff., insbes. S. 111 ff.

[10] Auch die Übertragung der für das Staat-Bürger Verhältnis konzipierten Gerichtsbarkeit auf die Beziehung zwischen einzelnen Hoheitsträgern bietet sich an; sie ist der Gegenstand einer Vielzahl neuerer rechtswissenschaftlicher Untersuchungen, vgl. die Monographien von *Bleutge*, *Hoppe*, *Kisker* und *Tsatsos;* weiterhin *Ewald* in DVBl. 1970, 237 ff.; *Hoppe* in DVBl. 1970, 845 ff.; *Lorenz* in AöR 93, 308 ff.

Erlaß polizeilicher Anordnungen einzuschreiten, Gegenstand zahlreicher Urteile gewesen. Bereits im Jahre 1877[11] hat das Preußische Oberverwaltungsgericht in einem Rechtsstreit zwischen Ortspolizeibehörde und Militärfiskus die Grundsätze niedergelegt, die im weiteren für Literatur und Rechtsprechung die unangefochtene[12] Lösung dieser Rechtsfrage darstellten. Danach konnte ein Hoheitsträger zum Adressaten einer Polizeiverfügung werden, wenn er fiskalisch handelte, nicht aber bei Wahrnehmung seiner hoheitlichen Aufgaben.

Seit dem Zeitpunkt der Entscheidung des Preußischen Oberverwaltungsgerichts haben die Aufgaben der öffentlichen Verwaltung erheblich zugenommen; eine Vielzahl neuer organisatorischer Träger nimmt diese Verwaltungsaufgaben wahr. Auch die Gefahren, die polizeilich zu schützenden Gütern durch die Verwaltungstätigkeit drohen, sind — z. T. bedingt durch die technische Entwicklung — zahlreicher und größer geworden. Diese Gefahren wären Anlaß für ein polizeiliches Einschreiten, wenn sie nicht einem Hoheitsträger, sondern einem Bürger zuzurechnen wären. Für ein Denken „vom Ergebnis her" ist es zudem wenig verständlich, warum die Polizei ein städtisches Elektrizitätswerk, das fiskalisch betrieben wird, schließen kann, aber machtlos sein soll, wenn ein Zug Soldaten des nachts laut singend durch bewohnte Straßen marschiert. Die Feststellung solcher Ungereimtheiten und der eingetretenen Wandlung ergibt zwar noch keine tragfähige rechtliche Begründung für eine andere Lösung. Derartige Überlegungen machen aber verständlich, daß die Lösung des Preußischen Oberverwaltungsgerichts heute neu überdacht wird.

4. Abgrenzung des Themas und Gang der Untersuchung

Im folgenden soll in Auseinandersetzung mit den Grundsätzen des Preußischen Oberverwaltungsgerichts und den übrigen Auffassungen, die Literatur und Rechtsprechung bisher zur Frage der Polizeipflicht von Hoheitsträgern entwickelt haben, die Vertretbarkeit der einzelnen Problemlösungen erörtert und ein eigener Lösungsvorschlag erarbeitet werden. Der Kern dieser Erörterungen muß darin bestehen, die genaue Wirkungsweise von „Polizeipflicht" und „Polizeiverfügung" im Systemzusammenhang unserer Rechtsordnung zu ermitteln. Nur so kann beurteilt werden, ob diese Institute — die sich im Verhältnis

---

11 PrOVGE 2, 399 ff.

12 Eine gelegentliche, die Rechtsprechung des PrOVG kritisierende Äußerung von *Vogels* in PrVBl. Bd. 34, 706 f. will gleichwohl die Grundsätze nicht aufgeben, die das PrOVG entwickelt hatte. Vogels begründet eine erweiterte Zuständigkeit der Polizeibehörden mit einer Auffassung, die der ultra-vires-Lehre entspricht und hält dementsprechend polizeiliches Einschreiten immer dann für möglich, wenn die betroffene Behörde ihre Kompetenz überschritten hat.

des Staates zu den Bürgern entwickelt haben — im Zeichen der grundsätzlichen Rechtsunterworfenheit des Staates auch gegenüber Hoheitsträgern anwendbar sind, an welchen Teilaspekten berechtigte Einwände gegen eine solche Rechtsbindung anzusetzen hätten und gegebenenfalls, ob gleichwohl polizeiliches Einschreiten gegen Hoheitsträger möglich ist. Die damit erforderliche Untersuchung der einzelnen „Bauelemente" von Polizeipflicht und Polizeiverfügung sowie die Prüfung der Frage, inwieweit auch ohne diese Elemente eine Rechtswirkung eintreten kann, mag zugleich Aufschluß über das Entstehen polizeilicher Rechtspflichten überhaupt geben. Um der Transparenz der Darstellung willen geht die Untersuchung im wesentlichen vom preußischen System der polizeilichen Generalklausel aus. Ob und gegebenenfalls welche Besonderheiten für das bayerische (bzw. süddeutsche) System der Spezialermächtigungen gelten, wird deshalb in einem eigenen Abschnitt dargestellt. Dabei ist in besonderer Weise zu überdenken, inwieweit bei aller Verschiedenheit der polizeirechtlichen Systeme doch eine rechtseinheitliche Gestaltung zu Tage tritt.

Mit Überlegungen zur Polizeipflicht von Hoheitsträgern könnte auch die Erörterung der Probleme verbunden werden, die sich daraus ergeben können, daß Polizeibehörden in Ausnahmefällen *an Stelle* anderer Hoheitsträger handeln[13]. Ein solches Vorgehen von Polizeibehörden begründet jedoch keine Verpflichtung anderer Hoheitsträger und liegt somit außerhalb des durch das Thema abgegrenzten Bereichs. Es handelt sich in diesen Fällen nicht um ein Vorgehen der Polizeibehörden *gegen* andere Hoheitsträger, sondern vielmehr um den Vollzug der Kompetenz des einen Hoheitsträgers durch einen anderen, also um Fälle der Amts- und Vollzugshilfe[14]. Auch die Möglichkeit polizeilichen Einschreitens im (örtlichen) Bereich eines Hoheitsträgers gegen Personen, die dieses Einschreiten nicht als Organwalter dieses Hoheitsträgers trifft, ist von der hier gestellten Frage zu trennen, ob Polizeibehörden gegen Hoheitsträger einschreiten können. Verwehren allerdings die Organwalter des in Betracht kommenden Hoheitsträgers (in der Praxis ist diese Frage zur Zeit vor allem in Hinblick auf die Universitäten von Interesse[15]) der Polizei die Möglichkeit eines solchen Eingreifens, so stellt sich auch dann die hier erörterte Frage, mit welchen Anordnungs- und Zwangsmaßnahmen die Polizei gegen die betreffenden Hoheitsträger vorgehen kann.

---

[13] Dazu *Scholz* in DVBl. 1968, 732 ff.; diese Unterscheidung findet sich auch bei *Ule-Rasch*, Polizeirecht, § 14 PrPVG, Rdnr. 53.

[14] *Scholz* in DVBl. 1968, 732 (734) unter b bb).

[15] Dazu *Folz* in JuS 1965, 41 ff.; das polizeiliche Einschreiten gegen Soldaten auf Bundeswehrgelände ist durch Erlaß des Bundesministers der Verteidigung im Einvernehmen mit den Ländern geregelt — Erlaß vom 14. 8. 1957 in VtgMBl. 1957, 468 f.

II. Meinungsstand zur Frage der Polizeipflicht von Hoheitsträgern

In der Rechtsprechung des Preußischen Oberverwaltungsgerichts[16] und in der zeitgenössischen Literatur[17] wird immer wieder auf die oben skizzierten Grundsätze zurückgegriffen, daß polizeiliche Verfügungen wohl gegen fiskalisch handelnde, nicht aber gegen hoheitlich handelnde Hoheitsträger ergehen können. Diesen Grundsätzen sind auch nach 1945 Rechtsprechung[18] und Literatur[19] zunächst gefolgt. Eine erste Änderung stellt die von *Werner Weber* vorgeschlagene Problemlösung dar[20]. Werner Weber unterscheidet zwischen der Polizeipflicht als einer bereits durch Gesetz begründeten Verpflichtung der Hoheitsträger und der Verfügungsbefugnis der Polizeibehörden. Während die materielle Verpflichtung die Hoheitsträger grundsätzlich ohne Differenzierung zwischen hoheitlicher und fiskalischer Tätigkeit trifft, soll es für die Verfügungsbefugnis bei den Grundsätzen des Preußischen Oberverwaltungsgerichts verbleiben. Auch die materielle Bindung der hoheitlich tätigen Hoheitsträger ist nach Ansicht von Werner Weber allerdings nicht unbeschränkt. Es kommt vielmehr jeweils auf eine Abwägung „zwischen öffentlicher Notwendigkeit und öffentlichem Nutzen der in Rede stehenden hoheitlichen Verwaltung einerseits und den gleichzeitig hervorgerufenen Nachteilen für die Allgemeinheit andererseits“[21] an.

Dieser Auffassung Werner Webers folgt weitgehend auch das Bundesverwaltungsgericht; es lehnt — unter Anerkennung einer materiellen Bindung von Hoheitsträgern[22] — ebenfalls grundsätzlich eine Anordnungsmöglichkeit gegenüber hoheitlich tätigen Hoheitsträgern ab[23]. Dieser Grundsatz soll aber nur so weit gelten, daß er „Übergriffe und Eingriffe in die der anderen Hoheitsverwaltung zustehende Tätigkeit ausschließt“; Einwirkungen, welche diese Tätigkeit eines Hoheitsträgers unberührt lassen, sollen hingegen möglich sein. Obwohl diese Ein-

---

16 z. B. PrOVGE 29, 231 ff.; 61, 274 ff.; 80, 253 ff.; weitere Nachweise bei *Rudolf*, Polizei gegen Hoheitsträger, S. 12, Fußn. 17 und 19 bis 24.

17 Nachweise bei *Rudolf*, Polizei gegen Hoheitsträger, S. 13, Fußn. 29; außer den dort Genannten ist noch *Thoma*, Polizeibefehl, S. 16 f. zu erwähnen; vgl. auch *Schönfelder*, Polizeiliche Eingriffe gegen Hoheitsträger, S. 5.

18 OVG Lüneburg, AS 12, 340 ff. Das erstinstanzliche Urteil des LVG Hannover — in APF 1958, 62 ff. — ging zwar von der Möglichkeit einer polizeilichen Verpflichtung der Bundespost aus, erkannte aber nicht die Problematik der Polizeipflicht von Hoheitsträgern.

19 z. B. *Drews-Wacke*, Polizeirecht, S. 210 ff.; weitere Nachweise bei *Rudolf*, Polizei gegen Hoheitsträger, S. 16, Fußn. 37.

20 In APF 1958, 65 ff.

21 *Werner Weber* in APF 1958, 65 (66).

22 BVerwGE 29, 52 (57 f.).

23 BVerwGE 29, 52 (59).

schränkung des Verbots polizeilicher Anordnungen gegen Hoheitsträger nicht ausdrücklich den Begriff des „Fiskus“ erwähnt, wird damit doch keine weitergehende Möglichkeit für derartige Anordnungen eröffnet als schon in der Rechtsprechung des Preußischen Oberverwaltungsgerichts. In dem entschiedenen Fall ging es darum, ob die Forstpolizeibehörde ein militärisch genutztes Grundstück zu „Wald“ im Sinne des Württembergischen Forstpolizeigesetzes erklären und damit der Forsthoheit, also einer öffentlich-rechtlichen Pflichtenbindung (zum Beispiel Meldepflicht von Gefahren für den Wald; Erlaubnispflicht von Kahlschlägen usw.), unterstellen konnte. Es ging demnach um das Verhältnis zwischen Polizei und dem als Grundeigentümer in Anspruch genommenen „Militärfiskus“, der gleichen Konstellation, die bereits den Ausgangspunkt für die genannten Entscheidungen des Preußischen Oberverwaltungsgerichts bildete. Das Oberverwaltungsgericht hatte — ausgehend von der grundsätzlichen Unterscheidung zwischen fiskalisch und hoheitlich handelndem Hoheitsträger — in diesen Fällen darauf abgestellt, mit welcher Behauptung sich die Militärverwaltung dagegen zur Wehr setzte, daß ihre Grundstücke als öffentliche Wege einer öffentlich-rechtlichen Pflichtenbindung unterworfen wurden. Behauptete die Militärverwaltung, eine Sperrung sei aus militärischen Gründen erforderlich, so sollte eine polizeiliche Verfügung unzulässig sein. Sie sollte aber ergehen können, wenn der Streit lediglich darum ging, ob ein Weg öffentlicher oder Privatweg sei[24]. Die Entscheidung darüber, ob ein Grundstück als „öffentlicher Weg“ in Anspruch zu nehmen sei, erging nämlich nach Ansicht des Preußischen Oberverwaltungsgerichts gegenüber dem Grundeigentümer in fiskalischen Angelegenheiten, also „ohne irgendwie in staatshoheitliche Funktionen der Militärverwaltung einzugreifen oder ihrer Erfüllung vorzugreifen“[25]. Stellt man dem die Begründung des Bundesverwaltungsgerichts gegenüber, wonach die Erklärung des Grundstücks zu „Wald“ deshalb möglich war, weil sie, „solange nichts weiter geschieht, noch nicht auf die hoheitliche Verteidigungstätigkeit (einwirkt)“[26], so wird der übereinstimmende Ausgangspunkt deutlich. Die Annahme, daß das Bundesverwaltungsgericht die überkommene Auffassung fortführt, wird schließlich dadurch bestätigt, daß es ausdrücklich auf eine der genannten Entscheidungen des Preußischen Oberverwaltungsgerichts (PrOVGE 80, 253 ff.) Bezug nimmt[27].

Auch der Bundesgerichtshof, der sich ausschließlich zur Möglichkeit des Erlasses polizeilicher Verfügungen gegen Hoheitsträger geäußert

---

[24] PrOVGE 29, 231 (235 f.); 80, 253 (259); vgl. auch PrOVGE 61, 274 (277).

[25] PrOVGE 29, 231 (236).

[26] BVerwGE 29, 52 (59).

[27] BVerwGE 29, 52 (55).

hat, setzt die vom Preußischen Oberverwaltungsgericht begründete Rechtsprechung fort. Er unterscheidet grundsätzlich zwischen der Polizeipflicht fiskalisch und hoheitlich handelnder Hoheitsträger. Während Polizeiverfügungen gegen fiskalisches Handeln ohne weiteres möglich sind, sollen sie gegenüber hoheitlichem Handeln nur ergehen können, wenn sie die Hoheitstätigkeit der Spezialbehörde unberührt lassen[28]. Indem diese Entscheidung, die eindeutig im Rahmen der überkommenen Auffassung verbleibt, auf das erwähnte Urteil des Bundesverwaltungsgerichts Bezug nimmt, gibt im übrigen der Bundesgerichtshof zu erkennen, daß auch nach seiner Ansicht das Bundesverwaltungsgericht in dieser Frage nicht von der Rechtsprechung des Preußischen Oberverwaltungsgerichts abweicht.

Ausgehend von der erwähnten Entscheidung des Bundesverwaltungsgerichts, aber unter ausdrücklicher Aufgabe der Unterscheidung von fiskalischem und hoheitlichem Handeln, hält *Scholz* ein polizeiliches Einschreiten gegen Hoheitsträger nur dann für unzulässig, wenn es „kompetenznegierend" wirkt[29]. „Kompetenzhilfe", „Kompetenzmodifikation" und „Kompetenzsubstitution" sollen hingegen zulässig sein[30]. Scholz nimmt, wie schon Werner Weber, das Bestehen einer materiellen Bindung der Hoheitsträger an das Polizeirecht an[31]. Diese Bindung unterscheidet er aber von der Vollzugskompetenz des Polizeirechts, die allein den Polizeibehörden zukomme. Er ist davon ausgehend neuestens der Ansicht, daß auch ein Kompetenzkonflikt ein polizeiliches Einschreiten nicht schlechthin verbiete. Ein Kompetenz*konflikt* sei nämlich wegen des Unterschiedes von materieller Bindung und Vollzugszuständigkeit nur indirekt möglich, soweit ein polizeiliches Einschreiten den tatsächlichen Vollzug der Verwaltungskompetenz beeinträchtige. Eine derartige Kollision sei also an die Aktualität des Einzelfalles gebunden und das bedeute, daß ein polizeiliches Einschreiten rechtlich solange nicht ausgeschlossen sei, wie seine Wirkungen nicht den Grad einer Kompetenznegation annehmen und sich darauf beschränken, die technischen Modalitäten eines Kompetenzvollzugs gefahrenfrei zu halten[32].

---

[28] BGHZ 54, 21 ff.; diese Entscheidung enthält Ausführungen zur Polizeipflicht von Hoheitsträgern, die im Rahmen eines Rechtsstreits erforderlich wurden, in dem eine Wasserbehörde von der Bundesrepublik Deutschland die Kosten der Ersatzvornahme für die Beseitigung von Öl verlangte, das aus einem amerikanischen Armeetankwagen ausgeflossen war. Die Zuständigkeit der Zivilgerichte für derartige Entscheidungen ergibt sich aus Art. VIII Abs. 5 des NATO-Truppenstatus (BGH, a.a.O., S. 26 ff.).

[29] In DVBl. 1968, 732 (738).

[30] In DVBl. 1968, 732 (740).

[31] In DVBl. 1968, 732 (737); in DVBl. 1969, 116.

[32] In DVBl. 1969, 116.

Ebenfalls unter ausdrücklicher Abwendung von der Unterscheidung zwischen fiskalischem und hoheitlichem Handeln hatte sich zuvor schon *Rudolf* dafür ausgesprochen, daß polizeiliches Einschreiten gegen Hoheitsträger grundsätzlich möglich sei[33]. Eine Einschränkung soll nach Rudolf nur dann bestehen, wenn eine Gefahr lediglich den internen Raum eines Hoheitsträgers erfaßt; denn mit solchen Gefahren müsse jeder Hoheitsträger selbst fertig werden[34].

Auch *Reigl*[35] und *Schönfelder*[36] lehnen ohne jede Einschränkung eine Differenzierung zwischen hoheitlichem und fiskalischem Handeln als Kriterium für das Bestehen der Polizeipflicht ab. Beide gehen davon aus, daß eine materielle Bindung der Hoheitsträger an das Polizeirecht besteht. Reigl scheint die Möglichkeit polizeibehördlichen Einschreitens gegen Hoheitsträger (ausgeführt ist das nur für das Verhältnis der Landespolizei zur Bundesverwaltung) auszuschließen[37], und man muß annehmen, daß dies, da Reigl ja insofern jede Besonderheit verneint, auch gegenüber „fikalischem" Handeln gelten soll. Schönfelder widerspricht ausdrücklich der von Werner Weber begründeten herrschenden Meinung, die zwischen materieller und formeller Polizeipflicht unterscheidet; er sieht in der Polizeipflicht nichts anderes als eine Bindung an das Gesetz und verneint davon ausgehend, daß der Kompetenz einer Behörde zum Vollzug dieser Bindung eine eigenständige Bedeutung zukomme[38]. Aus den zahlreichen Sonderbestimmungen des Polizeirechts (im weitesten Sinn), durch welche bestimmte Hoheitsträger begünstigt werden (am bekanntesten § 35 StVO), leitet er den allgemeinen Rechtsgedanken ab, daß der Erlaß von Polizeiverfügungen gegenüber Hoheitsträgern bei unmittelbarer Erfüllung von Aufgaben der Gefahrenabwehr grundsätzlich ausgeschlossen sei[39], schränkt also insoweit das Bestehen einer Polizeipflicht von Hoheitsträgern ein.

---

[33] *Rudolf* beschränkt allerdings seine Thematik auf den Bereich polizeilichen Vorgehens gegen Behörden desselben „Muttergemeinwesens" — Polizei gegen Hoheitsträger, S. 7.

[34] Polizei gegen Hoheitsträger, S. 26 ff.

[35] In DÖV 1967, 397 (398).

[36] Polizeiliche Eingriffe gegen Hoheitsträger, S. 19 ff., insbes. S. 26.

[37] In DÖV 1967, 397 (401); Reigl erörtert ausschließlich die Möglichkeit einer gerichtlichen Geltendmachung der Polizeipflicht durch die Polizeibehörden.

[38] Polizeiliche Eingriffe gegen Hoheitsträger, S. 31 f.

[39] Polizeiliche Eingriffe gegen Hoheitsträger, S. 245 f.

B. Die „materielle“ Polizeipflicht

I. Der Polizeipflichtbegriff als Ausgangspunkt zu einer Lösung des Problems der Polizeipflicht von Hoheitsträgern

Das Preußische Oberverwaltungsgericht und die ihm bis heute folgende Rechtsprechung und Literatur lehnen eine Polizeipflicht von Hoheitsträgern bei hoheitlichem Handeln aus Gründen der „als Einheit verfaßten öffentlichen Verwaltung“[1] ab. Im einzelnen handelt es sich um zwei Gesichtspunkte, die in unterschiedlichen Formulierungen immer wieder vorgebracht werden:

1. Bei Anerkennung einer Polizeipflicht würden die Polizeibehörden zu allgemeinen Oberbehörden;
2. polizeiliche Verfügungen gegen Hoheitsträger wären In-sich-Handeln des Staates und deshalb mit der Funktion des Polizeibefehls, Pflichten des Bürgers gegenüber dem Staat, im „Außenverhältnis“ also, zu realisieren, nicht vereinbar[2].

Diese Argumente wenden sich vor allem gegen eine bestimmte Funktion der Polizei*behörden* im Staatsaufbau. Wenn es möglich ist, die Rechtswirkungen der Polizeipflicht von dem Vorgehen dieser Behörden getrennt zu sehen, treffen diese Einwände gegen polizeibehördliches Vorgehen nicht die Polizeipflicht selbst. Könnte man also die Polizeipflicht als eine jedesmal bereits durch die Störung — und nicht erst durch eine Verfügung der Polizeibehörde — entstehende Verpflichtung ansehen, so bestünde die Polizeipflicht jedenfalls als materielle Verpflichtung der Hoheitsträger zu „polizeigemäßem“ Verhalten; der Ausschluß einer Verfügungsmöglichkeit verlöre dadurch den Charakter einer rechtlichen Exemtion hoheitlich handelnder Hoheitsträger. Diese Pflicht hätte ihren Grund unmittelbar in den Polizeigesetzen, in der Verfassung oder im überpositiven Recht; eine Verfügung der Polizeibehörde würde also nur deklaratorisch wirken.

Vom Bestehen einer solchen „materiellen Polizeipflicht“[3] gehen, wie bereits erwähnt, *Werner Weber*[4] und die ihm folgende, heute herr-

---

[1] *Scholz* in DVBl. 1968, 732 (733 unter 1 b) m. w. N.

[2] Dies sind die Argumente seit PrOVGE 2, 399 ff.

[3] Wie die Polizeipflicht in der Bedeutung, die ihr *Werner Weber* in APF 1958, 65 (66) beimißt, im weiteren genannt werden soll.

[4] Die Untersuchung Werner Webers ist im Rahmen eines Gutachtens zu der Frage erfolgt, ob der Bundespost polizeiliche Auflagen zur Verhinderung ruhestörenden Lärms gemacht werden können.

schende Meinung aus. Diese Unterscheidung zwischen „materieller" Pflicht und Gebundenheit an eine Verfügung verkennt Walter Rudolf[5], wenn er den Lösungsvorschlag Werner Webers als „so neu nicht" bezeichnet und zum Beweis seiner Ansicht auf ein Urteil des Preußischen Oberverwaltungsgerichts[6] verweist. Dort ist ausgeführt, daß „insbesondere auch die Staatsbeamten und Militärpersonen" den polizeilichen Anordnungen nachkommen müssen. Zum einen sind, wie aus dem Zusammenhang hervorgeht, eindeutig damit diese Personen in ihrer Privatsphäre und nicht als Organwalter gemeint, und zum anderen wird in der Entscheidung diese Unterworfenheit als Pflicht zur Befolgung einer Verfügung und nicht als von dieser zu trennende materielle Verpflichtung angesehen.

Für Werner Weber selbst liegt das entscheidend Neue seiner Auffassung in dem Erst-Recht-Schluß von der materiellen Polizeipflicht der Bürger auf die Gebundenheit der Hoheitsträger auch im hoheitlichen Bereich. Im übrigen geht auch er davon aus, daß er lediglich den allgemein vertretenen Gedanken einer „materiellen Polizeipflicht" für die Lösung des Problems der Polizeipflicht von Hoheitsträgern fruchtbar gemacht habe. Ob freilich eine solche materielle Polizeipflicht tatsächlich einem allgemein vertretenen Rechtsgedanken entspricht, ob sie — als ohne behördliche Verfügung unmittelbar wirkende Pflicht — nach unserer Rechtsordnung besteht, ob sie nach dem Inhalt dessen, was als Polizeipflicht bezeichnet wird, unter Berücksichtigung des Begriffs der „Rechtspflicht" überhaupt bestehen *kann*, ist durchaus zweifelhaft. Denn über den Begriff der Rechtspflicht herrscht kaum Klarheit; und der als Polizeipflicht angesprochene rechtliche Sachverhalt kann nicht durch einfache Ableitung aus polizeirechtlichen Normen inhaltlich bestimmt werden.

II. Die Entwicklung des Begriffs der Polizei, insbesondere der „materiellen Polizeipflicht"

Die Polizeipflicht — als Verpflichtung zu polizeigemäßem Verhalten — verweist auf die Funktion der Polizei. Zum Verständnis des Inhalts der Polizeipflicht ist es deshalb unumgänglich, die Funktion der Polizei im neuzeitlichen Staatsverständnis zu ermitteln. Der Begriff des „Polizeilichen" ist weitgehend geschichtlich geprägt. Deshalb kann nur durch einen Überblick über seine Entwicklung deutlich werden, was daran bloß zeitbedingt war und welche Gesichtspunkte noch heute für seine Erfassung bestimmend sind.

---

5 Polizei gegen Hoheitsträger, S. 16 mit Fußn. 35.

6 PrOVGE 2, 399 (406 f.).

1. Das ius politiae in der Entwicklung zum Polizeistaat

Der Begriff der Polizei führt auf das absolutistische ius politiae zurück, das für die Entwicklung zum modernen Staat von entscheidender Bedeutung war. Diese Entwicklung ging in Deutschland nicht vom Reich aus, sondern von der Territorialherrschaft der Landesherren.

Bis zum Ende des 15. Jahrhunderts hatte sich die Landesherrschaft noch nicht zu einer einheitlichen öffentlichen Gewalt konsolidiert. Sie war ein Konglomerat von Einzelrechten, deren jedes auf einem besonderen, geschichtlich begründeten Erwerbstitel beruhte. Diese Rechte wiederum waren weitgehend durch Gegenrechte eingeschränkt; gegebenenfalls mußte der Landesherr einen Erwerbstitel für behauptete Hoheitsrechte nachweisen[7]. Diese Hoheitsrechte standen nicht einem Abstraktum „Staat" zu, es waren persönliche Rechte des Landesherren, die verpfändbar waren und verpachtet werden konnten, die veräußerlich und vererblich waren, die als Bestandteil des „patrimonium" privatrechtlichen Charakter hatten. Die Landesherrschaft war in jener Epoche ein beschreibbares Phänomen, kaum ein abstrakt faßbarer Begriff.

Zu diesen Einzelrechten und der darin sich erschöpfenden Herrschergewalt tritt seit dem Ende des 15. Jahrhunderts von Frankreich kommend der Gedanke der „Polizei", der guten Ordnung des Gemeinwesens, zu deren Bewahrung der Landesherr berufen ist. Dies erscheint zunächst wohl nicht als Bruch mit der statischen mittelalterlichen Vorstellung von Rechts- und Friedensschutz als — alleiniger — Aufgabe der Obrigkeit: So ergeht die „Reichspolizeiordnung" von 1530 auf der vom „ewigen Landfrieden" von 1495 bereiteten Grundlage[8]; die territorialen Landesordnungen, die nichts Neues schaffen, sondern nur Bestehendes kodifizieren wollen[9], enthalten bereits polizeiliche Vorschriften[10]. Indem aber der Gedanke der Polizei das zu Ordnende, das Gemeinwesen, in den Vordergrund rückt, wird der Blick frei für ein die Vielheit der einzelnen Berechtigungen transzendierendes Interesse der Gesamtheit und damit für den von privatrechtlichen Konstruktionen gelösten Gedanken des modernen Staates.

Die Zusammenfassung der verschiedenartigen, die landesherrliche Gewalt bindenden Rechte zur Landeshoheit wird durch die Anerkennung des „ius Territorii et Superioritatis" im Westfälischen Frieden[11]

---

[7] *Otto Mayer*, Verwaltungsrecht I, S. 27.

[8] *H. J. Wolff*, Verwaltungsrecht III, § 121 I c, S. 2.

[9] *Hartung*, Deutsche Verfassungsgeschichte, S. 64.

[10] *Hartung*, Deutsche Verfassungsgeschichte, S. 66.

[11] IPO V § 30 (zitiert nach *Zeumer*, Quellensammlung, S. 409) — damit werden die Territorien endgültig, ohne daß das Reich seine Staatsqualität

endgültig gesichert. Auf der Grundlage des „ius territorii“ und unter dem Einfluß der naturrechtlich bestimmten Vertragstheorien setzt sich die Auffassung durch, daß der Landesherr bei der Verwirklichung der vom „ius politiae“ bestimmten Ordnung dieses Recht nicht als ihm persönlich zukommendes Hoheitsrecht ausübe, sondern für das von ihm vertretene Gemeinwesen. Damit bedürfen die Rechte der Stände und Untertanen zum „ius politiae“ des Landesherrn der Klärung. Sie sind nicht ohne weiteres hinfällig geworden, haben aber ihre Funktion geändert. Kennzeichneten sie früher zusammen mit den einzelnen Rechten des Landesherrn die Ordnung des Gemeinwesens, so stehen sie jetzt der vom Polizeigedanken bestimmten staatlichen Ordnung des Gemeinwesens gegenüber. Der Landesherr braucht sich nicht mehr für jede Ausübung seiner Gewalt auf einen besonderen Titel zu berufen. Der Untertan hingegen muß einen besonderen Rechtsgrund anführen, muß sich auf ein „ius quaesitum“, ein wohlerworbenes Recht, berufen, wenn er eine Inanspruchnahme durch die Staatsgewalt für rechtswidrig hält[12]. Auch die damit wenigstens grundsätzlich anerkannten „iura quaesita“ vermögen freilich den Durchsetzungswillen der neuen Staatsgewalt nicht zu hemmen. Die dogmatische Rechtfertigung für die Überschreitung dieser Grenze gibt das „ius eminens“, mit dessen Hilfe der Landesherr Eigentum entziehen und in Verträge eingreifen kann, wenn es für die Verwirklichung des Staatszwecks dringend erforderlich erscheint. Dem noch ungesicherten Staatsverständnis entsprechend, versucht man zunächst, ein solches Recht des Landesherrn mit privatrechtlichen Konstruktionen zu begründen, mit Analogien zur lex Rhodia de iactu[13] und durch die Annahme eines staatlichen oder landesherrlichen „Obereigentums“, eines „dominium supereminens“[14]. Mit der konsequenten Loslösung der landesherrlichen Gewalt vom privatrechtlichen Denken ist diese Auffassung nicht vereinbar. Es wird deshalb in der Folgezeit die sachenrechtliche Betrachtungsweise aufgegeben und das ius eminens ebenfalls naturrechtlich begründet[15]. Damit erhält es Geltung für den gesamten Bereich dessen, was zur Durchsetzung des vom ius politiae bestimmten Staatszwecks erforderlich ist[16].

---

gänzlich eingebüßt hätte, zum Träger der weiteren staatlichen Entwicklung in Deutschland.

[12] *Wolzendorff*, Grenzen der Polizeigewalt I, S. 60.

[13] D. 14, 2; nach der lex Rhodia de iactu kann zur Errettung von Schiff und Ladung aus gemeinsamer Seegefahr dem Schiff und der Ladung absichtlich Schaden zugefügt werden (der dann auf Schiff und Ladung verteilt wird). Vgl. *Wolzendorff*, Grenzen der Polizeigewalt I, S. 36, Fußn. 1 und *Stödter*, Öffentlich-rechtliche Entschädigung, S. 80 m. w. N.

[14] *Grotius*, De principiis juris naturae, zitiert nach *Wolzendorff*, Grenzen der Polizeigewalt I, S. 36, Fußn. 2.

[15] *Stödter*, Öffentlich-rechtliche Entschädigung, S. 58.

[16] In der Theorie zumindest bleibt der Eingriff in wohlerworbene Rechte stets mit einer Entschädigungspflicht verbunden.

Mit Hilfe dieses rechtlichen Instrumentariums war es möglich, eine Verwaltungsorganisation zu schaffen und damit die Durchsetzung der Landeshoheit von der Tätigkeit der feudalen und ständischen Untergewalten einerseits und der Dienstpflicht der Untertanen andererseits unabhängig zu machen[17]. Jetzt erst bestanden die Voraussetzungen dafür, daß sich die verbindliche Ordnung des gesamten Lebens, die „gute Polizei" durchsetzen konnte; denn diese Ordnung mußte sich gegen die Zersplitterung der Staatsgewalt und damit gegen die vordem zu deren Verwirklichung berufenen Untergewalten richten.

Die inhaltliche Vorstellung von der „guten Ordnung", die mit Hilfe des ius politiae durchgesetzt werden soll, löst sich unter naturrechtlichem Einfluß endgültig von dem Gedanken einer bloß statischen Friedensordnung. Der Staat ist zur Verwirklichung der „salus publica" berufen. Für das, was die „salus publica" erfordert, wird die dynamische Idee des „Eudämonismus", der Herstellung allgemeiner Glückseligkeit und Wohlfahrt als Aufgabe des Staates, bestimmend. Die vom Eudämonismus bestimmte Polizeigewalt erfaßt immer neue Lebensbereiche durch obrigkeitliche Regelung. Dabei kommt der Ordnung des Wirtschaftsablaufs eine besondere Bedeutung zu. Die Theorie des Merkantilismus, nach der das wirtschaftliche Leben der eingehenden staatlichen Regelung bedarf, vermag sich nur wegen des Bestehens dieser weitgehenden Polizeigewalt durchzusetzen; der Merkantilismus aber ist seinerseits die Ursache für eine weitere Ausdehnung der Polizeigewalt[18].

Die Ausrichtung an der „salus publica" oder dem „interesse status publicae" geben unter der Herrschaft des Eudämonismus dieser Polizeigewalt — die nichts weniger ist als die gesamte nach innen wirkende Staatsgewalt[19] — keine greifbaren rechtlichen Konturen, denn diese Begriffe haben selbst kein eigenes juristisches Gewicht erlangt[20]. Polizei „begreift alles in sich, was zu Führung des Regiments in einem Staat gehöret"; sie besteht demnach „in prudenti ordinatione et Regimine totius Status publicae"[21]. „Polizei" und „Staatsgewalt" sind bei dieser Sicht ebenso austauschbare Begriffe wie „Polizei" und (innere) „Politik". Der Landesherr kann unter Berufung auf das „ius politiae" alles anordnen, was er aus Zweckmäßigkeitsgründen für erforderlich

---

17 *Wolzendorff*, Polizeigedanke, S. 11 f.

18 *Wolzendorff*, Grenzen der Polizeigewalt I, S. 49 f.; die Zusammenhänge werden deutlich, wenn man die Äußerung Dithmars, des offiziellen Polizeilehrers von König Friedrich Wilhelm I., bedenkt, „daß das oekonomische Wesen ohne eine gute Policey nicht bestehen kan, das Cameralwesen aber von beyden grössesten Theils seinen Zufluß erwarten muß". — zitiert nach *Wolzendorff*, Polizeigedanke, S. 20.

19 *Stödter*, Öffentlich-rechtliche Entschädigung, S. 60; *Wolzendorff*, Polizeigedanke, S. 11.

20 Vgl. *Wolzendorff*, Grenzen der Polizeigewalt I, S. 57 f.

21 *v. Cramer*, Wetzlarische Nebenstunden VIII, S. 80.

hält, sofern ihm nur nicht nachgewiesen werden kann, daß er den Wohlfahrtszweck als bloßen Vorwand benutzt[22]. „Die Landeshoheit besteht darin, daß sie nach dem Wohlgefallen des Regenten jedesmal geschiehet[23]." Ein Polizei*recht* gibt es also nicht.

2. Polizeigewalt und Aufklärung: Versuche einer Einschränkung

a) Politische und philosophische Voraussetzungen

Mit der äußersten Ausweitung der Polizeigewalt kommt es zu einer gegenläufigen Entwicklung. Die Wirtschaftsordnung ist mit dem unentwickelten Instrument staatlicher Steuerung, das der Merkantilismus hervorgebracht hat, kaum noch zu weiterer produktiver Entfaltung zu bringen. Die Erkenntnis, daß die Individualität ein wirtschaftlich relevanter Faktor ist, von den Physiokraten vorbereitet, vom Liberalismus schließlich voll entfaltet, vermag sich deshalb gegen den Merkantilismus auch praktisch durchzusetzen. Das Bürgertum, das seine Entstehung der Aufweichung, Umformung und teilweisen Zerstörung der ständischen und zünftischen Ordnungen durch den Polizeistaat und den Anforderungen der merkantilistischen Wirtschaft verdankt, wird sich seiner Bedeutung und seiner ökonomischen Möglichkeiten bewußt. Freihandel und Konkurrenz als bewegende Kräfte der wirtschaftlichen Entwicklung stehen aber mit der totalen Herrschaft des Polizeistaates in unversöhnlichem Widerspruch.

Die Einschränkung der Staatsgewalt, die damit erforderlich wurde, mußte den verbrauchten Wohlfahrtszweck durch einen schärfer konturierten Zweck ersetzen. Dies konnte in der Reaktion auf die Überspannung im Polizeistaat und gemäß den Ideen des Wirtschafts-Liberalismus nur der Zweck sein, dessen Wahrnehmung durch den Staat als unabweisbare Notwendigkeit erschien.

Für diese Begrenzung des Staates auf das Notwendige gewinnt der Gedanke der Sicherheit des gesellschaftlichen Zusammenlebens der Menschen Bedeutung, den schon *Hobbes* zur Begründung der Staatsgewalt herangezogen hatte[24]. Fortschrittliche Juristen und Philosophen wollen die staatliche Gewalt auf die Verwirklichung dieses Sicherheitszwecks beschränken. *Johann Stephan Pütter*[25], *Kant*[26] und *Wilhelm*

[22] *Wolzendorff*, Grenzen der Polizeigewalt I, S. 57 f.

[23] *D. G. Struben*, Nebenstunden, zitiert nach *Wolzendorff*, Grenzen der Polizeigewalt I, S. 53 zu Fußn. 1.

[24] Elementa philosophica de Cive, zitiert nach *Wolzendorff*, Grenzen der Polizeigewalt I, S. 47, Fußn. 3: „Securitas enim finis est, propter quem homines se subjiciunt aliis."

[25] Institutiones, lib. VII, cap. III, § 331: „Promovendae salutis cura proprie non est politiae"; freilich ist dies Zitat nicht so eindeutig in der Ablehnung des Wohlfahrtszwecks, wie häufig infolge verkürzter Wiedergabe des Textes behauptet wird; es heißt nämlich weiter: „... nisi quatenus ea mente agitur,

von Humboldt[27] verneinen einen Staatszweck, der auf Förderung der Glückseligkeit und Wohlfahrt der Bürger ausgerichtet ist. Freilich fehlt bei ihnen ein spezifischer Bezug zur „Polizei“; zu einer Scheidung zwischen dem Staatszweck und dem Zweck der Polizei war man aber, was aus der geschilderten geschichtlichen Entwicklung deutlich wird, noch nicht gelangt. Juristisch genauer faßt *v. Berg* die neue Idee in einer Definition der Polizei: Sie ist die „Sorgfalt der höchsten Gewalt, gemeinschädliche Übel im Innern des Staates zu verhüten und abzuwenden“[28]. Für die organisatorisch weitgehend schon vollzogene Sonderung der Justiz von der Polizei gibt er die Bestimmung, daß die Polizei im Gegensatz zur Justiz „in der Anwendung jedes zweckmäßigen und erlaubten Mittels“ zur Gefahrenabwehr bestehe[29]. Aber auch bei v. Berg bleibt im übrigen die Polizeigewalt von dem nach innen gerichteten Zweck des Staates in seinem ganzen Umfang bestimmt.

b) Die Bedeutung des § 10 II 17 ALR für eine Einschränkung der Polizeigewalt

Die Berücksichtigung dieses Standes der Meinungen um die Zeit der Wende zum 19. Jahrhundert erschwert ein zutreffendes Verständnis der grundlegenden Norm des modernen Polizeirechts, des § 10 II 17 des preußischen Allgemeinen Landrechts von 1794, erheblich.

Der Wortlaut dieser Vorschrift beschränkt die Polizei ausdrücklich auf die „Erhaltung der öffentlichen Ruhe, Sicherheit und Ordnung“. Auch die Entstehungsgeschichte läßt nur eine mit dem Wortlaut übereinstimmende Auslegung zu. Noch im § 8 Teil I Abtl. III Tit. 5 des gedruckten Entwurfes wurde die Beobachtung des „öffentlichen Wohlstandes“ der Polizei zugewiesen; das stieß auf Kritik und wurde deshalb durch § 10 II 17 des Gesetzes eingeschränkt[30]. Daß andererseits dem Gesetz ein weiterer Staatszweck als derjenige der bloßen Sicherung zugrunde gelegen hat, wird von niemandem bestritten. Kann man aber annehmen, daß mit dieser Diskrepanz zwischen dem Zweck der Polizei gemäß § 10 II 17 ALR und dem vom ALR vorausgesetzten Staatszweck der Grundsatz der Bestimmung des Polizeibegriffs vom

---

ut tanto lautior sit status isti malo, quod metuebatur, directe oppositus“ — also Wohlfahrtsförderung dann, wenn sie wenigstens mittelbar dem Sicherheitszweck dient.

26 Vgl. z. B.: Über den Gemeinspruch, S. 144.

27 Ideen zu einem Versuch, die Gränzen der Wirksamkeit des Staates zu bestimmen, S. 39.

28 Handbuch des teutschen Policeyrechts, Bd. I, zitiert nach *Wolzendorff*, Grenzen der Polizeigewalt I, S. 66 zu Fußn. 1.

29 Handbuch des teutschen Policeyrechts, Bd. I, zitiert nach *Wolzendorff*, Grenzen der Polizeigewalt II, S. 83 zu Fußn. 3.

30 Darstellung dieses Herganges in PrOVGE 9, 376 und 6, 353.

Staatszweck her aufgegeben werden sollte[31]? *Wolzendorff*, der die Deutung des § 10 II 17 im Sinn einer Einschränkung des Polizeizwecks gegenüber dem Staaatszweck für richtig hält, weist selbst nach, daß diese Ansicht in der Literatur der Zeit noch gar nicht erörtert wird[32]. Er geht über diese Unstimmigkeit mit der Feststellung hinweg, daß „das allg. Landrecht ... eben nun diesen Grundsatz durchbrochen (hat)“[33]; einen Grundsatz immerhin, der nach Ansicht Wolzendorffs selbst „gerade das Charakteristikum des Staates jener Zeit, des sogen. Polizeistaates, ist“[34]. *Rosin*, der im § 10 II 17 ALR nicht eine Einschränkung des Bereichs der Polizei gegenüber dem Staatszweck sieht, sondern nur eine Einschränkung der ohne gesetzliche Grundlage möglichen polizeilichen Verfügungsgewalt für den Einzelfall[35], vermeidet zwar die Lösung des Polizeibegriffs vom Staatszweck. Wolzendorff hält ihm jedoch entgegen, daß dem Gesetzgeber nicht „die Absicht untergeschoben werden kann, eine ... bisher von der Wissenschaft noch nie angeregte Frage habe (mit dem § 10 II 17) zur Entscheidung kommen sollen“[36] — ein Einwand, der, wie ausgeführt, auch der Ansicht Wolzendorffs entgegenzuhalten ist.

Welches die theoretisch zutreffende Auslegung des § 10 II 17 ALR ist, braucht hier nicht entschieden zu werden. Sicher ist jedenfalls, daß er in der ihm später beigemessenen Bedeutung einer allgemeinen Einschränkung des Polizeizweckes (oder gar einer rechtsstaatlichen Erfordernissen Rechnung tragenden Ermächtigung) nach dem Erlaß des Gesetzes nicht praktiziert wurde. Als Beweis dafür wird häufig der § 3 der „Verordnung wegen verbesserter Einrichtung der Provinzial-, Polizei- und Finanzbehörden“ vom 26. Dezember 1808 erwähnt, wonach „nicht allein ... die nötigen Anstalten zur Erhaltung der öffentlichen Ruhe, Sicherheit und Ordnung“ zu den Polizeisachen gehören sollten, sondern auch „die Fürsorge wegen des Gemeinwohls Unserer getreuen Unterthanen, ... (damit) jeder Staatsbürger Gelegenheit habe, seine Fähigkeiten und Kräfte in moralischer sowohl als physischer Hinsicht

---

[31] *Wolzendorff*, Polizeigedanke, S. 81 f. führt die Schwierigkeiten bei der Auslegung des § 10 II 17 ALR unter anderem darauf zurück, daß diese Vorschrift erst in letzter Stunde eingefügt wurde und deshalb „so unorganisch zu den anderen Vorschriften des Gesetzbuchs steht“.

[32] Nach *Wolzendorff*, Grenzen der Polizeigewalt II, S. 16 f., hat nur *N. Th. Gönner* als „vereinzelte Ausnahme“ in seinem „Teutschen Staatsrecht“, das überdies 10 Jahre nach Inkrafttreten des ALR erschien, Polizeizweck und Staatszweck unterschieden, während *Kremmer* noch 1870 als Zweck der Polizei bezeichnete, „alles aus dem Wege zu räumen, was die Realisierung des Staatszwecks auch nur mittelbar hindern kann“, in Kam. Korresp. v. 1870, zitiert nach *Wolzendorff*, Grenzen der Polizeigewalt II, S. 17.

[33] *Wolzendorff*, Grenzen der Polizeigewalt II, S. 5.

[34] *Wolzendorff*, Grenzen der Polizeigewalt II, S. 5.

[35] Begriff der Polizei, S. 58.

[36] *Wolzendorff*, Grenzen der Polizeigewalt I, S. 80.

auszubilden"[37]. Tatsächlich haben jedoch bereits verschiedene Ressortreglements, die *vor* dieser Verordnung ergangen sind, die Beförderung der Wohlfahrt als polizeilichen Zweck anerkannt. So heißt es bereits in dem südpreußischen Reglement vom 15. Dezember 1795 im § 19 unter f, daß zu den Polizeisachen „alle zur Beförderung und Verbesserung der gemeinen Landeskultur abzielenden Veranstaltungen" zu zählen seien[38]. Eine ähnlich weite Fassung des Polizeibegriffs findet sich in § 4 des neuostpreußischen Ressortreglements vom 3. März 1797[39]. Selbst wenn man in der Regelung des § 10 II 17 eine allgemeine Einschränkung des Polizeibegriffs sehen will, ist also „wenn nicht Alles trügt, in der Praxis der Verwaltungsbehörden bis zum Polizeigesetz von 1850 jene Grenzbestimmung kaum in einschneidender Weise zu aktueller Bedeutung gelangt"[40, 41].

c) Voraussetzungen einer Einschränkung der Polizei

Die Idee der Einschränkung des *Staatszwecks* auf die Bewahrung und Herstellung der Sicherheit, die mit großem Gewicht vertreten wurde, widersprach zu sehr der politischen Realität der auf den Erlaß des ALR folgenden Zeit, als daß Aussichten für ihre Verwirklichung bestanden hätten. Ein diese Staatstheorie „ehrlich verwirklichender Polizeigedanke hätte eine solche radikale Umwälzung aller grundlegender Prinzipien des Staatslebens bedingt, wie sie schlechterdings praktisch unmöglich war"[42]. Zwar wurde der dynamische Eudämonismus zurückgedrängt; den ökonomischen Notwendigkeiten folgend gewährte der Staat auch Gewerbefreiheit (in Preußen zwischen 1807 und 1810[43]).

---

[37] Zitiert nach *Rosin*, Begriff und Umfang der Polizeigewalt, S. 78.

[38] Zitiert nach *Rosin*, Begriff und Umfang der Polizeigewalt, S. 73.

[39] Nach *Rosin*, Begriff und Umfang der Polizeigewalt, S. 72, Fußn. 209: Verordnung vom 6. März.

[40] *Rosin*, Begriff und Umfang der Polizeigewalt, S. 95.

[41] Zu einer Abgrenzung des Polizeibegriffs nötigte allerdings die preußische („Steinsche") Städteordnung vom 19. November 1808. Die Polizei, welche der Staat gemäß den in § 165 ausgesprochenen Vorschriften auch für den örtlichen Wirkungskreis beanspruchte, muß hier in einem der gesamten örtlichen Verwaltungstätigkeit gegenüber engeren Sinn verstanden werden; anders bleibt für die Entfaltung des Bürgersinns im kommunalen Wirkungskreis kein Raum gegenüber der alles umfassenden staatlichen Ortspolizei — *Rosin*, Begriff und Umfang der Polizeigewalt, S. 90. Die Polizei und damit der Bereich, welcher den Städten nicht überlassen bleiben sollte, wird demgemäß am besten durch die „Thätige Anwendung des Zwanges" — *E. Meier*, Reform der Verwaltungs-Organisation, S. 311 — gekennzeichnet. Die Städteordnung gebraucht demnach den Begriff der „Polizei" im Sinne von Polizei*gewalt*, staatlicher Zwangsgewalt also (eine Gleichsetzung, welche 90 Jahre später die Theorie beherrschte — s. die bei *Thoma*, Polizeibefehl, S. 5, Fußn. 6 Genannten). Diese Ablösung des Begriffs der Polizei von dem der inneren Verwaltung hatte jedoch nur für diesen begrenzten Bereich Bedeutung.

[42] *Wolzendorff*, Polizeigedanke, S. 69.

[43] Durch Edikte vom 9. Okt. 1807, 27. Okt. 1810 und 2. Nov. 1810 — vgl. *Rönne*, Staatsrecht II, S. 203.

Es blieb aber der Anspruch des Staates, mit den Mitteln der inneren Verwaltung, der Polizei, einen nicht durch feste Schranken umgrenzten Zweck zu verwirklichen. Für eine bloße Einschränkung der *Polizei* auf den Sicherheitszweck unter *Beibehaltung* des umfassenden Staatszwecks fehlte in der verfassungsrechtlichen Situation beim Erlaß des ALR jede Grundlage. Eine derartige gegenständliche Einschränkung der „Polizei“ hätte nach der geschilderten Entwicklung des Polizeibegriffs bedeutet, daß in dem so umschriebenen Bereich die Ausübung der Staatsgewalt weiterhin allein nach Zweckmäßigkeitsgesichtspunkten erfolgt wäre. Eine solche Einschränkung wäre deshalb nur möglich gewesen, wenn für die darüber hinausgehenden staatlichen Betätigungen *andere* Grundsätze gegolten hätten und institutionell abgesichert worden wären. Davon konnte aber im vorkonstitutionellen Staat nicht die Rede sein. Selbst wenn § 10 II 17 ALR die Bedeutung gehabt hätte, die Polizeibehörden, soweit sie nicht den Sicherheitszweck unmittelbar verwirklichten, an besondere gesetzliche Ermächtigungen zu binden, fehlte doch ein dieser (Polizei-) Verwaltung gegenüberstehender Gesetzgeber. Solange es diesen Gesetzgeber nicht gab, mußte die Verwaltung weiter verfahren wie bisher, das heißt sie mußte alles, was ihr regelungsbedürftig erschien, „polizeilich“ nach ihrem Gutdünken ordnen[44].

3. Polizeigewalt und Konstitutionalismus: Die rechtliche Begrenzung

Erst mit der Anerkennung einer Mitwirkungsbefugnis der Normbetroffenen an der Normsetzung, die sich im Laufe des 19. Jahrhunderts durchsetzte und der zur Sicherung der Effektivität des Mitwirkungsrechts erforderlichen Bindung der Verwaltung an solche Normen ergab sich die Möglichkeit, einen Bereich des „Polizeilichen“ herauszuarbeiten, der gegenüber der übrigen inneren Staatsverwaltung abgegrenzt war.

a) Der Konflikt — Die Integration der Zweckmäßigkeitsverwaltung in das konstitutionalistische System

Die Idee des Konstitutionalismus und damit der Gedanke des Gesetzesvorbehalts für alle in Freiheit und Eigentum eingreifende Verwaltungstätigkeit setzte sich als verfassungsrechtliches Postulat nicht mit einem Mal durch. Die Gesetzgebungskörperschaften waren auch gar nicht in der Lage, sofort für alle Bereiche die erforderlichen gesetzlichen Grundlagen zu geben. So ging die Verwaltung weiterhin „polizeilich“ nach von ihr selbst getroffenen Zweckmäßigkeitsüberlegungen vor, soweit sich eine spezielle gesetzliche Regelung nicht auffinden ließ.

---

[44] Auch *Wolzendorff*, Polizeigedanke, S. 135 weist darauf hin, daß eine Grenzziehung des Polizeilichen unter diesen Bedingungen undurchführbar war.

Dieser Gegensatz zwischen verfassungsrechtlichem Postulat und praktischem Bedürfnis wird in der Literatur der Zeit deutlich erkannt. *Georg Meyer* weist ausdrücklich darauf hin, daß der Übergang vom Polizeistaat zum Rechtsstaat sich nicht auf einmal vollzogen habe und daß deshalb die Polizeigewalt der rechtlichen Grundlage so lange entbehre, bis die Gesetzgebung für alle Polizeigewalt rechtliche Grundlagen geschaffen habe[45]. *Thoma*[46], *Fricker*[47], *v. Sarwey*[48] sehen das Problem bei aller Verschiedenheit der Lösungen ähnlich: „Es war ein Ding der Unmöglichkeit, die gesamte Staatsordnung auf einen Schlag umzuändern, alles, was bisher aus obrigkeitlicher Machtvollkommenheit geschah, von heute auf morgen auf gesetzlichen Boden zu stellen und nach den Grundsätzen des konstitutionellen und des Rechtsstaates ... umzustellen[49]." Freilich kann es bei einer bloßen Registrierung dieses Sachverhaltes nicht bleiben: Für die dogmatische Einordnung des Fortwirkens absolutistischer Zweckmäßigkeitsverwaltung muß eine Formel gefunden werden, die realistisch genug ist, die Verwaltungspraxis nicht zu ignorieren; die andererseits aber auch die Subsidiarität polizeilicher Verwaltung nicht schlechthin gelten läßt, weil sonst das Postulat des Gesetzesvorbehalts praktisch gegenstandslos würde.

v. Sarwey hält eine solche Lösung für undurchführbar und lehnt deshalb die Geltung des Gesetzesvorbehaltes ab[50]. Im übrigen wird jedoch der Versuch unternommen, polizeiliche Verwaltung und Gesetzesvorbehalt miteinander in Einklang zu bringen. Die einfachste Lösung besteht darin, den Gesetzesvorbehalt nur so weit gelten zu lassen, als er bereits verwirklicht ist, das heißt der Verwaltung polizeiliches Vorgehen nur zu versagen, wenn für das in Frage stehende Sachgebiet eine gesetzliche Lösung vorhanden ist. Dies ist die Auffassung *Georg Meyers*, wenn er die Gesetze als Schranke und nicht als Grundlage der polizeilichen Tätigkeit ansieht[51]. Später sucht Georg Meyer eine rechtliche Grundlegung des vom konstitutionellen Gesetzgeber noch nicht erfaßten Bereichs in der Erwägung einer gewohnheitsrechtlichen Ermächtigung für die polizeiliche Tätigkeit[52]; diese Lösung halten auch

[45] In Hirths Annalen, 1878, 369 (383).

[46] Polizeibefehl, S. 112 und passim.

[47] In Zeitschrift für die gesamte Staatswissenschaft 1887, 1 (32 ff., insbes. S. 34).

[48] *v. Sarwey*, Verwaltungsrecht, S. 35 ff.

[49] *Thoma*, Polizeibefehl, S. 112.

[50] *v. Sarwey*, Verwaltungsrecht, S. 35 ff.

[51] Hirths Annalen 1878, 369 (383); eine Auffassung, die schon bei *Stahl* anklingt, bei dem es heißt: „Gerechtigkeit muß zwar in allen Gebieten beobachtet werden, im Gebiet der Verfassung und Verwaltung wie der Justiz; aber in dem einen (sc. Verfassung und Verwaltung) ist sie bloß die Schranke, in dem anderen ist sie das positive, das einzige Ziel." — Die Philosophie des Rechts, II 2, S. 448.

[52] *Georg Meyer*, Verwaltungsrecht I, 2. Aufl., zitiert nach *Thoma*, Polizeibefehl, S. 107 f.

Laband[53] und *Rosin*[54] für annehmbar. *Fricker* sieht einen Rechtsgrund für die Betätigung der Polizeigewalt in einem „allgemeinen Rechtssatz" — er soll nicht Gewohnheitsrecht sein und auch nicht positiver Rechtssatz —, einer „in der wirklichen lebendigen, historischen Verfassung eingeschlossenen Ermächtigung"[55].

Diese rechtliche Verankerung des vorkonstitutionellen Polizeibegriffs — ob sie nun auf Gewohnheitsrecht zurückgreift oder auf andere dogmatische Begründungen — kann die Möglichkeit einer Aushöhlung des Vorbehalts durch die subsidiäre polizeiliche Verwaltung nicht verhindern. Als historisch bedingter Kompromiß erscheint eine Versöhnung von Gesetzesvorbehalt und polizeilicher Verwaltung deshalb nur dann erträglich, wenn das weiterhin zulässige „polizeiliche" Vorgehen auf einen sachlich eng begrenzten Bereich beschränkt wird.

b) Der Kompromiß — Beschränkung der Zweckmäßigkeitsverwaltung auf die Wahrung der Sicherheit

Die Idee des Sicherheitszwecks war mit dem Zeitalter der Restauration nicht untergegangen; sie blieb weiter lebendig in den Werken von *Harl*[56] und *v. Soden*[57], *v. Salza*[58] und *Zimmermann*[59]. Daß der Staat — auch wenn sein legitimer Zweck insgesamt weiter reichte — dies auf jeden Fall gewährleisten müsse: die Sicherheit seiner Bürger — das war so selbstverständlich, daß Eingriffe zur Gewährleistung der Sicherheit nicht erst auf die Grundlegung durch den konstitutionellen Gesetzgeber warten konnten. Diese Aufgabe, auf die sich nun mehr und mehr der alte Name der Polizei beschränkte, erschien deshalb geeignet, den Bereich zu kennzeichnen, in dem der konstitutionelle Staat auch ohne gesetzliche Grundlage — also ebenso ungebunden wie der Staat des Absolutismus — gegen die Bürger vorgehen konnte. Diese Überlegung klingt schon bei *v. Aretin* an, wenn er die Polizei deshalb auf die Handhabung der Sicherheit und Ordnung beschränkt, weil das, „was man Wohlfahrtspolizei nennt (sonderlich die Beglückungs- und Aufklärungspolizei) ein offenbarer Eingriff in die Freiheit der Staatsbürger (ist)"[60]: Bei Handhabung der Sicherheitspolizei liegt demnach ein solcher Eingriff nicht vor; mit der Folge, daß es nach dem klassischen

[53] Staatsrecht II, S. 180, Fußn. 1.

[54] Polizeiverordnungsrecht, S. 20.

[55] In Zeitschrift für die gesamte Staatswissenschaft 1887, 1 (32 f.).

[56] In: Entwurf eines Polizei-Gesetzbuches, zitiert nach *Wolzendorff*, Grenzen der Polizeigewalt II, S. 55.

[57] In: Die Staatspolizei nach den Grundsätzen der Nationalökonomie, zitiert nach *Wolzendorff*, Grenzen der Polizeigewalt II, S. 57 f.

[58] In: Handbuch des Polizeirechts, zitiert nach *Wolzendorff*, Grenzen der Polizeigewalt II, S. 59.

[59] Die moderne Polizei, S. 1 ff.

[60] Staatsrecht der constitutionellen Monarchie, Bd. 2, S. 166.

Gesetzesbegriff keiner gesetzlichen Ermächtigung bedarf. Deutlicher noch nimmt *Funcke* die Polizei vom Erfordernis einer gesetzlichen Grundlage aus, gerade *weil* die Erhaltung der Sicherheit ihre Aufgabe ist. Polizei ist die „Abwendung und Beseitigung dessen, was von selbst der Natur der Sache nach, ohne daß es diesfalls einer Bestimmung bedarf ... als einen Übelstand sich darstellt"[61]. Das entspricht der Sache nach auch der Auffassung von *Fricker*, der befürchtet, daß „die Emanation einer Konstitution das Chaos der gesellschaftlichen Ordnung bedeuten" würde[62], wenn man den Gesetzesvorbehalt streng durchführen wollte.

Dieser Sicherheitszweck enthält die geeignete inhaltliche Bestimmung der gewohnheitsrechtlich oder ähnlich konstruierten Grundlage für dasjenige staatliche Handeln, das der konstitutionellen Grundlage entbehrt. Den damit umschriebenen Polizeibegriff kennzeichnen also zwei Komponenten: Die eine bedeutet, daß die Verwaltung tätig werden kann, ohne an eine konstitutionell bestimmte Rechtsnorm gebunden zu sein, die andere beschränkt dieses Handeln auf die Wahrung der Sicherheit. Und diese Beschränkung erscheint nun — im Gegensatz zur vorausgegangenen Epoche[63] — auch durchführbar, weil Eingriffe zur Verwirklichung des Staatszwecks in seinem ganzen Umfang auf nichtpolizeilicher gesetzlicher Grundlage möglich sind.

c) Die Entwicklung in Preußen — Die Gefahrenabwehr bestimmt den Bereich des Polizeilichen

Das preußische Polizeiverwaltungsgesetz vom 11. März 1850 gab der Tätigkeit der staatlichen Behörden formal eine konstitutionelle Grundlage. Über den Vorbehalt polizeilicher Einzelakte aber bestimmte es nichts, und das polizeiliche Verordnungsrecht, wie es gemäß § 6 lit. i für die lokale Ebene und gemäß § 12 für die Bezirksregierungen galt, enthielt keine Begrenzung oder nähere Bestimmung dessen, was auf diese Weise zu regeln war. Man entnahm demzufolge anderen Vorschriften in der preußischen Gesetzgebung eine inhaltliche Bestimmung des „Polizeilichen". Dazu dienten zusätzlich zu dem § 10 II 17 die §§ 2 und 3 II 13 des ALR, die über die Rechte und Pflichten des Staatsoberhauptes handelten und aus denen die Beförderungen der Wohlfahrt als Aufgabe der Polizei abgeleitet werden konnte[64].

Dem Zeitgeist entspricht eine stärkere Betonung des Gesetzesvorbehalts gegenüber dem polizeilichen Vorgehen durch Beschränkung der

---

[61] In: Das Wesen der Polizei, zitiert nach *Wolzendorff*, Grenzen der Polizeigewalt II, S. 57, Fußn. 2 .

[62] In Zeitschrift für die gesamte Staatswissenschaft 1887, 1 (35).

[63] Dazu B II 2 c).

[64] *Rosin*, Polizeiverordnungsrecht (1. Aufl.), S. 73 ff., insbes. S. 75 m. w. N.

Polizei auf den Bereich der Sicherheit. Dieser Forderung verschafft schließlich nicht der konstitutionelle Gesetzgeber Geltung, sondern das Preußische Oberverwaltungsgericht. Es schneidet die Versuche, das Polizeiliche durch die Rechte des Staatsoberhauptes zu bestimmen, ab und geht — was in Wahrheit ein bloßer Notbehelf ist[65] — von § 10 II 17 ALR aus, dessen Bedeutung zweifelhaft ist, dessen Beschränkung der Polizei auf den Sicherheitszweck — wenn sie jemals galt — jedenfalls nach der Verordnung vom 26. Dezember 1808 aufgehoben war und dessen Eignung als Eingriffsvoraussetzung schon deshalb fragwürdig ist, weil es sich um eine vorkonstitutionelle Norm handelt[66]. Schon bald nach Aufnahme seiner Tätigkeit hatte das Oberverwaltungsgericht zur Rechtfertigung polizeilicher Verfügungen den § 10 II 17 herangezogen[67], es sah darin aber zunächst nur eine Zuständigkeitsregelung und keine inhaltliche Konturierung des „Polizeilichen"[68]. Die Bedeutung einer Begrenzung außergesetzlicher Verwaltungstätigkeit erhält diese Vorschrift erst im sog. „Kreuzbergurteil"[69].

Hier entnahm das Gericht dem § 10 II 17 ALR eine Grenzziehung, die in casu durch ein Bauverbot überschritten wurde. In schneller Folge wurde dieser Gedanke einer rechtlichen Begrenzung der Polizeigewalt durch § 10 II 17 ALR für Verordnungen wie für Verfügungen der Polizeibehörden in der Rechtsprechung des Preußischen Oberverwaltungsgerichts[70] gefestigt und sehr bald auch vom Reichsgericht[71] anerkannt. Auch in der Literatur setzte sich diese Lösung des Konflikts zwischen dem Postulat des Gesetzesvorbehalts und den Anforderungen der Praxis durch[72], die *Loening* unabhängig von der Rechtsprechung des Oberverwaltungsgerichts zur gleichen Zeit entwickelt hatte[73].

Mit der sachlichen Begrenzung der Polizeigewalt und der rechtlichen Verankerung in § 10 II 17 ALR übernahm das Oberverwaltungsgericht

---

[65] *Thoma*, Polizeibefehl, S. 105.

[66] Vgl. *Thoma*, Polizeibefehl, S. 103 ff., insbes. S. 105.

[67] PrOVGE 1, 337; 2, 399 (406).

[68] Zuletzt PrOVGE 8, 327 (328).

[69] PrOVGE 9, 353 ff.; wenn *Rudolf* die Entscheidung PrOVGE 2, 399 ff. damit kennzeichnet, das Gericht sei davon ausgegangen, „daß es der Polizei entsprechend ihrem in § 10 II 17 ALR genannten Zweck der Gefahrenabwehr obliege, den bürgerlichen Verkehr zu regeln ... (und) die Freiheit des Einzelnen insoweit zu beschränken, als dies zur Erhaltung der öffentlichen Ordnung unerläßlich ist" — Polizei gegen Hoheitsträger, S. 10 —, so ist das mißverständlich. Zwar wird § 10 II 17 ALR in dem Urteil erwähnt — a.a.O., S. 406 —, aber die Vorschrift wird materiell nicht ausgewertet (s. oben zu Fußn. 67 und 68).

[70] PrOVGE 12, 392; 11, 385; 15, 434; 23, 51; 23, 396.

[71] RGZ 19, 354.

[72] z.B. *Bornhak* in AöR 5, 401 (403); *ders.*, Preußisches Staatsrecht, Bd. 3, S. 136; *Ernst v. Meier*, in: von Holtzendorffs Enzyklopädie, S. 1157 (1159).

[73] Deutsches Verwaltungsrecht, S. 237, Fußn. 2 (das Kreuzbergurteil wird, S. 840, im Nachtrag herangezogen).

aber nicht einfach den überkommenen Gedanken des Sicherheitszweckes. Es entwickelte mit der Herausstellung der „Gefahrenabwehr" als polizeilicher Aufgabe einerseits ein materielles Abgrenzungskriterium für die Möglichkeit nicht gesetzesgebundener („polizeilicher") Eingriffe; zugleich eröffnete es damit aber auch die Möglichkeit für eine Betrachtung des Polizeibegriffs, die über die wechselseitige Gleichsetzung von Polizei und Zwangsrecht hinausführte, wie sie der herrschenden Theorie der Zeit[74] entsprach. Durch die Bestimmung des polizeilich verfolgbaren Zwecks als Gefahrenabwehr wird — während im Bereich der süddeutschen Tradition des Einzelvorbehalts einzig die Steuerung des Verhaltens der Bürger im Blickfeld steht[75] — in dem als Gefahrenabwehr umrissenen Bereich eine staatliche Aufgabe deutlich, die von der Anwendung des Zwangs her nicht definierbar ist: eine Schutzpflicht des Staates gegenüber der Gesellschaft. Zwangsweises Vorgehen gegenüber dem einzelnen wird danach nicht als Ziel angesehen, sondern nur als Mittel zur Verwirklichung des polizeilichen Ziels der Gefahrenabwehr. Damit ist es möglich, auch „zwangsloses" Handeln als echte Aufgabe der Polizei zu erkennen[76].

Die Würdigung dieser historischen Leistung darf nicht darüber hinwegtäuschen, daß die Rechtsprechung des Oberverwaltungsgerichts ein Kompromiß ist, der aus einer bestimmten historischen Situation erklärbar ist. Aber wie später noch häufig, wenn sich die Rechtsprechung in Analyse der Zeitumstände zu einem Kompromiß außerhalb der Normen genötigt sieht, hat er die Tendenz, die fortdauernde Notwendigkeit einer umfassenden Problemlösung aus dem Bewußtsein zu verdrängen und damit zugleich die Gesetzgebungsorgane in der Fortentwicklung des Rechts zu hemmen, weil der Zwang des geschichtlichen Augenblicks zunächst beseitigt ist[77]. § 10 II 17 ALR dient als Generalklausel nicht der rechtlichen Grundlegung der Polizeigewalt, sondern —

---

[74] Vgl. die bei *Thoma*, Polizeibefehl, S. 5, Zitierten.

[75] *Emmerig* in BayVBl. 1955, 69 ff.

[76] *Drews*, Preußisches Polizeirecht, S. 39.

[77] Daß auch die Möglichkeit bestand, ohne Aufgabe der unbedingten Forderung des Gesetzesvorbehalts das zeitbedingte Problem der mangelnden konstitutionellen Durchnormierung des Rechts zu lösen, hat *Thoma* in seinem Werk über den „Polizeibefehl im Badischen Recht" aufzuzeigen versucht: Er hält an der Forderung fest, daß die von ihm noch ohne gegenständliche Beschränkung als Zwangsausübung aufgefaßte Polizeigewalt in jedem Fall einer gesetzlichen Grundlage bedarf — Polizeibefehl, S. 98 ff., insbes. S. 103 —, die nur der konstitutionelle Gesetzgeber geben kann — a.a.O., S. 103 ff., insbes. S. 105. Bis zum Erlaß solcher Gesetze soll ein Übergangsrecht die bisherige Praxis sanktionieren. „Der Zwiespalt ... löst sich ... in einer sowohl praktisch wie theoretisch befriedigenden Weise dann, wenn man ihn erfaßt als Übergangserscheinung und rechtfertigt durch Konstruktion eines Übergangsrechts", a.a.O., S. 111 f. Diese Theorie kann jedoch nicht mehr auf die von Preußen ausgehende Entwicklung des Polizeirechts als bloßer *Begrenzung* der Polizei durch das Recht einwirken.

darin im Grundsatz mit der Forderung von *Georg Meyer*[78] übereinstimmend — nur der Begrenzung eines gesetzesfreien Raumes[79]. In der Generalklausel wird „ein Stück des alten Polizeistaates conserviert; denn innerhalb ihres Umfanges ... gilt ... der Satz, daß die Behörde gebieten und verbieten kann, soweit nicht besondere gesetzliche Bestimmungen spezieller Art hemmend entgegenstehen"[80]. Diesem Gedanken folgend stellte *Otto Mayer* noch in der dritten Auflage seines Verwaltungsrechts-Lehrbuchs, die 1924 erschien, die Erörterung der richtigen Adressaten polizeilicher Verfügungen und des rechtlichen Gehalts der Begriffe der öffentlichen Sicherheit und Ordnung unter die Paragraphenüberschrift „Grenzen der Polizeigewalt"[81]. Soweit eine klare Terminologie eingehalten wird, ist die Erkenntnis des § 10 II 17 ALR als bloßer Grenzziehung auch in der Rechtsprechung des Oberverwaltungsgerichts lebendig: § 10 II 17 „zieht die Grenze für das polizeiliche Zwangs- und Verordnungsrecht"[82]; und die Grundsätze für das Einschreiten gegen Nicht-Störer werden, wie bei Otto Mayer, unter dem Stichwort „Grenzen der Polizeigewalt" entwickelt[83].

4. Der Begriff der Polizeipflicht

Diese Verrechtlichung der Polizei, nicht durch Schaffung von gesetzlichen Eingriffstatbeständen, wie es dem konstitutionellen Postulat entsprochen hätte, sondern durch eine in der Rechtsprechung des Oberverwaltungsgerichts über Jahrzehnte hin weitergetriebene Einschränkung der rechtsfreien Polizeigewalt, hat den Begriff der Polizeipflicht in seiner heutigen Bedeutung geschaffen, mit dessen Hilfe festgestellt wird, wen die Polizei bei der Verwirklichung ihrer Aufgabe nach § 10 II 17 ALR im Normalfall innerhalb der Grenzen der Polizeigewalt in Anspruch nehmen kann.

a) Dogmatische Begründung und praktische Zielrichtung der Ansichten über die Polizeipflicht

Der Begriff der Polizeipflicht kann heute insoweit als gesichert angesehen werden, als er allein durch die Anforderungen der Gefahrenabwehr bestimmt wird. Von diesem Grundgedanken ist die Regelung der §§ 18 ff. des Preußischen Polizeiverwaltungsgesetzes ausgegangen, und davon sind die Ländergesetze im Bereich der polizeilichen Generalklausel auch in der Bundesrepublik nicht abgewichen. Die genaue Ermittlung der Wirkungsweise und der Voraussetzungen der Polizeipflicht

---

[78] B II 3 a) zu Fußn. 51.
[79] Vgl. *Franz Mayer*, Bayerns Polizeirecht, S. 137.
[80] *Rosin*, Polizeiverordnungsrecht, S. 20 f.
[81] Verwaltungsrecht I, S. 212 ff.
[82] PrOVGE 9, 373.
[83] PrOVGE 12, 397.

wird gleichwohl erschwert durch die mit dem Pflichtbegriff verbundenen Assoziationen und die oft terminologisch und sachlich unklare Verwendung des Begriffs der Polizeipflicht. Dabei sind zugleich Elemente wirksam, die unter verschiedenen verfassungspolitischen Anforderungen diesem Begriff beigefügt wurden.

aa) Ableitung aus der deutschrechtlichen Auffassung des Eigentums

Schon vor dem Kreuzbergurteil wird in der Rechtsprechung des Preußischen Oberverwaltungsgerichts dieser für die Eingriffsmöglichkeiten der Polizeibehörden grundlegende Begriff der Polizeipflicht erwähnt. Das Gericht geht von einer Pflicht des Eigentümers aus, polizeilich zu schützende öffentliche Interessen nicht zu beeinträchtigen[84]. Der Rechtsgrund für diese Pflicht liegt darin, daß „dem Eigenthümer Grenzen gezogen (sind) und naturgemäß Grenzen gezogen sein (müssen), weil der Mensch nicht für sich allein, sondern ... innerhalb einer größeren Gemeinschaft lebt"[85]. Die Annahme einer Polizeipflicht wird in der Rechtsprechung des Preußischen Oberverwaltungsgerichts nur sehr vorsichtig von diesem Ausgangspunkt des Eigentums an Grundstücken, Wegen und Wasserläufen, von der offensichtlich deutschrechtlich bestimmten Auffassung des Grundeigentums her, ausgeweitet. Die Pflicht wird zwar sehr bald ohne weitere Begründung als „öffentlich-rechtliche Verbindlichkeit" bezeichnet[86], bleibt aber an das Eigentum oder zumindest die tatsächliche Sachherrschaft gebunden. Soweit nicht die „Verpflichtungen, welche lediglich im Eigenthume wurzeln", ein polizeiliches Vorgehen rechtfertigen, spricht das Gericht nicht von einer Pflicht, sondern nur von „polizeilichen Anforderungen" und von „Befolgung polizeilicher Gebote"[87]. Selbst in der scheinbar entschiedenen Absage an die Ableitung der Polizeipflicht aus dem Eigentum bleibt diese Bindung in Wahrheit erhalten: Es sei für die „der Polizei gegenüber bestehende, lediglich auf der Urheberschaft beruhende, öffentlich-rechtliche Verpflichtung völlig gleichgültig", heißt es zwar in PrOVGE 34, 432 (435), „ob die Sache, die (der Urheber der Störung) in den polizeiwidrigen Zustand versetzt oder mittels deren er ihn herbeigeführt hat in seinem Eigentum ... stand". In dem entschiedenen Fall handelte es sich aber immerhin um die Inanspruchnahme des vorherigen Eigentümers (des Marinefiskus), der bereits als Eigentümer die Störung verursacht hatte, und das Gericht legt aus-

84 PrOVGE 3, 348 (350).

85 PrOVGE 8, 327 (329).

86 PrOVGE 11, 233 (242); 12, 306 (311); 13, 323 (325); von einem „allgemeinen Grundsatz des öffentlichen Rechts" ist in PrOVGE 24, 395 (399) die Rede.

87 PrOVGE 11, 233 (242 f.).

führlich dar, daß der *Fort*bestand der Polizeipflicht nicht durch zivilrechtliche Eigentumsübertragung verhindert werden könne. Jedenfalls bleibt die Verwendung des Begriffs der Polizeipflicht auf die Beziehung zu einer bestimmten Sache beschränkt.

bb) Die Polizeipflicht als allgemeine Nichtstörungspflicht

Die umfassende Bezeichnung aller möglichen Adressaten von Polizeiverfügungen als „Polizeipflichtige", wie sie das Preußische Polizeiverwaltungsgesetz von 1931 als Legaldefinition im § 18 einführt, entspricht nicht der Terminologie des Oberverwaltungsgerichts. Der Begriff der Polizeipflicht nach dem Polizeiverwaltungsgesetz beruht in seiner spezifisch von der polizeilichen Gefahrenabwehr (und nicht von der Gemeinschaftsbindung des Eigentums) ausgehenden Fassung eher auf Überlegungen von *Otto Mayer* als auf der Rechtsprechung des Preußischen Oberverwaltungsgerichts.

Otto Mayer faßte den Begriff der Polizeipflicht aus einem vom öffentlichen Recht her bestimmten verfassungspolitischen Blickwinkel. Im Gegensatz zu *Wolzendorff*, der zugestand, es könne „kein Zweifel sein, daß (die allgemeinen Befugnisse der Polizeigewalt) eine Durchbrechung des Prinzips des konstitutionellen Staates bedeuten, in dem sonst nur das Gesetz in ... die Freiheit des Bürgers eindringen darf"[88] (und der gleichwohl den Gesetzesvorbehalt für die Polizei nicht gelten ließ), konnte Otto Mayer als unbedingter Verfechter des Gesetzesvorbehalts eine solche Ausnahme nicht hinnehmen[89]. Das Problem der Vereinbarkeit von unbedingtem Gesetzesvorbehalt und polizeilicher Zwangsanwendung ließ sich jedoch lösen, wenn in der Zwangsanwendung kein Eingriff in den Vorbehaltsbereich von Freiheit und Eigentum zu sehen war. Die augenfällige Tatsache, daß jeder Zwang Freiheit einschränkt, konnte Otto Mayer dabei nur dialektisch mit der Statuierung einer Pflicht überwinden — durch die Behauptung nämlich, daß es „von vornherein nicht zur Freiheit des einzelnen (gehört), daß er die gute Ordnung des Gemeinwesens stört", sondern daß er die Pflicht habe, solche Störungen zu unterlassen[90, 91]. Wenn der Polizeibefehl — so muß man diesen Gedanken Otto Mayers fortführen — zur Erfüllung einer Forderung der Rechtsordnung aufruft, begründet er sie nicht erst selbst, ist kein Eingriff, bedarf also auch keiner gesetzlichen Grund-

---

[88] Grenzen der Polizeigewalt II, S. 90.

[89] „Der oberste Satz von dem alles ausgeht, ist danach der: kein Polizeibefehl kann gültig erlassen werden ohne gesetzliche Grundlage, d. h. anders als durch Gesetz oder mit gesetzlicher Ermächtigung!" — Verwaltungsrecht I, 1. Aufl., S. 272; sinngemäß ebenso Verwaltungsrecht I, 3. Aufl., S. 228.

[90] Verwaltungsrecht I, S. 207.

[91] Diese Lösung findet sich im Grunde schon bei *v. Aretin*, s. oben B II 3 b) mit Fußn. 60.

lage[92]. Mit der Herausstellung einer Pflicht, die in der Rechtsordnung diese Funktion zu erfüllen vermag, griff Otto Mayer unter den völlig anderen Voraussetzungen des Verfassungsstaates auf Gedanken des aufgeklärten Absolutismus zurück: schon bei *v. Berg* war davon die Rede, der Staatsbürger sei „unstreitig verpflichtet, alles das zu unterlassen, was zwar an sich nicht unerlaubt, aber der Wohlfahrt des Staates nachteilig ist“[93].

Ersichtlich in Anlehnung an die Auffassung Otto Mayers verwendete das Sächsische Oberverwaltungsgericht den Begriff einer „allgemeinen Untertanenpflicht, die gute Ordnung des Gemeinwesens nicht zu stören“[94]. In Auseinandersetzung mit der Tatsache, daß das vom Gericht anzuwendende Recht keine ausdrückliche Grundlage für den Erlaß von Polizeibefehlen — auch keine dem § 10 II 17 ALR entsprechende Regelung — enthielt, stellte es fest, auf dem Gebiet der Polizei werde „auch ohne ausdrückliche gesetzliche Vorschrift die auf dem ungeschriebenen Recht beruhende Befugnis der Verwaltungsbehörden anerkannt, die zum Schutz (der guten Ordnung des Gemeinwesens) erforderlichen Verfügungen mit unmittelbar verbindlicher Kraft für den einzelnen zu treffen“[95]. Diese Freistellung vom Gesetzesvorbehalt wird anerkannt „als Folge“[96] der allgemeinen Nichtstörungspflicht. Dieser Pflicht kommt also die gleiche Funktion zu wie nach der Auffassung Otto Mayers. Die allgemeine Nichtstörungspflicht legitimiert in der Rechtsprechung des Sächsischen Oberverwaltungsgerichts selbst dann ein polizeibehördliches Vorgehen ohne ausdrückliche gesetzliche Grundlage, wenn dabei in Befugnisse eingegriffen wird, die auf einem Gesetz beruhen[97].

Anders als das Sächsische Oberverwaltungsgericht will Otto Mayer allerdings den Polizeibefehl im Ergebnis nicht vom Gesetzesvorbehalt ausnehmen; daß die polizeiliche Nichtstörungspflicht den Gesetzesvorbehalt ausschalte, ist im Hinblick auf die Auffassung Otto Mayers nur eine der Klarheit halber notwendige überspitzte Herausarbeitung seines Denkansatzes. Der Befehl gibt der bestehenden Pflicht „neue rechtliche Formen“[98] und ist deshalb letztlich doch dem Gesetzesvorbehalt unterworfen[99]. Aber nur die Annahme einer Nichtstörungspflicht läßt es für

---

[92] Ebenso werten diese Auffassung Otto Mayers zum Begriff der Polizeipflicht: *Thoma*, Polizeibefehl, S. 110 f.; *Ernst-Wolfgang Böckenförde*, Gesetz und gesetzgebende Gewalt, S. 327 f.

[93] In: Handbuch des teutschen Policeyrechts, Bd. II, zitiert nach *Wolzendorff*, Grenzen der Polizeigewalt I, S. 41.

[94] SächsOVGE 7, 12 (15) unter insoweit unzutreffender Bezugnahme auf vorausgegangene Entscheidungen; SächsOVGE 20, 197 (198 f.).

[95] SächsOVGE 7, 12 (15).

[96] SächsOVGE 7, 12 (15).

[97] SächsOVGE 20, 197 (198 f.).

[98] Verwaltungsrecht I, 1. Aufl., S. 252 f.

[99] Verwaltungsrecht I, 1. Aufl., S. 272.

Otto Mayer erträglich erscheinen, die Generalklausel des § 10 II 17 ALR als eine gesetzliche Grundlage anzusehen, die rechtsstaatlichen Anforderungen genügt. Während nämlich über die Anforderungen, die an die Bestimmtheit einer Eingriffsermächtigung zu stellen sind, durchaus großzügige Vorstellungen bestehen[100], ist Otto Mayer darin um vieles kritischer als seine Zeitgenossen. Er erkennt in der Generalklausel eine „ungemessene Ermächtigung"[101], gegen deren Zulassung an sich Bedenken bestehen. Diese Bedenken bestehen jedoch im Ergebnis deshalb zu Unrecht, weil die Ermächtigung durch die Generalklausel, setzt man die Nichtstörungspflicht voraus, nur *scheinbar* ungemessen ist: Eine gesetzliche Grundlage ist zwar einerseits erforderlich, um den Polizeibefehl rechtsstaatlich unbedenklich erscheinen zu lassen, andererseits konkretisiert diese Grundlage aber doch nur jene ohnehin bestehende Pflicht und unterliegt deshalb nicht den ansonsten geltenden Anforderungen[102]: „Das allein macht den Polizeibegriff juristisch wertvoll[103, 104]." Und in der Tat — mit diesem Begriff der Polizeipflicht hat Otto Mayer dem historischen Kompromiß des Preußischen Oberverwaltungsgerichts die Grundlage gegeben, auf der bis heute das Polizeirecht trotz aller Verfassungsstürme ruht.

cc) Polizeipflicht und verfassungsrechtlich verbürgte Entschädigungspflicht des Staates

Dem Problem der mangelnden Bestimmtheit des § 10 II 17 ALR wurde durch die rechtsschöpferische Rechtsprechung des Preußischen Oberverwaltungsgerichts die Brisanz genommen. Der § 14 des Preußischen Polizeiverwaltungsgesetzes von 1931 erfüllte schließlich die Minimalforderung der Theoretiker des Rechtsstaates und machte die polizeiliche Generalklausel als Eingriffsermächtigung zu einer konstitutionellen Norm; die Frage des möglichen Adressaten wurde positivrechtlich geregelt und Voraussetzungen für einzelne Befugnisse der Polizei wurden festgelegt. Die allgemeine Nichtstörungs-„Pflicht" hatte mit

100 Die Vertreter der Lehre vom Gesetzesvorbehalt haben dieses Problem zunächst nur sehr ungenau gesehen, vgl. *Jesch*, Gesetz und Verwaltung, S. 168 mit Fußn. 308. An der Tauglichkeit des § 10 II 17 ALR als einer solchen Grundlage hatte aber offensichtlich auch *Thoma* Zweifel, die nicht nur daraus herrührten, daß § 10 II 17 ALR eine vorkonstitutionelle Norm war; Polizeibefehl, S. 106 und 110.

101 Verwaltungsrecht I, S. 208 mit Fußn. 12.

102 Verwaltungsrecht I, S. 208 mit Fußn. 12; auch *Galette* in DVBl. 1955, 276 (281) weist auf diese verfassungspolitische Zielsetzung des Polizeipflichtbegriffs von Otto Mayer hin.

103 Verwaltungsrecht I, S. 209.

104 Zu einer ähnlich pragmatischen Auffassung neigte *Walter Jellinek:* Weil es „das mindeste (ist), was wir vom Staat verlangen, daß er Ordnung in seinem Innern hält, ... muß (man) ... ein Auge zudrücken, wenn sich in einigen deutschen Ländern das Polizeiverfügungsrecht *entgegen rechtsstaatlicher Forderung* nicht auf förmliche Texte gründen läßt" — Verwaltungsrecht, S. 427 f.; Heraushebung von mir.

der Rechtfertigung „scheinbar ungemessener Ermächtigungen" aber ihre Kraft zur Versöhnung des Polizeirechts mit verfassungspolitischen Forderungen nicht erschöpft. Die grundrechtliche Garantie von Vermögensrechten und damit (auch) einer rechtlichen Gegenposition zur Staatsgewalt, wie sie zuvor im Absolutismus die iura quaesita dargestellt hatten, stellte mit aller Schärfe die Frage nach einer möglichen Entschädigung für polizeiliche Eingriffe aus dem Gesichtspunkt der Aufopferung. Noch 1882 konnte das Preußische Oberverwaltungsgericht hinsichtlich der Entschädigungspflicht, die Art. 9 der preußischen Verfassungsurkunde von 1850 verbindlich bei Enteignungen vorsah, bezweifeln, „ob überhaupt Art. 9 einen unmittelbar anwendbaren Rechtssatz ... enthält"[105]; durch Rechtsprechung und Lehre zu Art. 153 der Weimarer Verfassung war hingegen die Frage, ob Entschädigung nur bei ausdrücklicher Anordnung oder in der Regel zu gewähren sei[106], so entschieden, daß eine Entschädigungspflicht für jeden Fall bejaht wurde, für den eine Entschädigung nicht durch Gesetz ausdrücklich ausgeschlossen war. Natürlich konnte nicht für jeden polizeilichen Eingriff in vermögenswerte Rechte Entschädigung geleistet werden. An Stelle einer differenzierenden Abgrenzung, die zudem einer gesetzlichen Regelung bedurft hätte, war auch hier die einfachste Lösung des Problems diejenige, welche durch die Theorie von *Otto Mayer* und insoweit auch durch die Rechtsprechung des Preußischen Oberverwaltungsgerichts bereits vorgezeichnet war: Wenn die Inanspruchnahme des „Polizeipflichtigen" kein Eingriff war, weil ohnehin eine Pflicht zum Handeln im Sinn dieser Inanspruchnahme bestand, entfiel auch die Voraussetzung für die Entschädigungspflicht. „Die meist vertretene Auffassung, daß die Polizei kraft ihrer Generalvollmacht in bestehende Privatrechte eingreife und diese beschränke, ist nicht haltbar *wegen der Folgerungen*[107], die daraus hinsichtlich der Entschädigung des Störers gezogen werden müßten", so formulierte es *Drews*[108], seit 1921 Präsident des Preußischen Oberverwaltungsgerichts. Drews ging von einer Auffassung der Polizeipflicht aus, bei der diese die Bedeutung einer zusammenfassenden Bezeichnung der Voraussetzungen erlangte, die für den rechtmäßigen Erlaß eines Polizeibefehls beim Adressaten vorliegen mußten[109]. Diese zusammenfassende Bezeichnung der in Anspruch zu nehmenden Personen war dem Polizeipflichtbegriff Otto Mayers eng verwandt. In der systembildenden Kraft, in der Allgemeinheit, die das Gemeinsame von Zustands- und Handlungshaftung erkennbar machte[110], schlug sich dieser Begriff der Polizeipflicht in der Kodi-

[105] PrOVGE 8, 327 (329).
[106] Dazu *Stödter*, Öffentlich-rechtliche Entschädigung, S. 67 ff.
[107] Heraushebung von mir.
[108] Preußisches Polizeirecht, S. 40, Fußnote.
[109] Preußisches Polizeirecht, 5. Abschnitt (S. 38 ff.).
[110] Preußisches Polizeirecht, S. 41 f.

fikation des Preußischen Polizeiverwaltungsgesetzes von 1931 nieder[111, 112].

Bedeutsam für eine allerdings auf den Eigentumsbegriff beschränkte Betrachtung der Polizeipflicht war auch Art. 153 Abs. III der Weimarer Verfassung. Ausgehend von dem von *v. Gierke* entwickelten Gedanken der Sozialgebundenheit des Eigentums[113] gelangte *Martin Wolff* zur Annahme einer unmittelbaren Geltung des programmatischen „Eigentum verpflichtet". Insbesondere leitete er aus diesem Satz eine Pflicht des Eigentümers zur Erhaltung seines Eigentums in polizeigemäßem Zustand ab[114]. Diese Lehre fand in der Weimarer Zeit keine Anerkennung[115]; ähnlich wie Martin Wolff argumentierte nur *Günther Holstein*[116].

Erst unter der Geltung des Grundgesetzes, dessen Art. 14 II dem Art. 153 III WRV weitgehend entspricht, hat diese Auffassung breitere Zustimmung gefunden. Auch jetzt dient der Begriff der Polizeipflicht als Mittel zur Versöhnung verfassungsrechtlicher Postulate mit der Verwaltungspraxis. Zunächst erfüllt die Behauptung einer Pflicht des Eigentümers aus Art. 14 II GG die gleiche Funktion, die schon Drews der Polizeipflicht beimaß: „Wäre nämlich — so heißt es bei *Quaritsch*[117] — der Eigentümer *verpflichtet*, sein Eigentum im polizeigemäßen Zustand zu erhalten, käme einer rechtmäßigen Polizeiverfügung — möge sie noch so schwer treffen ... — nur deklaratorische, nicht konstitutive, pflichtbegründende Bedeutung zu; wer seine Pflicht erfüllt, kann aber dafür eine Entschädigung nicht verlangen." Quaritsch erkennt, daß die verfassungsrechtliche Problematik unter dem Grundgesetz sich noch schärfer stellt als nach Art. 153 WRV; denn „14 I 1 und 14 III GG ver-

---

[111] Wie das PrPVG hatte schon die Thüringische Landesverwaltungsordnung vom 10. Juni 1926 in § 33 Abs. 2 eine zusammenfassende Regelung der in Anspruch zu nehmenden Personen getroffen. Der Begriff der „Polizeipflicht" wurde in diesem Gesetz nicht verwendet. Der 1927 erschienene Kommentar von *Knauth* und *Wagner* bezeichnete aber die in Anspruch zu nehmenden Personen zusammenfassend als „Polizeipflichtige Personen". — Landesverwaltungsordnung für Thüringen, Anm. 2 zu § 33.

[112] Auch nachdem der Begriff der Polizeipflicht im § 18 des Preußischen Polizeiverwaltungsgesetzes in dem geschilderten umfassenden Sinn als Legaldefinition zu Grunde gelegt war, verwendete das PrOVG ihn nicht sehr häufig. Meist handelte es sich dabei — entsprechend der vom Eigentum bestimmten Betrachtungsweise der Rechtsprechung — um Fälle, in denen jemand Sachaufwendungen zu machen hatte — PrOVGE 99, 222 ff.; 101, 124 ff.; 104, 252 ff.; 105, 148 ff., 240 ff. —; über die traditionelle Bedeutung hinaus wurde der Begriff der Polizeipflicht auch jetzt nur vereinzelt verwendet — PrOVGE 95, 125 ff.; 96, 77 f.

[113] Privatrecht I, S. 255, 319; Privatrecht II, S. 365, 408.

[114] Reichsverfassung und Eigentum, S. 11.

[115] *Schelcher*, Artikel 153 WRV, S. 244 f. m. w. N.

[116] Öffentlich-rechtliche Eigentumsbeschränkungen, S. 94 ff.

[117] In DVBl. 1959, 455 (457).

bindet ein ‚Junktim‘. *Deshalb*[118] ist zu fragen, ob polizeirechtlich störendes Eigentum überhaupt Eigentum i. S. des 14 I 1 GG ist“[119]. Mit anderen Worten: Wenn die Polizei bei rechtmäßigem Vorgehen den Störer in seinem Eigentum beeinträchtigen würde, wäre das polizeiliche Vorgehen bei fehlender Entschädigungsregelung wegen der Junktimklausel des Art. 14 III 2 GG als widerrechtlich anzusehen. Die Polizei könnte rechtmäßig nur noch dann vorgehen, wenn sie bei der Prüfung des Sachverhalts zu dem Ergebnis käme, daß in diesem Fall ein Eingreifen keine Enteignung bedeuten würde. Diese unhandliche Konsequenz kann nur vermieden werden, wenn e definitione ein polizeilicher „Eingriff“ kein Eingriff ist. Das ist nach der Ansicht von Quaritsch offenbar nur dann der Fall, wenn bereits von Verfassung wegen eine Pflicht besteht, mit dem Eigentum so zu verfahren, wie es ein rechtmäßiger Polizeibefehl verlangt.

b) Unmittelbare Wirksamkeit der Polizeipflicht

Um die unterschiedliche Betrachtungsweise dieser Verfassungsvorschriften unter der Geltung der Weimarer Verfassung und des Grundgesetzes richtig zu würdigen, muß man sich vor Augen führen, daß nach der Auffassung, die unter der Weimarer Verfassung vorherrschte, die Grundrechtsartikel weitgehend als bloße „Programmsätze“ verstanden wurden[120]. Einem solchen Programmsatz kam kein in den Kategorien rechtlicher Geltung faßbarer Stellenwert zu[121]. Für den Gesetzgeber war er eine Richtlinie; hielt dieser sich aber nicht an das Programm, so hatte das keine Rechtswirkung.

Das Grundgesetz stellt sich dieser Auffassung ausdrücklich entgegen, indem es in Art. 1 III die Grundrechte zu unmittelbar geltendem Recht erklärt und damit eine Vermutung für ihre unmittelbare Wirkung begründet. Mit der Anerkennung und Institutionalisierung des richterlichen Prüfungsrechts durch Grundgesetz und Bundesverfassungsgerichtsgesetz[122] ist diese unmittelbare Geltung auch zu einer von der

---

118 Heraushebung von mir.

119 In DVBl. 1959, 457.

120 Grundlegend dazu *Anschütz*, Reichsverfassung, Vorbem. 5 c und 6 zu Art. 119 ff.; aus der Rückschau *Herbert Krüger*, Grundgesetz und Kartellgesetzgebung, S. 12.

121 Die im einzelnen erheblich differierenden Auffassungen zu diesem Problemkreis können zum Verständnis der hier zu erörternden Fragen nichts beitragen.

122 Zwar nahm das Reichsgericht seit 1925 — RGZ 111, 320 (323) — für die gesamte ordentliche Gerichtsbarkeit ein richterliches Prüfungsrecht in Anspruch; auch der Staatsgerichtshof überprüfte im beschränkten Rahmen seiner Zuständigkeit die Verfassungsmäßigkeit von Gesetzen — Nachweise bei *Anschütz*, Reichsverfassung, Anm. 3 zu Art. 70. Ohne ausreichende Institutionalisierung und ohne Hilfeleistung durch die Wissenschaft fehlte diesem Prüfungsrecht aber die Grundlage für eine effektive Verfassungskontrolle.

rechtsprechenden Gewalt feststellbaren und — wegen der Möglichkeit der Verwerfung ergangener Gesetze — auf den Stand unserer Rechtsordnung rechtlich einwirkenden Größe geworden. Daß von der „unmittelbaren Geltung" des Art. 14 II GG auszugehen ist, kann also kaum bezweifelt werden.

aa) Mögliche Wirkungsrichtungen einer unmittelbaren Wirksamkeit

Es bestehen aber durchaus verschiedene Auffassungen zu der Frage, wie diese „unmittelbare Geltung" zu verstehen ist. In der Auseinandersetzung wird allerdings nicht mit ausreichender Genauigkeit zwischen den verschiedenen Fragestellungen unterschieden, die sich aus der Abwendung von der Programmsatzthese der Weimarer Republik bei der Auslegung des Art. 14 II GG ergeben. *Quaritsch*, der sich eingehend mit dem Problem einer unmittelbaren Geltung des Art. 14 II GG auseinandersetzt[123], vertritt die Ansicht, aus Art. 14 II GG ergebe sich ohne weiteres Dazwischentreten eines staatlichen Organs unmittelbar eine Pflicht des Eigentümers, sein Eigentum in polizeigemäßem Zustand zu erhalten[124]. Er verweist zur Unterstützung seiner Ansicht auf *Ipsen*[125], der aber in einem ganz anderen Sinn der Deklarierung des Art. 14 II GG zum Programmsatz widerspricht: Ipsen entnimmt der Regelung des Art. 14 II GG eine ausschließlich für den *Gesetzgeber* unmittelbar wirksame Pflicht zur Inhaltsbestimmung des Eigentums im Sinne der Sozialstaatlichkeit[126]. Das Gegeneinander der Auffassungen zu Art. 14 II GG erschöpft sich also nicht darin, daß eine aus der Weimarer Republik weitergeführte Programmsatztheorie[127] sich der Auffassung entgegenstellt, die unter Berufung auf Art. 14 II GG die unmittelbare rechtliche Geltung der Verfassung verficht. Unterschiedliche Meinungen bestehen auch im Hinblick auf die Wirkungs*richtung* einer verbindlichen Geltung des Art. 14 II GG.

bb) Unmittelbare Bindung des Polizeipflichtigen

Quaritsch und deutlich auch *E. R. Huber*[128] entnehmen das, was „Pflicht" als rechtliche Funktion bedeutet, mit dem Inhalt der „Polizeigemäßheit" unmittelbar der Verfassung. Diese Pflicht bedarf keiner Verwirklichung mehr durch einen Akt der Verwaltung[129]. Sie ent-

---

[123] In DVBl. 1959, 455 ff.

[124] In DVBl. 1959, 455 ff., insbes. S. 457 f.

[125] In DVBl. 1959, 455 (458 Fußn. 52) unter Verweis auf *Ipsen* in VVDStRL 10, 74 (85).

[126] *Ipsen* in VVDStRL 10, 74 (82 ff.).

[127] So ausdrücklich *v. Mangoldt-Klein*, Grundgesetz, Vorbem. XI 3 a. E.

[128] Wirtschaftsverwaltungsrecht II, S. 14 f.

[129] Grundsätzlich zu der Unterscheidung zwischen unmittelbar *durch* eine Norm und durch Rechtsakt *aufgrund* einer Norm begründeter Pflicht *Salzwedel*, Öffentlich-rechtlicher Vertrag, S. 54.

spricht damit für den Bereich des Eigentums dem Begriff der „materiellen Polizeipflicht", wie ihn *Werner Weber* zum Ausgangspunkt seiner Lösung des Problems der Polizeipflicht von Hoheitsträgern macht[130].

a) Die Auffassung des Preußischen Oberverwaltungsgerichts

Die Befürworter einer unmittelbar wirkenden „materiellen Polizeipflicht" haben im allgemeinen die früheren Erwähnungen des Begriffs der Polizeipflicht nicht daraufhin untersucht, ob dort bereits das Bestehen einer derart wirkenden Polizeipflicht angenommen wurde[131]. Die Äußerungen des Preußischen Oberverwaltungsgerichtes zur Polizeipflicht sind in dieser Frage auch nicht leicht auszuwerten, weil es zu einem Prozeß erst nach Erlaß der Verfügung kommen konnte, die Frage nach der Wirkungsweise einer vorausgesetzten Polizeipflicht also keine entscheidungserhebliche Bedeutung hatte. Es läßt sich der Rechtsprechung des Preußischen Oberverwaltungsgerichts aber jedenfalls nichts *für* die Annahme einer unmittelbar wirkenden Polizeipflicht entnehmen. Vielmehr wird die Polizeipflicht immer nur in einem Zusammenhang zum polizeilichen Verfügungsrecht gesehen. Das wird deutlich, wenn das Gericht ausführt, daß eine Pflicht des Eigentümers besteht und *deshalb* die Polizeibehörde berechtigt erscheine, ihn zu einer Leistung anzuhalten[132]; an anderer Stelle heißt es, die „Pflicht" des Eigentümers ziehe dem Eigentum Schranken und „deshalb sind die Maßregeln der Verwaltungsbehörden nicht Beschränkungen des Eigenthums"[133]. Und ebenfalls nicht im Sinne einer unmittelbaren Wirksamkeit wird die Polizeipflicht bezeichnet als „die öffentlich-rechtliche Verpflichtung — d. h. ... die seitens der Wasser-Polizeibehörde *unter den gesetzlichen Voraussetzungen erzwingbare Verbindlichkeit*"[134].

Gegen die Annahme, das Preußische Oberverwaltungsgericht sei von einer aufgrund Naturrechts oder des § 10 II 17 ALR unmittelbar bestehenden Pflicht ausgegangen, spricht vor allem auch die Bedeutung, welche dem Bestimmtheitserfordernis polizeilicher Verfügungen in der Rechtsprechung des Gerichts beigemessen wird. In der ersten ausführlichen Auseinandersetzung mit diesem Problem weist das Gericht ausdrücklich darauf hin, die Verfügung dürfe „dem Verpflichteten gegenüber nicht in Zweifel lassen, was in Wirklichkeit von ihm verlangt

[130] B I ab Fußn. 3.

[131] Soweit ersichtlich, ist nur *Holtzmann* dieser Frage nachgegangen. Er kommt zu dem Ergebnis, daß noch das PrPVG nicht von einer unmittelbaren Verpflichtung des Bürgers ausgegangen sei. Die von ihm befürwortete Annahme einer „materiellen Polizeipflicht" bezeichnet er deshalb als „kopernikanische Wendung" — in DVBl. 1965, 753 (insbes. 755 f.).

[132] PrOVGE 7, 348 (350).

[133] PrOVGE 8, 327 (330).

[134] PrOVGE 13, 323 (325), Heraushebung von mir.

wird“[135]. Würde diese Pflicht bereits ohne Verfügung als unmittelbar wirksam bestehen, so gäbe es keinen Zweifel darüber, was von dem Verpflichteten gefordert wird; wenn aber ohne Verfügung solche Zweifel bestehen, ist die „unmittelbar wirkende Pflicht“ ohne bestimmten Inhalt. Eine Pflicht ohne bestimmten Inhalt gibt es jedoch nicht, sie ist also auch nicht wirksam.

β) Die Auffassung des Sächsischen Oberverwaltungsgerichts

Ähnlich wie in der Rechtsprechung des Preußischen Oberverwaltungsgerichts ist auch in der Rechtsprechung des Sächsischen Oberverwaltungsgerichts der Gedanke einer Polizeipflicht mit der Möglichkeit zum Erlaß von Polizeiverfügungen eng verbunden. Die Polizei kann „als Folge“ der Polizeipflicht Verfügungen erlassen[136]; handeln die Untertanen dieser Pflicht zuwider, „*dann* ist die Polizeibehörde ... berechtigt und verpflichtet ... einzugreifen“[137]. Die rechtliche Bedeutung dieser Polizeipflicht erschöpft sich darin, den Erlaß von Polizeiverfügungen ohne gesetzliche Grundlage zu sanktionieren[138]. Dieser Anforderung genügt auch eine Pflicht, die nicht bereits unmittelbar wirksam ist. Die Polizei kann als Folge der allgemeinen Nichtstörungspflicht „die ... erforderlichen Verfügungen *mit unmittelbar verbindlicher Kraft* für den einzelnen“[139] treffen — das legt den Schluß nahe, daß nach Ansicht des Sächsischen Oberverwaltungsgerichts ohne diese Verfügung keine unmittelbar wirksame Verpflichtung des einzelnen besteht.

γ) Die Auffassung Otto Mayers und anderer

Deutlicher ist die ablehnende Stellungnahme von *Otto Mayer* zur unmittelbaren Wirksamkeit der Polizeipflicht. Er mißt dieser „Pflicht“ lediglich die bereits beschriebene Rechtfertigungsfunktion bei und betont, diese Pflicht habe „nicht unmittelbare Wirkung“[140]. Ausdrücklich gegen eine unmittelbar wirkende Polizeipflicht ist auch die Äußerung von *Peters* gerichtet, daß „das Individuum ohne einen besonderen Befehl sich um die Polizeipflicht nicht zu kümmern braucht“[141]. Selbst die aus dem Eigentumsbegriff folgernde Auffassung von *Holstein* geht nicht von der Annahme der unmittelbaren Wirksamkeit einer solchen Pflicht aus. Sein System von „Verwaltungspflichtigkeiten“ zielt darauf ab, „Handlungen der Verwaltung wirksam werden zu lassen“. Die „Verwaltungspflichtigkeit“ des Eigentümers erschöpft sich darin, daß die Verwaltung an seinem Eigentum Handlungen selbst vornehmen,

135 PrOVGE 28, 202 (207).
136 SächsOVGE 7, 12 (15).
137 SächsOVGE 20, 197 (198 f.), Heraushebung von mir.
138 B II 4 a) bb) ab Fußn. 94.
139 SächsOVGE 7, 12 (15), Heraushebung von mir.
140 Verwaltungsrecht I, S. 208.
141 In VerwArch 29, 369 (399 f.).

dem Eigentümer Handlungen verbieten und von ihm die Vornahme bestimmter Handlungen verlangen kann[142].

cc) Unklarheiten über den Pflichtbegriff

Nur *Martin Wolff* geht in den Formulierungen deutlich von der Annahme einer unmittelbar wirksamen Rechtspflicht aus; die Bedeutung der Pflicht sieht er vor allem „in der bequemen Stütze", die sie dem Richter gewährt. Eine Rechtsprechung, die sich dieser Stütze bedient, kommt allerdings nach seiner Ansicht zu einer „Pflichten*mehrung*"[143]. Das kann nur bedeuten, daß letztlich doch erst die Rechtsprechung die Polizeipflicht durch ihren Spruch erzeugt. Es bleibt nach alledem eine recht diffuse Vorstellung von der Polizeipflicht. Sie besteht und ist doch nicht wirksam, wie vor allem bei Otto Mayer deutlich wird. Was *ist* dann diese Pflicht? In welchem Zwischenbereich bewegt sie sich?

Die Unklarheiten über die Wirkungsweise der Polizeipflicht zeigen sich auch bei den Überlegungen zur Rechtsnachfolge in die Polizeipflicht: Die Polizeipflicht erlischt nach Ansicht von *Wacke*[144] im Falle der Rechtsnachfolge aus keinem anderen Grund als deshalb, weil eine Verfügung nur gegenüber dem Adressaten wirken kann. Ist demnach die persönliche Wirkung der Verfügung der Grund für das Erlöschen der Polizeipflicht, so kann das nur bedeuten, daß ohne Verfügung keine Polizeipflicht besteht. Es folgt bei Wacke die Feststellung, daß die Polizeibehörde „also gegen den Erben eine neue Verfügung erlassen ... (muß), falls er polizeipflichtig ist". Nimmt man beides zusammen, so ergibt sich, daß gegen den Erben, damit er polizeipflichtig wird, eine polizeiliche Verfügung ergehen muß; denn nach der ersten Feststellung ist die Verfügung für die Polizeipflicht konstitutiv. Die Verfügung kann aber gegen den Erben nur ergehen, *„falls* er polizeipflichtig *ist*", was er vor Erlaß der Verfügung nicht sein kann, wenn sie für das Entstehen der Polizeipflicht konstitutiv ist. Diese Ausführungen sind nur dann nicht widersprüchlich, wenn im ersten Fall das Wort „Polizeipflicht" einen anderen Begriffsinhalt hat als im zweiten. Ganz ähnlich heißt es bei *Karl Hurst*, daß im Fall der Rechtsnachfolge mit dem Erlöschen der Polizeipflicht des Eigentümers „gleichzeitig ... die (Polizeipflicht) des neuen Eigentümers (beginnt)"; aber: gegen den neuen Eigentümer

---

142 Öffentlich-rechtliche Eigentumsbeschränkungen, S. 97; unzutreffend deshalb die Gleichstellung der Ansicht Holsteins mit der Martin Wolffs bei *Anschütz*, Reichsverfassung, Art. 153 Anm. 16 und bei *Schelcher*, Art. 153 WRV, S. 245.

143 Reichsverfassung und Eigentum, S. 11.

144 *Drews-Wacke*, Polizeirecht, S. 210; im Zusammenhang mit dieser Problematik hat neuestens auch *Ossenbühl* eine „kraft Gesetzes bestehende Polizeipflicht" angenommen — in NJW 1968, 1992 (1994); vgl. auch BVerwG in DÖV 1960, 545 f.

muß eine neue Verfügung erlassen werden[145]. Die „Polizeipflicht", die mit dem Eintritt der Rechtsnachfolge beginnt, ist demnach trotz Wortgleichheit nicht identisch mit der „Polizeipflicht", die erlischt. Die mit der Rechtsnachfolge beginnende Polizeipflicht wird denn auch von Hurst Zeilen später als die *vor* Erlaß der Verfügung bereits bestehende „Pflichtigkeit" bezeichnet. Welches die Struktur einer solchen „Pflichtigkeit" ist, kann dahingestellt bleiben[146]; sie entspricht jedenfalls nicht derjenigen der „Polizeipflicht", die in casu „erlischt". Die Bezeichnung des Gemeinten als „Polizeipflicht" ist dementsprechend mißverständlich. Damit wird deutlich, daß ohne eine Klärung des Begriffs der Rechtspflicht nur schwer etwas darüber gesagt werden kann, ob die Polizeipflicht zu ihrer Entstehung noch einer behördlichen Verfügung bedarf oder ob sie unmittelbar wirkt.

III. Der Begriff der Rechtspflicht

1. Rechtspflicht als rechtliches Strukturelement

In der Literatur ist immer wieder bestritten worden, daß es überhaupt *Rechts*pflichten gibt. Die Rechtsprechung hingegen setzt ein als „Rechtspflicht" bezeichnetes Element der Rechtsordnung im allgemeinen als selbstverständlich voraus. Schon vor mehr als einem halben Jahrhundert beklagte *Siber*, die Verständigung sei namentlich dadurch erschwert, daß die Streitenden über den Begriff der Obligation vielfach nicht einig sind und diesen trotzdem als feststehend voraussetzen[147]. „Die große Verlegenheit der neueren Rechtstheorie" hat *Welzel* den Begriff der Rechtspflicht genannt[148]; nach *Walther Burckhardt* kann er „ebensowenig definiert wie entbehrt werden"[149].

Zwar liegt aus jüngster Zeit eine eingehende problemgeschichtliche Untersuchung dieses Gegenstandes von *Hans-Ludwig Schreiber* vor[150]. Sie klammert in bewußter Beschränkung die Darstellung der „formalen Struktur der Rechtspflicht" aus und will sich ausschließlich der Frage widmen, „ob und unter welchen Voraussetzungen der Begriff der Pflicht im Recht überhaupt Verwendung finden kann"[151]. Diese Frage ist jedoch ohne die Kenntnis der „formalen Struktur der Rechtspflicht"

145 In DVBl. 1963, 804 (805); ähnlich *Ossenbühl* in NJW 1968, 1992 (1995).

146 Herkömmlich wird damit die objektive Normbelastung (vor allem des Eigentums) angesprochen, also die bloße Möglichkeit einer (entschädigungslosen) Inanspruchnahme, vgl. BGHZ 23, 30 (33); OVG Lüneburg, AS 22, 433 (443 f.).

147 *Planck-Siber*, Vorbem. III A 1.

148 Macht und Recht, S. 838; sinngemäß ebenso *ders.*, Gesetz und Gewissen, S. 386 f.

149 Methode und System des Rechts, S. 236.

150 Begriff der Rechtspflicht.

151 Begriff der Rechtspflicht, S. 1.

nicht zu beantworten, weil es ausgeschlossen ist, über die Verwendbarkeit eines bestimmten Begriffs in einer bestimmten (Rechts-)Ordnung zu urteilen, wenn man dessen Wirkungsweise in dieser Ordnung[152] nicht kennt. So beschränkt sich die Arbeit Schreibers auch in Wahrheit darauf, „Material zur Ideengeschichte des Pflichtbegriffs zusammenzustellen und damit auch der Klärung der heutigen Standpunkte zu dienen“[153]. Auf eine solche in diesem Rahmen ohnehin nicht mögliche Darstellung kann deshalb zwar mit Hinweis auf die Abhandlung Schreibers verzichtet werden. Über den Rechtspflichtbegriff, so weit er hier geklärt werden muß, ist ihr aber schon ihrer Zielsetzung nach nichts zu entnehmen.

a) Mögliche Aufschlüsse aus einem formalen Begriff der Rechtspflicht

Der Begriff der Rechtspflicht ist im Zusammenhang mit der Problematik der materiellen Polizeipflicht zunächst daraufhin zu untersuchen, ob und gegebenenfalls unter welchen Voraussetzungen der Rechtspflicht eine Funktion in einer Rechtsordnung zukommen kann. Dabei wird das Recht — im Sinne eines Systems von Handlungsanweisungen — daraufhin zu überprüfen sein, ob es Regelungsmechanismen enthält, die gegenüber anderen rechtlichen Wirkungszusammenhängen abgrenzbar sind und sinnvoll mit der Sprachbedeutung des Wortes „Pflicht“ verbunden werden können.

Derartige Überlegungen sind nicht an eine bestimmte Rechtsordnung gebunden, weil sie — indem Recht als System von Handlungsanweisungen verstanden wird — nur von einer Minimaldefinition des Rechtsbegriffs ausgehen. Da jede Rechtsordnung zwangsläufig mit dem Anspruch der Verbindlichkeit auftritt[154], läßt sich — unter Ausschaltung der Frage der tatsächlichen Geltung — *aufgrund* einer Rechtsordnung durch bestimmte gedankliche Operationen ein Urteil *gemäß* dieser Rechtsordnung fällen. Es ist z. B. möglich, den gleichen feststehenden Sachverhalt — etwa die Gültigkeit einer Ehe — nach dem BGB wie nach dem CIC zu beurteilen und auch ohne Anerkennung der einen oder anderen Ordnung die Ehe als „nach der weltlichen Rechtsordnung der Bundesrepublik“ oder als „nach kanonischem Recht“ gültig (oder ungültig) zu beurteilen und festzustellen, unter welchen Bedingungen jeweils bestimmte Rechtsfolgen eintreten.

Daß es dabei relativ, d. h. nur gerade nach einer Ordnung, untaugliche Bedingungen gibt, folgt aus der Verschiedenheit der Normierungen;

---

[152] Und das ist es, was *Schreiber* als „formale Struktur“ bezeichnet, Begriff der Rechtspflicht, S. 140.

[153] Begriff der Rechtspflicht, S. 2.

[154] „Dieser, dem Recht innewohnende *Wille* der Verbindlichkeit ist das entscheidende“; *Wolzendorff*, Grenzen der Polizeigewalt I, S. 31, Fußn. 1 mit Hinweis auf *Ulpian*.

das gleiche gilt hinsichtlich der denkbaren Rechtswirkungen. Es gibt aber auch eine *absolute* rechtliche Untauglichkeit, unabhängig von der jeweiligen Ordnung. Es kann sein, daß bestimmte, vom positiven Recht angestrebte Wirkungen überhaupt nicht eintreten können (etwa eine „ex-tunc-Wirkung", weil nichts, auch nicht eine Handlungsanweisung, im gleichen Zeitraum existent *und* nicht-existent sein kann[155]) oder daß sie keine Wirkungen des *Rechts* sein können, (etwa weil sie außerhalb der steuerbaren oder der durch Normen steuerbaren Möglichkeiten menschlichen Handelns liegen) oder es können bestimmte Bedingungen für mögliche Rechtswirkungen absolut untauglich sein (etwa weil sie im Kausalablauf regelmäßig nach der „Wirkung" eintreten).

Ganz im Sinne eines Vorgehens, wie es hier zur Klärung des Pflichtbegriffs angestrebt wird, beanspruchte *Binder*, „gezeigt zu haben, daß ... die Frage, wie das Recht im Leben der Menschen funktioniert, unabhängig ist von der Lösung, die dieses Problem jeweils gefunden hat"[156]. Es gehe deshalb nicht an, eine Frage mit einem lapidaren „ita lex" zu beantworten, wenn das Gesetz „die möglichen Grenzen seiner Wirksamkeit übersteigt oder vielmehr: vergeblich zu übersteigen versucht"[157].

b) Kein „rechtlicher Nihilismus"

Wenn hier versucht wird, durch Aufzeigen solcher Zusammenhänge den Pflichtbegriff zu klären, so ist damit nichts über die Möglichkeit oder Notwendigkeit der Verwendung weiterer Mittel zur Gewinnung rechtlicher Erkenntnisse und damit einer weitergehenden, auch „materiellen" Definition des Rechtsbegriffs gesagt. Dieser Hinweis erscheint erforderlich; denn Binder ist dem Vorwurf des „rechtlichen Nihilismus" nicht entgangen[158], und aus ähnlichen Gründen lehnt *Schreiber* den Pflichtbegriff Kelsens ab[159], der nach *Kelsen* „keinerlei moralische Implikationen" hat[160]. Daß *nur* die formale Struktur der Rechtspflicht beschrieben werde, ist jedenfalls kein Einwand gegen die Untersuchung dieser formalen Struktur. Der Auffassung von *Baumgarten*[161], daß eine Betrachtung der Rechtsmechanik ohne Berücksichtigung materialer Wertmaßstäbe „offensichtlich ins völlig Leere" gerate, ist entgegenzuhalten, daß in der Aufdeckung dieser Mechanik die Rechtsdogmatik

---

155 Es handelt sich bei der sog. „ex-tunc-Wirkung" nur um eine — an sich vermeidbare — verkürzte Redeweise des Gesetzes.

156 Adressat, S. 86.

157 Adressat, S. 71.

158 *Nelson*, Rechtswissenschaft ohne Recht, S. 179.

159 Rechtspflicht, S. 153; vgl. auch die Besprechung von *Häussling* in JZ 1968, 438 f.

160 Reine Rechtslehre, S. 123.

161 Rechtsphilosophie, S. 20.

ihre technischen Grundlagen klarer erscheinen lassen kann[162]; gerade in der Reichweite eines solchen Ansatzes vermag die Rechtswissenschaft zu wirklich eindeutigen Ergebnissen zu kommen. Es ist nicht auszuschließen, daß bereits die Messung dessen, was „Polizeipflicht" bedeutet, an den Erfordernissen eines formalen Begriffs der Rechtspflicht zu einem für die weiteren Überlegungen bedeutsamen Ergebnis führt. Deshalb soll dieses Vorgehen hier in den Vordergrund gestellt werden.

2. Theorien über den Begriff der Rechtspflicht

Auch der Wille zu einer bloßen Untersuchung der „Rechtsmechanik" erlaubt es nicht, die weitergehenden Zusammenhänge zu verschweigen, in denen der Begriff der Rechtspflicht in der Theorie gebraucht wird. Dabei lassen sich in der Auseinandersetzung um diesen Begriff im wesentlichen zwei Theorien — mit zahlreichen Nuancierungen — feststellen.

a) *Anerkennungstheorien*

Die sog. „Anerkennungstheorien"[163] sehen als konstituierendes Element der Pflicht die Anerkennung jedes einzelnen oder der Mehrheit des Volkes[164]; das macht deutlich, worum es bei diesen Lehren im Grunde geht: um die Herleitung der Verbindlichkeit des Rechts aus einer Anerkennung, Achtung oder Billigung der Normen durch die Rechtssubjekte[165], um den Grund der Verbindlichkeit des Rechts also. Die Bedeutung dieses Gesichtspunkts bei der Auseinandersetzung um den Begriff der Rechtspflicht rührt wesentlich daher, daß „Pflicht" zugleich ein Grundbegriff der Ethik ist[166]. Es liegt auch schon sprachlich eine Identifizierung der Frage nach der Verbindlichkeit des Rechts mit der „Rechtspflicht" (die ja im Schuldrecht als „Verbindlichkeit" bezeichnet zu werden pflegt) nahe. Da die Anerkennungstheorien unter Verwendung des Wortes „Rechtspflicht" Ausführungen über rechtfertigende Gründe der Verbindlichkeit des Rechts machen, betrifft ihre Aussage nicht das hier zu erörternde Problem eines rechtlichen Strukturelements „Rechtspflicht"; einer Auseinandersetzung mit ihnen bedarf es deshalb nicht.

b) *Zwangstheorien*

Die gänzliche Verneinung dessen, was „Rechtspflicht" bedeuten kann, ist die Konsequenz einiger sogenannter „Zwangstheorien", ohne daß

[162] *Reimer Schmidt*, Obliegenheiten, S. 14, Fußn. 51 (noch zu S. 13).
[163] Nachweise bei *Schreiber*, Begriff der Rechtspflicht, S. 85 ff.
[164] *Schreiber*, Begriff der Rechtspflicht, S. 84.
[165] *Schreiber*, Begriff der Rechtspflicht, S. 84.
[166] Freilich ist er ursprünglich ein Rechtsbegriff gewesen, worauf *Binder*, Adressat, S. 15 f. (Fußn. 2) hinweist.

die Vertreter dieser Theorien deshalb auf die Verwendung des Wortes Rechtspflicht verzichtet hätten. Nun ist es zwar nicht so eindeutig, wie *Schreiber*[167] ausführt, daß *jede* die Rechtsordnung irgendwie als Zwangsordnung begreifende Theorie den Pflichtbegriff eliminieren muß. Wer aber „Rechtspflicht" als „durch äußeren Muskelzwang durchzuführende ... gewaltsame Unterwerfung des Menschen"[168] begreift, als „Müssen" in der Weise, daß „die Rechtsnatur der Rechtssätze ... erst hinter den Befehlen mit dem Zwang (beginnt)"[169], der verneint, daß auf der Seite des „Verpflichteten" etwas rechtlich existiert hat, bevor der Zwang ausgeübt wird. Der Begriff der Pflicht kann aber einen abgegrenzten Bedeutungsgehalt nur haben, wenn die Pflicht als *vor* der Erfüllung (oder zwangsweisen Herbeiführung der Erfüllung) bestehend gedacht wird: „Soll ein Geschehen überhaupt als Postulat der Rechtsordnung erscheinen, so muß sich dies zeigen, solange es nicht eingetreten ist; denn dann ist nichts mehr zu postulieren[170]." Da diese Theorien also zwar in der Sache das Bestehen einer Pflicht ausschließen, das Wort aber dennoch verwenden, lohnt im einzelnen nur eine — durch die Fragestellung nach der formalen Struktur der Rechtspflicht begrenzte — Auseinandersetzung mit *Binder*, der auch begrifflich die Konsequenzen einer Zwangstheorie gezogen hat.

c) *Die Eliminierung des Begriffs der Rechtspflicht bei Binder*

Binder geht davon aus, daß der Begriff der Pflicht allein im Bereich der Ethik seine Berechtigung habe; als Rechtsbegriff sei er abzulehnen: „Das Recht verpflichtet rechtlich zu nichts[171]." Der normative Charakter der Imperative der Rechtsordnung liegt nach seiner Ansicht auf dem Gebiet der Sittlichkeit[172]; Adressaten der sog. Rechtspflichten sind allein die staatlichen Funktionäre[173]. Hinsichtlich der Frage des Adressaten der Rechtsnormen hat Binder später eine gewisse Revision vorgenommen: Er bleibt dabei, daß die Rechtsnormen in erster Linie Verfahrens- und Entscheidungsnormen seien[174]; die Rechtsordnung habe aber eine sekundäre Funktion, die des Gebietens an die Untertanen[175]. Soweit diese auf die Befolgung der Rechtsnormen verpflichtet seien, geschehe das aber allein durch eine Norm der Ethik[176]. Binder leugnet dem-

---

167 Begriff der Rechtspflicht, S. 119 f.; ebenso *Welzel*, Macht und Recht, S. 838.

168 *Knapp*, System der Rechtsphilosophie, S. 193.

169 *Krückmann*, Einführung in das Recht, S. 130.

170 *Planck-Siber*, Anm. III C 1 (S. 24) vor § 241.

171 Rechtsnorm und Rechtspflicht, S. 47.

172 Rechtsnorm und Rechtspflicht, S. 47.

173 Rechtsnorm und Rechtspflicht, S. 18 f., 22 ff.

174 Adressat, S. 86.

175 Adressat, S. 72.

176 Adressat, S. 74.

entsprechend die Existenz von Rechtspflichten auch dann, wenn das Gesetz ausdrücklich Privaten etwas gebietet: „Es kommt ... niemals auf die Fassung des Gesetzes an; ... immer (spricht es) zu den Magistraten oder Gerichten, die es heißt, entsprechend dem Inhalt des Gesetzes zu urteilen[177].“ „Wenn das Gesetz zu Privaten spricht, so ist dies ein Umweg; Inhalt und Form des Gesetzesbefehls decken sich (dann nicht)[178].“

Schon bald nach Erscheinen von Binders „Rechtsnorm und Rechtspflicht“ hat *Puntschart* eingewandt, Binder halte seinen Satz, daß das Recht rechtlich zu nichts verpflichte, im eigenen System nicht durch[179]: Binder spricht trotz Leugnens der Pflicht als eines Rechtsbegriffs gleichwohl von einer „Strafpflicht der Behörde“[180]. Diese Strafpflicht ist entweder ethischer oder juristischer Natur. Ist sie ethischer Natur, kann sie nur durch das Sittengesetz begründet werden. Binder aber läßt sie durch die Strafrechtsnorm begründet sein. Jedenfalls insoweit erkennt er also eine Rechtspflicht an. Diese Inkonsequenz hat Binder später selbst eingestanden und als Folge dieser Einsicht eine *rechtliche* Verpflichtung auch der Staatsorgane abgelehnt[181]. Nun sieht er auch sie als ausschließlich sittlich verpflichtet an. Aufgrund dessen löst sich aber Binders Theorie des Rechts als einer Zwangsordnung schließlich dahin auf, daß die Verwirklichung dieser Ordnung von der Anerkennung durch die Betroffenen abhängt[182] und widerspricht damit dem eigenen Ansatz.

3. Erforderlichkeit des Begriffs der Rechtspflicht

Bestreitet man — wie Binder in bezug auf die Rechtspflicht — das Bestehen bestimmter Strukturelemente der Rechtsordnungen, so erweist sich die Richtigkeit dieser Ansicht am ehesten daran, daß die Erscheinungen des Rechtslebens tatsächlich ohne diese Kriterien erklärt werden können. Wie aber will man ohne Verwendung des Begriffs der Rechtspflicht rechtlich erklären, was vorgeht, wenn (wie vor einiger Zeit in Schweden) von einem Tag zum anderen alle Autofahrer nicht, wie bisher links, sondern rechts fahren sollen und dann auch rechts fahren? *Binder* glaubt, solche Vorgänge erschöpfend damit zu erklären, daß die an die Staatsorgane adressierten Normen auf das Volk *psychologisch* einwirken und sein Verhalten in bestimmte Bahnen

---

177 Rechtsnorm und Rechtspflicht, S. 33.

178 *Binder*, Adressat, S. 30 f.

179 In Kritische Vierteljahresschrift, 3. Folge, Band 13, S. 481 (491).

180 Rechtsnorm und Rechtspflicht, S. 27; vgl. auch Adressat, S. 57, 58, 59 (auch Fußn. 4), 61.

181 Philosophie des Rechts, S. 747 f.

182 So auch *Schreiber*, Begriff der Rechtspflicht, S. 120 f.

lenken[183]. Daß die Normen auf das Volk vor allem psychologisch wegen der Möglichkeit des Zwangs einwirken, mag richtig sein, sagt aber höchstens etwas darüber aus, wie man effektive Rechtsordnungen aufbauen muß, nicht jedoch darüber, daß das rechtliche Urteil „Pflichterfüllung" ausgeschlossen ist[184].

a) Erforderlichkeit des Begriffs der Pflicht nach den bestehenden Rechtsordnungen

Die „angebliche" Pflicht, rechts zu fahren oder — um ein Beispiel Binders selbst zu wählen — ein Darlehen zurückzuzahlen, ist nach seiner Ansicht nur der Inhalt eines Urteils, „das wir ... abgeben und in dem wir die logische Konsequenz aus der Tatsache ... (ziehen), daß die Rechtsnorm dem Richter befiehlt, auf Grund des Darlehenstatbestandes den Beklagten zur Leistung zu verurteilen"[185]. Sie befiehlt ihm das freilich nicht in jeder Rechtsordnung unter den gleichen Voraussetzungen; so ist eine Klage vor Fälligkeit in der Rechtsordnung der Bundesrepublik nur schwer möglich. Es ist durchaus eine Rechtsordnung denkbar, in der erst nach Verzug eine Klage möglich ist und die es dementsprechend dem Richter verbietet, den Beklagten vorher zur Leistung zu verurteilen. Dann gibt es bei pünktlicher Rückzahlung des Darlehens keine rechtliche Anweisung an den Richter. Unter der Herrschaft der Dispositionsmaxime ist die Begründung des Befehls an den Richter ohnehin immer vom Willen eines Klägers abhängig. Es kann also ein Vertrag geschlossen werden, ein Darlehen gewährt und zurückgezahlt oder nicht zurückgezahlt werden — eine rechtliche Bedeutung haben diese Vorgänge nach Binders Auffassung nicht; denn es ist rechtlich nichts geschehen, weil es nie einen Befehl an einen Richter gegeben hat. Diese Ableitung zeigt in der mangelhaften Erklärung unbestritten „rechtlicher" Vorgänge, daß dem Zwang in vielen Fällen etwas der Rechtsordnung Zugehöriges, die Forderung eines bestimmten Verhaltens durch rechtliche Anweisungen, vorgeordnet ist[186].

Auch Binder kommt, wie bereits oben[187] dargelegt wurde, ohne etwas derart „Vorgeordnetes" nicht aus; nur ist die Anweisung bei ihm nicht

---

[183] Adressat, S. 54; insofern unterscheidet sich das Recht in nichts von Sitte und Moral, die ebenfalls psychische Motivationen, oft weit stärkere als die des Rechts, verursachen; vgl. *Kelsen,* Reine Rechtslehre, S. 36.

[184] Gerade das angeführte Beispiel zeigt, daß die Möglichkeit des Zwangs nicht einmal eine ausreichende Erklärung für die psychologische Einwirkung auf die Rechtsunterworfenen abgibt. Denn im Vordergrund dürfte das Bewußtsein der Autofahrer gestanden haben, nur durch die schlagartige Änderung der Fahrweise die eigene Sicherheit zu gewährleisten — eine Überlegung, die jenseits der hier zu erörternden Fragen für die Anerkennungsthorien spricht.

[185] *Binder,* Adressat, S. 15.

[186] Gegen die Beschränkung auf den Prozeß, die der Rechtsbegriff bei Binder erfährt, auch *Götz Meder,* Rechtmäßigkeitsvermutung, S. 40.

[187] B III 2 c) a. E.

an den Bürger, sondern an den Richter oder Beamten adressiert. Aber auch der Richter oder Beamte kann in vielen Fällen nicht ohne einen Anknüpfungspunkt an etwas urteilen, das bereits *vor* dem Urteil auf der Seite des Bürgers als rechtliche Wirkung besteht. Im Strafrecht mag man (freilich schon nicht mehr bei den Unterlassungsdelikten) die Voraussetzungen eines richterlichen Urteils ohne den Begriff der Rechtspflicht beschreiben können. Ob der Richter aber den Käufer zwingen soll, an den Verkäufer zu zahlen, kann er nur durch die Feststellung eines Kauf-Schuldverhältnisses erfahren. Das Schuldverhältnis setzt seinerseits die Annahme einer Pflicht voraus, die es bei Binder jedoch nicht gibt. Von der Sicht Binders unerklärbar ist auch die Möglichkeit von Feststellungsklagen, wie sie in vielen Rechtsordnungen vorgesehen sind. Hier wird (zumal wenn es an der Bindungswirkung für den Fall einer Leistungsklage fehlt oder eine Leistungsklage ausgeschlossen ist) kein staatlicher Zwang ausgeübt oder angedroht; der Gegenstand der Feststellungsklage wäre, folgt man der Ansicht Binders, rechtlich nicht existent. Eine Rechtsordnung, die Feststellungsklagen zuläßt, geht also nicht nur in der Terminologie, sondern auch in der Sache von der Möglichkeit einer subjektgerichteten, verpflichtenden Seite des Rechts — einer Pflicht — aus.

b) Keine „logische Notwendigkeit" eines Begriffs der Rechtspflicht

Der vom positiven Recht vorgesehene und wie gezeigt zur Erklärung bestimmter rechtlicher Vorgänge erforderliche Begriff der Rechtspflicht ist entgegen der Behauptung Binders kein Versuch der Rechtsordnung, die Grenzen ihrer Wirksamkeit vergeblich zu übersteigen[188]. Binder hat weder die logische noch die ontologische Unmöglichkeit eines Begriffs der Rechtspflicht nachgewiesen. Seine Einwände gegen die Annahme einer Rechtspflicht sind entweder selbst unhaltbar[189], oder sie wenden

[188] Vgl. B III 1 a) a. E.

[189] *Binder* sieht einen Beweis für die Richtigkeit seiner Ablehnung des Begriffs der Rechtspflicht darin, daß auf dem Gebiet des Internationalen Privatrechts „dieselbe Rechtsfrage von dem Richter des einen Staates anders entschieden wird als von dem Richter des anderen Staates" — Adressat, S. 75 — und fragt: „Welche Rechtsordnung hatte zu den Parteien ihr: ‚Ihr sollt' gesprochen, als sie den rechtlichen Tatbestand setzten?" — hierzu und zum folgenden: Adressat, S. 76. Soweit ihn die Möglichkeit der unterschiedlichen Entscheidung einer Rechtsfrage an der Anerkennung des Rechtspflichtbegriffs hindert, geht Binder von der ungerechtfertigten Annahme einer alles umspannenden Rechtsordnung aus, die nur *ein* Urteil zuläßt. Die Entscheidung einer Rechtsfrage ist aber fast immer relativ, das heißt sie ist an eine bestimmte Rechtsordnung gebunden. Nichts anderes gilt für Rechtspflichten. Sie bestehen immer nur nach einer bestimmten Rechtsordnung. Im übrigen findet dieser Konflikt auch nicht unbedingt im Prozeß sein Ende; einander widersprechende Urteile sind im Internationalen Privatrecht durchaus denkbar. Soweit sich die Argumentation Binders gegen die Möglichkeit von Pflichten weiter auf die mangelnde Bestimmtheit der Normen des IPR

sich nur dagegen, *bestimmte* Voraussetzungen staatlichen Zwangs als Rechtspflichten zu bezeichnen. Soweit diese Einwände zutreffen, schließen sie nur eine Auffassung aus, nach der „das Verpflichtetsein durch die staatliche Norm die logische Voraussetzung für Verurteilung und Vollstreckung ist“[190], nicht aber die Möglichkeit eines Begriffs der Rechtspflicht. Ein solcher Alles-oder-Nichts-Standpunkt mag einer bestimmten Verfassungslage entsprechen: wer von „logischer Voraussetzung“ spricht, gerät aber — und insoweit ist der Kritik Binders[191] nichts hinzuzufügen — in unauflösbare Widersprüche. Die Rechtsordnungen sind formal in der *Anknüpfung* von Verurteilung und Vollstreckung frei. Anders ließe sich die Gefährdungshaftung nicht erklären und schließlich sind auch rechtliche Zwangsakte wegen einer bestimmten Volks- oder Rassenzugehörigkeit[192] vollzogen worden. Von einem Verpflichtetsein (wozu?) als Voraussetzung solcher Zwangsakte kann nicht die Rede sein. Rechtsordnungen sind also durchaus als reine Zwangsordnungen *denkbar*, nur folgt daraus nicht der Schluß Binders, sie könnten auch nichts anderes als reine Zwangsordnungen sein und damit sei jede Adressierung des Rechts an den einzelnen ausgeschlossen; auf den Begriff der Rechtspflicht kann vielmehr, wie nachgewiesen wurde, zur Erklärung bestimmter Erscheinungen der bestehenden Rechtsordnungen nicht verzichtet werden.

4. Voraussetzungen der Rechtspflicht

Der bisherigen Auseinandersetzung mit der Auffassung Binders ist zu entnehmen, daß „Rechtspflicht“ ein Sachzusammenhang ist, der — als Aufforderung gemäß der Rechtsordnung — einer Erfüllung oder einer von der Rechtsordnung vorgesehenen Reaktion auf die Nichterfüllung vorgeordnet ist. Aus den allgemeinen methodischen Ausführungen folgt für den Begriff der Rechtspflicht weiter, daß Pflichten nicht rückwirkend begründbar sind[193], weil eine Aufforderung, die nachträglich für einen vergangenen Zeitraum erfolgt, nicht denkbar ist.

---

stützt, berechtigt das zu Zweifeln an der Rechtsstaatlichkeit dieser Normen, nicht aber an der Möglichkeit von Rechtspflichten. Man kann aus der Lückenhaftigkeit der Regelung des Internationalen Privatrechts im EGBGB — *Binder*, Adressat, S. 78 — keine Schlüsse für die allgemeine Rechtstheorie ziehen —; gegen eine solche Argumentationsweise *Binder* selbst, Adressat, S. 66.

190 *Thon*, Normenadressat, zitiert nach *Binder*, Adressat, S. 68 f. (mit Fußn. 1 zu S. 69).

191 *Binder*, Adressat, S. 69 f.

192 Die man nicht ohne weiteres mit der Begründung, sie seien auch zur Zeit ihrer Anwendung Unrecht gewesen, im Wege der „Geschichtslüge“ — *Kirn* in ZfRP 1968, 3 (4) — aus dem, was Recht als *Funktionszusammenhang* bedeutet, hinauspraktizieren sollte, vgl. auch *Kelsen*, Reine Rechtslehre, S. 42.

193 B III 1 a) mit Fußn. 155; vgl. auch *Binder*, Adressat, S. 75.

a) Möglichkeit der Pflichtkenntnis als Voraussetzung der Pflicht

Sehr eingehend begründet *Binder* seine Ablehnung des Begriffs der Rechtspflicht mit der Unmöglichkeit, Kinder und Unzurechnungsfähige zu verpflichten. Die damit verbundenen Schwierigkeiten gehen letztlich auf eine verfehlte naturalistische Auffassung des Begriffs der „Person“ zurück. Auch die sog. „juristische Person“ ist als Zusammenordnung von Lebenssachverhalten durch das Recht nicht in der Lage, selbst Rechte auszuüben und Pflichten zu erfüllen. Das ist immer nur durch vom Willen gesteuertes menschliches Verhalten möglich. Wie es gleichwohl möglich ist, die Kenntnis der Forderung eines Verhaltens aufgrund der Rechtsordnung sowie dieses Verhalten selbst „juristischen Personen“ zuzuordnen, ist dies auch gegenüber einer „natürlichen“ Person möglich, die „unzurechnungsfähig“ (oder besser: nicht selbständig zurechnungsfähig) ist. Der Rechtsbegriff der „Person“ ist danach nichts anderes als die Zusammenfassung aller denkbaren Zurechnungssubjektivität möglicher oder bestehender Rechte und Pflichten. Ist von der „natürlichen Person“ die Rede, so knüpft diese Zusammenfassung an einen Menschen an, während bei der „juristischen Person“ der Ansatzpunkt selbst eine vom Recht vermittelte Zusammenordnung von Lebenssachverhalten ist[194]. Da aber in jedem Fall die „Pflicht“ als Aufforderung gemäß der Rechtsordnung nur menschliches Verhalten ansprechen kann, ist es eine verkürzte Ausdrucksweise, von der Pflicht des Unzurechnungsfähigen oder der juristischen Person zu reden. „Verpflichtet“, das heißt aufgefordert, sind in Wahrheit nicht das Kind, der „Unzurechnungsfähige“, sondern deren gesetzliche Vertreter; jene sind lediglich im Fall der Nichterfüllung Sanktionen der Rechtsordnung ausgesetzt. Soweit es einen gesetzlichen Vertreter nicht gibt oder die Ausübung staatlichen Zwangs nicht eine Verpflichtung des gesetzlichen Vertreters voraussetzt, bestehen in diesen Fällen auch keine Pflichten, sondern es besteht nur Haftung[195].

Die Ansicht Binders, Unzurechnungsfähige seien keine tauglichen Adressaten von Befehlen, trifft nach alledem zu; denn eine Aufforderung ist sinnlos, wenn die „Ohren nicht hören können“[196]. Aus den gleichen Gründen, die Binder mit diesem Bild umschreibt, besteht auch keine Pflicht, wenn der Adressat aus anderen Gründen keine Möglichkeit zur Kenntnis der Aufforderung hat, die als Pflicht bezeichnet wird.

b) Möglichkeit der Erfüllung als Voraussetzung der Pflicht

Rechtspflichten bestehen nach *Kelsen* nur dann, „wenn eine Rechtsnorm an das gegenteilige Verhalten einen Zwangsakt als Sanktion

194 Zu dem ganzen Komplex *Kelsen*, Reine Rechtslehre, S. 176 ff.

195 Bei einem Sprachgebrauch, der die Funktionen auseinanderhält, ist also auch eine juristische Person niemals verpflichtet, sondern haftet nur.

196 *Binder*, Adressat, S. 67 und 70.

knüpft“[197]. Der Schluß von der Sanktion, d. h. der Reaktion mit Zwang, auf die Pflicht ist jedenfalls in dem Umfang nicht möglich, in dem Kelsen ihn vornehmen will. Ein von Kelsen selbst angeführtes Beispiel[198] macht das deutlich: der Priester einer bestimmten Gottheit ist bei lang andauernder Dürre mit der Todesstrafe bedroht. Hier kann man den Priester nicht, wie Kelsen, als „Pflichtsubjekt“ bezeichnen; eine Verpflichtung im Hinblick auf ein „äußeres Ereignis, auf das dem Pflichtsubjekt keinerlei Ingerenz zusteht“[199], ist ein Widerspruch in sich; Pflicht setzt als adressierte Aufforderung zu einem Verhalten die Möglichkeit der Erfüllung voraus. Jede „Norm“, die das nicht beachtet, ist sinnlos und deshalb als Norm nicht existent. Impossilium nulla est obligatio[200]. Man kann also *nicht* „jeden beliebigen Tatbestand, der vom Pflichtsubjekt selbst nicht kausal herbeigeführt wurde, in dem Sinne (deuten), daß derselbe von dem Pflichtsubjekte zu verhindern unterlassen wurde“ — gleich, ob die Verhinderung des Erfolges „schwer oder gar nicht möglich war“[201]. Auch nach Kelsens Auffassung können Pflichten nur menschliches Verhalten zum Gegenstand haben[202]; daß ein menschliches Verhalten unmöglich ist, bedeutet aber nichts anderes, als daß es als Möglichkeit menschlichen Verhaltens nicht existiert, also auch nicht Gegenstand einer existierenden Pflicht sein kann. Man kann demnach auch in keiner noch so barbarischen Rechtsordnung zu etwas, das es nicht gibt, verpflichtet sein. Der Priester mag gehenkt werden, weil es nicht regnet. „Pflichtsubjekt“ zum Regenmachen durch Gebet war er nie.

5. Zusammenfassung zu B III

Als Ergebnis der Überlegungen zum Begriff der Rechtspflicht ist sonach festzuhalten:

1. Bestimmte Wirkungen der bestehenden Rechtsordnungen sind nicht erklärbar, wenn jede Adressierung des Rechts an die Rechtsunterworfenen bestritten wird.
2. Diese Adressierung des Rechts an die Betroffenen ist die Forderung eines bestimmten menschlichen Verhaltens gemäß einer Rechtsordnung.

---

197 Reine Rechtslehre, S. 120; die Sanktion muß sich übrigens nicht gegen den Verpflichteten richten, Reine Rechtslehre, S. 125 f.

198 Hauptprobleme, S. 207, Fußn. 1.

199 *Kelsen*, Hauptprobleme, S. 207, Fußn. 1.

200 Insofern ist den Ausführungen von *Ernst Wolf* zu § 275 I BGB in Jus 1962, 101 (102) nichts hinzuzufügen, wonach es für das Freiwerden von der Leistungspflicht (nicht für das Entlassen aus dem Schuldverhältnis!) entgegen dem Gesetzeswortlaut nur auf die Unmöglichkeit und nicht auf das „Vertretenmüssen“ ankommt.

201 Hauptprobleme, S. 207, Fußn. 1.

202 Reine Rechtslehre, S. 23.

3. Die Forderung besteht nicht, wenn der Adressat keine Kenntnismöglichkeit hat.
4. Sie besteht auch nicht, wenn das menschliche Verhalten, zu dem aufgefordert wird, nicht möglich ist.

IV. Die Entstehung der polizeilichen Rechtspflicht

Eine „materielle Polizeipflicht“ im Sinne der Auffassung Werner Webers gibt es nur dann, wenn der Sachzusammenhang, der als Polizeipflicht bezeichnet wird, bereits ohne den Erlaß einer polizeilichen Verfügung den Anforderungen genügt, die an das Vorliegen einer Rechtspflicht zu stellen sind. Ob die in Frage kommenden Normen auf ein „polizeigemäßes“ Verhalten ohne Dazwischentreten einer Verwaltungsbehörde abzielen und weiter: ob sie es angesichts dessen, was mit „Polizeipflicht“ bezeichnet wird, überhaupt könnten, muß demgemäß an den erarbeiteten Anforderungen des Rechtspflichtbegriffs gemessen werden.

1. Das Grundgesetz als Entstehungsgrund einer „materiellen Polizeipflicht“

a) Bindung des Eigentümers an Art. 14 II GG

Die Begründung einer „materiellen Polizeipflicht“ aus Art. 14 II GG[203] kann unmittelbar nur für den beschränkten Bereich einer ans Eigentum gebundenen Verantwortlichkeit von Belang sein. Diese Auffassung ist in ihrer von Art. 1 III GG ausgehenden Argumentation[204] nicht haltbar. Art. 1 III GG kann nicht für die Ableitung einer unmittelbar wirksamen Pflicht des Eigentümers herangezogen werden, weil die nach dieser Norm Gebundenen ausdrücklich bezeichnet sind: Gesetzgebung, vollziehende Gewalt und Rechtsprechung. Auch eine von Drittwirkungslehren ausgehende Betrachtung gelangt nicht zu einer Bedeutung des Art. 14 II GG im Sinne der Begründung einer „materiellen Polizeipflicht“, da die Polizeipflicht nicht zwischen Privaten wirkt (auch dann nicht, wenn diese wegen der Nähe zur Gefahr nach neuerer Auffassung einen Anspruch auf Einschreiten der Polizei haben), sondern gegenüber dem Staat[205].

---

[203] Dazu B II 4 a) cc) ab Fußn. 113.

[204] Ausführlich *E. R. Huber*, Wirtschaftsverwaltungsrecht II, S. 14 f. Daß die bindende Wirkung der Grundrechte nach Art. 1 III GG bei der Auslegung von Art. 14 II GG auch zu anderen Ergebnissen führen kann als zur Begründung einer Pflicht des Eigentümers, wurde bereits dargelegt, s. oben B II 4 b) aa).

[205] *Drews-Wacke*, Polizeirecht, S. 74.

E. R. Huber verweist zur Begründung einer „materiellen Polizeipflicht" gemäß Art. 14 II GG darauf, daß die Verwaltung aufgrund des Art. 14 II GG die Aufgabe habe, die Anforderungen der öffentlichen Sicherheit und Ordnung in bezug auf das Eigentum zu *konkretisieren*[206]. Damit stellt er aber zugleich seine Behauptung einer „materiellen Polizeipflicht" in Frage; denn was konkret *ist*, bedarf keiner „Konkretisierung"; muß die Pflicht aber in ihrem Inhalt erst noch durch die Verwaltung konkretisiert werden, so kann sie (mit welchem Inhalt?) nicht ohne dieses Handeln der Verwaltung wirken. Die „Konkretisierung" dessen, was angeblich bereits eine Pflicht ist, besteht denn auch darin, daß „dem Eigentümer aufgegeben wird, das und jenes zu tun"[207]. Damit erweist sich erst der Akt der Konkretisierung als die Vollendung der „Aufforderung durch die Rechtsordnung", ohne die eine Pflicht noch nicht besteht.

b) „Materielle Polizeipflicht" als immanente Schranke der Grundrechte

Es entspricht einer verbreiteten Ansicht, daß die polizeiliche Nichtstörungspflicht einen generellen Grundrechtsvorbehalt darstellt[208]. Inwiefern die Theorie der immanenten Schranken der Grundrechte aber zur Begründung einer „materiellen Polizeipflicht" herangezogen wird, ist wegen der bereits erwähnten Unklarheiten im Gebrauch des Pflichtbegriffs kaum festzustellen. Der Auffassung, daß die Polizeipflicht die immanente Schranke der Grundrechte sei, entspricht nicht nur die Annahme einer unmittelbar wirksamen Pflicht, sondern ebenso die Ansicht, daß ein Störer sich gegenüber einer polizeilichen Inanspruchnahme im Rahmen der Gefahrenabwehr nicht auf seine Grundrechte berufen könne.

2. Polizeigesetze und materielle Polizeipflicht

In den meisten deutschen Ländern gelten entweder noch die Vorschriften des Preußischen Polizeiverwaltungsgesetzes über die „Polizeipflichtigen Personen"[209] oder es sind ihnen entsprechende Vorschriften erlassen worden[210]. Aus diesen Vorschriften ergibt sich nichts für die Annahme einer „materiellen Polizeipflicht".

---

206 Wirtschaftsverwaltungsrecht II, S. 15.

207 *Karl Hurst* in DVBl. 1963, 804 (805).

208 z. B. *Dürig* in AöR 79, 57 (74 ff.); *E. R. Huber* in DÖV 1956, 135 f.; *Bettermann*, Grenzen der Grundrechte, S. 16; vgl. auch *Drews-Wacke*, Polizeirecht, S. 205; soweit das Bundesverwaltungsgericht dieser Auffassung ausdrücklich widerspricht — BVerwGE 1, 303 (306) — ersetzt es die polizeiliche Generalklausel im Ergebnis nur durch eine weniger konturierte Gemeinschaftsklausel — a.a.O., S. 307.

209 In Berlin (vgl. GVBl. 1958 II, 961) und im Saarland (§ 1 Ziffer 14 der

a) Verfassungsrechtlich bedingte Umwertung der Störerregelungen und „materielle Polizeipflicht"

Aufschlußreich für die vom Preußischen Polizeiverwaltungsgesetz vorausgesetzte Wirkungsweise der Normen dieses Gesetzes ist das Nebeneinander von Polizeiverfügung (§ 41 PrPVG) und Polizeiverordnung (§ 24 PrPVG) als „Maßnahmen", die aufgrund der Generalklausel getroffen werden können.

Dieses Nebeneinander läßt sich nur von der Auffassung her erklären, die dem Preußischen Polizeiverwaltungsgesetz zugrunde lag: Die den Verordnungen als „Maßnahmen" aufgrund der Generalklausel gleichgeordneten „selbständigen" Verfügungen wurden ebenfalls als Akte der Rechtserzeugung angesehen. Das wird deutlich, wenn *Wolzendorff* insofern von „der rechtschaffenden Kraft des von der Staatsbehörde innerhalb ihrer Kompetenz erlassenen Verwaltungsakts"[211] spricht. Ganz ähnlich ist die Auffassung von *Georg Meyer*, daß „eine polizeiliche Verfügung entweder den Zweck haben (kann), einen Einzelnen zur Erfüllung gesetzlicher Pflichten anzuhalten ... oder sie kann darauf ausgehen, jemand eine *durch Gesetz nicht begründete Pflicht* aufzuerlegen"[212]. Die Qualifizierung der „selbständigen" Verfügungen als Akte der Rechtserzeugung wird auch deutlich, wenn der Gegensatz zwischen selbständiger und unselbständiger Verfügung darin gesehen wird, daß diese „eine durch Rechtssatz genau bestimmte Verpflichtung erzwingt", während jene „in Angelegenheiten, welche durch Rechtssatz nicht im Einzelnen, sondern nur im Allgemeinen geordnet sind, die nach pflichtgemäßem Ermessen der Behörde notwendigen Befehle oder Verbote (ausspricht)"[213]. Das Preußische Oberverwaltungsgericht schließlich sieht die Funktion einer Polizeiverfügung darin, *„Normen*

Verordnung vom 22. Februar 1935, RGBl. I, 224 und § 3 Eingliederungsgesetz vom 23. 12. 1956, BGBl. I, 1011).

[210] In Niedersachsen §§ 5 u. 6 SOG v. 21. März 1951 (GVBl. S. 79); in Rheinland-Pfalz § 22 PVG vom 26. März 1954 (GVBl. S. 31); in Baden-Württemberg §§ 6 u. 7 des Polizeigesetzes vom 21. November 1955 (in der jetzt geltenden Fassung GBl. 1968, 61); in Nordrhein-Westfalen §§ 16 ff. OBG vom 28. 10. 1969 (GVBl. S. 732) und § 22 I PolG i. d. Fassung der Bekanntmachung vom 28. 10. 1969 (GVBl. S. 740); in Bremen §§ 4 ff. des Polizeigesetzes vom 5. Juli 1960 (GVBl. S. 73); in Hessen §§ 11 ff. SOG vom 17. Dezember 1964 (GVBl. I, S. 209 ff.); in Schleswig-Holstein §§ 184 ff. Landesverwaltungsgesetz vom 18. 4. 1967 (GVOBl. S. 66 ff.); in Hamburg fehlt insoweit eine Kodifizierung des Polizeirechts; die bayerische Regelung muß trotz der Entsprechungen in den Artikeln 9—12 PAG (s. unten F I, Fußn. 10) auch hier zunächst außer Betracht bleiben, weil im Geltungsbereich der Generalklausel den Vorschriften über die Polizeipflicht (Störerregelung) häufig eine zentrale Bedeutung als Eingriffsgrundlage beigemessen wird, die sie im bayerischen Recht eindeutig nicht besitzen.

[211] Grenzen der Polizeigewalt II, S. 89.

[212] Verwaltungsrecht I, S. 23; Heraushebung von mir.

[213] *Friedrichs*, Polizeiverwaltungsgesetz, Anm. 2 zu § 41, S. 218.

(für ein bestimmtes Verhalten) ... durch einseitige, im polizeilichen Zwangsverfahren zu vollstreckende Anordnungen *vorzuschreiben*"[214].

Da unter dem Druck der verfassungsrechtlichen Anforderungen des Grundgesetzes die Polizeiverfügungen heute nur noch als Rechtsanwendungsakte Bestand haben können, ist es erforderlich, der Generalklausel eine Bestimmtheit zuzubilligen, die ihr zuvor niemand beigemessen hatte. Diese mit dem Ziel voller gerichtlicher Überprüfbarkeit der Polizeiverfügungen behauptete Bestimmtheit legt es nahe, davon auszugehen, daß die Polizeipflicht unmittelbar aufgrund der nunmehr angeblich bestimmten Generalklausel besteht. Das mag erklären, warum heute im Gegensatz zu der Auffassung, die bis zum Ende der Weimarer Republik vorherrschte, die Annahme einer „materiellen Polizeipflicht" verbreitet ist. Die verfassungsrechtlichen Intentionen der Umwertung von der rechtssetzenden in die nur rechtsanwendende Funktion der Polizeiverfügungen werden freilich durch diese Annahme einer „materiellen Polizeipflicht" in ihr Gegenteil verkehrt. Der Bürger, dem durch die Verfassung die Möglichkeit gegeben werden soll, gegen Verfügungen (die ihrerseits durchaus bestimmt sind) vollen gerichtlichen Schutz in Anspruch zu nehmen, wird mit einer ungemessenen Verpflichtung nach Maßgabe der Generalklausel belastet[215], einer Pflicht zum vorsichtigen Verhalten „auf Verdacht", in deren Annahme *Wolzendorff* schon 1906 einen „rückläufigen Gedanken"[216] erblickte. Man muß schließlich, selbst wenn man den hier[217] vertretenen Pflichtbegriff nicht teilt, fragen, wie die allgemein anerkannten Prinzipien des Polizeirechts sich mit einer solchen „materiellen Polizeipflicht" vertragen: Wer wählt die mehreren, zur Beseitigung der Störung in Frage kommenden Mittel aus und wer entscheidet über das beantragte Austauschmittel? Und vor allem: Wie wirkt sich das Opportunitätsprinzip aus — m. a. W.: soll etwa der Bürger sich von der Polizeipflicht selbst dispensieren können[218]?

b) Die Annahme einer „materiellen Polizeipflicht" nach den gesetzlichen Störerregelungen

Das Preußische Polizeiverwaltungsgesetz verwendet das Adjektiv „polizeipflichtig" im § 18 als Definition für die Personen, gegen die sich polizeiliche Maßnahmen richten können und ermöglicht damit eine einheitliche Betrachtung der Grundsätze, nach denen diese Per-

214 PrOVGE 80, 253 (258); Heraushebung von mir.

215 Nach *Rupp* bedeutet die Annahme einer „materiellen Polizeipflicht" die „Ausdehnung des Pflichtbegriffs ins Uferlose" — Grundfragen, S. 230, Fußn. 405, noch zu S. 229.

216 Grenzen der Polizeigewalt II, S. 89.

217 B III 5.

218 Vgl. *Walter Schmidt* in JZ 1967, 151 (152, Fußn. 14); s. auch oben B IV 1 a) mit Fußn. 207.

sonen zu ermitteln sind; ein Pflichtbegriff im oben umschriebenen Sinn liegt dem aber nicht zugrunde. In der kommentierenden Literatur zum Polizeiverwaltungsgesetz wird der Begriff der Pflicht auch nicht weiter ausgewertet. Entsprechend der bereits erwähnten Rechtsprechung[219] des Oberverwaltungsgerichts bleibt das Wort „Polizeipflicht“ beschränkt auf die sog. „dauernde Polizeipflicht“, die Verantwortlichkeit für Sachen[220]. Der Wortlaut des § 18 PrPVG gibt über die in Klammern definierte Zusammenfassung aller Verantwortlichen als „polizeipflichtig“ hinaus keinen Anhaltspunkt für die Annahme einer im Umfang dieser Verantwortlichkeit bestehenden „materiellen Polizeipflicht“.

Kerstiens, der zur Zeit des Erlasses des Polizeiverwaltungsgesetzes Referent für Polizeirecht im Preußischen Ministerium des Innern war und dementsprechend auf die Formulierung des Gesetzes einigen Einfluß gehabt haben dürfte, sieht in dem Abschnitt „Polizeipflichtige Personen“ nichts als „die durch Rechtsprechung und Literatur entwickelten Grundsätze über die ‚Haftung‘ gegenüber der präventiven Polizei hinsichtlich des Verhaltens von Personen und des Zustands von Sachen“[221]. Von „Haftung“ sprechen auch *Walter Jellinek*[222] und *Friedrichs*[223]. „Haftung“ ist zwar ein nicht immer eindeutig gebrauchter Begriff; jedenfalls ist aber der als „Haftung“ bezeichnete Sachzusammenhang von dem der „Pflicht“ oder „Verbindlichkeit“ dadurch unterschieden, daß mit „Haftung“ das Ausgeliefertsein gegenüber staatlichen Hoheitsakten[224] — also die mögliche *Folge* einer Pflicht (aber durchaus nicht *nur* einer Pflicht[225]) — bezeichnet wird. Sieht man die Polizeipflicht als bloße Haftung an, so ist sie dasjenige Merkmal von Zuständen, Handlungen, Ereignissen usw. „auf Grund dessen irgendeine Art der Polizei nach dem positiven Recht ... zum Einschreiten verpflichtet ist“[226]. Nach alledem kann die Regelung des PrPVG nicht im Sinne der Begründung einer Rechtspflicht zu polizeigemäßem Verhalten verstanden werden. Bei einigen neueren Gesetzen ist auch

---

219 B II 4; wie wenig spezifisch auch insoweit der Pflichtbegriff verstanden wurde, ist bereits dargelegt worden, B II 4 b) bb).

220 *Friedrichs,* Polizeiverwaltungsgesetz, erwähnt das Wort „Pflicht“ in der Kommentierung über den Verhaltensstörer nicht; er gebraucht es aber häufig bei der Kommentierung des § 20 PVG (Zustandsstörer; Friedrichs spricht hier von „dauernder Polizeipflicht“).

221 In VerwArch. 36, 206 (217).

222 In RuPrVBl. 1931, 121 (121 f. unter II).

223 Polizeiverwaltungsgesetz, Anm. 1 zu § 18.

224 *Palandt-Danckelmann,* Einl. vor § 241, Anm. 3 b.

225 Vgl. B III 3 b) und B III 4 b); nach *Erwin Deutsch* in JZ 1968, 721 ff. kann man in Anknüpfung an die Grundlage der Haftung im geltenden (von ihm allein untersuchten) bürgerlichen Recht drei Arten der Haftung unterscheiden: Haftung wegen Unrechts, Haftung wegen Gefährdung und Haftung wegen Verursachung (für letztere fehlt es im Zivilrecht freilich neben der Billigkeitshaftung gemäß § 829 BGB an Beispielen).

226 *Peters* in VerwArch 29, 369 (379).

das sprachlich mißverständliche Wort „polizeipflichtig“ durch andere Formulierungen ersetzt worden. Vielfach ist nur die Rede von den „verantwortlichen“ Personen, gegen welche die Polizei Maßnahmen ergreifen kann[227]. Im hessischen Sicherheits- und Ordnungsgesetz trägt der entsprechende Abschnitt die nicht im Sinne einer „materiellen Polizeipflicht“ auslegbare Überschrift „In Anspruch zu nehmende Personen“. Aus den gesetzlichen Regelungen kann also nicht auf das Bestehen einer „materiellen Polizeipflicht“ geschlossen werden.

3. Untersuchung vom Polizeipflichtbegriff aus

Bei der Subsumtion der Polizeipflicht unter die oben[228] herausgearbeiteten Voraussetzungen einer Rechtspflicht kann man von einer im Begriffskern gesicherten Vorstellung dessen ausgehen, was Polizeipflicht bedeutet.

a) Die Funktionsweise der Polizeipflicht

Die Polizeipflicht ist mit dem Begriff der polizeilichen Gefahr untrennbar verbunden. Die zum Verständnis der Polizeipflicht erforderliche Besonderheit der Gefahrenabwehr besteht darin, daß bestimmte „Güter“ geschützt werden sollen. Diese „Schutzgüter“, mit „öffentlicher Sicherheit und Ordnung“ umschrieben und durch das Preußische Oberverwaltungsgericht im einzelnen herausgearbeitet, stehen für das rechtliche Postulat, daß bestimmte Zustände und Vorgänge keinesfalls eintreten oder — wenn sie eingetreten sind — nicht fortdauern dürfen. Dieses Postulat zu verwirklichen ist nach dem modernen, durch die Rechtsprechung des Oberverwaltungsgerichts geprägten Verständnis die spezifische Aufgabe der Polizei. Zu deren Erfüllung wird sie entweder selbst tätig oder bedient sich bestimmter Personen, gegenüber denen sie Befehls- und Zwangsbefugnisse hat. Diese Personen sind „polizeipflichtig“.

Nach den landesrechtlichen Normierungen, die im wesentlichen den §§ 18 ff. PVG entsprechen, besteht kein Zweifel, daß die „Polizeipflichtigen“ ausschließlich nach Kriterien der Kausalität[229] sowie der allein objektiv bestimmten Zurechnung der Kausalität bestimmt wer-

[227] §§ 6 u. 7 des baden-württembergischen Polizeigesetzes; §§ 15 u. 16 des niedersächsischen und §§ 11 ff. des hessischen Sicherheits- und Ordnungsgesetzes; § 22 des rheinland-pfälzischen Polizeiverwaltungsgesetzes. Es ist also keineswegs so, daß nur die gesetzlichen Regelungen in Bayern und Baden-Württemberg sprachlich statt von einer „Polizeipflicht“ von „Befugnissen der Behörden zum Einschreiten“ ausgehen, wie *Rudolf* — Polizei gegen Hoheitsträger, S. 17, Fußn. 38 — annimmt.

[228] B III 5.

[229] Daß dabei neben einer (herrschenden) spezifisch polizeirechtlichen Kausalitätslehre der „unmittelbaren Verursachung“ vereinzelt auch andere Auffassungen vertreten werden, ist für die Erkenntnis dieses Grundsatzes nicht von Bedeutung.

den[230]. Die rechtliche Regelung geht dabei von einer Unterteilung aller denkbaren Ursachen von Gefahren aus: während eine Kategorie das Verhalten von Menschen umfaßt, wobei weder Schuld noch Irrtum, weder Deliktsfähigkeit noch Geschäftsfähigkeit von Bedeutung sind und auch nicht eine „Handlung" im Sinne willensgetragenen Verhaltens vorliegen muß[231], ist in der anderen Kategorie alles enthalten, was daneben als Ursache in Frage kommt, also Naturvorgänge im weitesten Sinn. Die *Zurechnung* als Polizeipflicht erfolgt einmal gegenüber dem sich kausal verhaltenden Menschen, zum anderen durch Anknüpfung an bestimmte rechtliche Beziehungen zu dem sich so verhaltenden Menschen (Personensorge oder ähnliches und Bestellung zu einer Verrichtung) sowie durch Anknüpfung an Beziehungen zu Gegenständen (Eigentum und Ausübung der tatsächlichen Gewalt), die infolge von Naturvorgängen oder menschlichen Handlungen ihrerseits — durch ihren Zustand — eine polizeiliche Gefahr darstellen.

b) Polizeipflicht und Voraussetzungen einer Rechtspflicht

Der Vergleich der so umschriebenen Polizeipflicht mit den Anforderungen der Rechtspflicht läßt nur den Schluß zu, daß die „Nichtstörungspflicht" unmittelbar keine Norm für das Verhalten der Bürger darstellt. Polizeipflichtig ist, wessen Baum, durch Blitzschlag getroffen, die Straße versperrt; wessen Haus durch eine Fliegerbombe zur gefährlichen Ruine wird[232]; in wessen Grundstück durch eine fremde Handlung (Unfall eines Tankwagens) Öl eingesickert ist, von dem Gefahren für das Grundwasser drohen[233]. Eine Pflicht zur *Verhinderung* eines solchen polizeiwidrigen Zustands kann es nicht geben, weil die Verhinderung nicht möglich ist. Eine Pflicht zur *Beseitigung* setzt wenigstens Kenntnismöglichkeit voraus, an der es in den genannten Fällen zum Zeitpunkt der *Entstehung* der Gefahr fehlen kann. Wenn aber die allein durch die Kausalität vermittelte Beziehung des „Polizeipflichtigen" zur Gefahr im Zeitpunkt der *Entstehung* der Gefahr nichts hervorbringen kann, was die Anforderungen einer Rechtspflicht erfüllt, so kann wegen dieser ausschließlichen Anknüpfung an Kausalitätsgesichtspunkte auch die spätere Kenntnismöglichkeit des „Polizeipflichtigen" keine Rechtspflicht entstehen lassen. Die Vertreter der Ansicht, es gebe eine Pflicht des einzelnen zur „Polizeigemäßheit" seines Lebenskreises, müssen deshalb,

---

230 Treffend bezeichnet *Karl Hurst* die polizeiliche Haftung als „eine Haftung kraft Beziehung zum Ausgangspunkt der Störung" — in DVBl. 1963, 804 (805).

231 *Drews-Wacke*, Polizeirecht, S. 207 f. und S. 217 f.

232 OVG Münster, AS 5, 185 (188) mit Hinweisen auf die gefestigte Rechtsprechung des Preußischen Oberverwaltungsgerichts; BGH in DVBl. 1953, 367 (368); BGHZ 16, 12 (15); OVG Rheinland-Pfalz in DÖV 1954, 216 ff.

233 OVG Münster in DVBl. 1964, 683 (684); OVG Rheinland-Pfalz, AS 10, 207 ff.; kritisch dazu *Baur* in JZ 1964, 354 (356).

wollen sie nicht unhaltbare Behauptungen aufstellen, den Begriff der Polizeipflicht neu definieren; denn sie können den „Polizeipflichtigen" nicht mehr durch ausschließlich kausale, von der Gefahr ausgehende Betrachtung ermitteln. Weder *Werner Weber* noch *Quaritsch*, die bereits oben als Befürworter einer „materiellen Polizeipflicht" genannt wurden[234], haben aber den Begriff der Polizeipflicht in dieser Weise neu gefaßt.

c) „Materielle Polizeipflicht" durch Änderung des Begriffs der Polizeipflicht

Schnur, der — wenn er es auch nicht ausdrücklich so formuliert — wohl ebenfalls vom Bestehen einer „materiellen Polizeipflicht" ausgeht, will die Möglichkeit der polizeilichen Inanspruchnahme gegenüber einer rein kausalen Betrachtung einschränken: Die polizeiliche Verantwortlichkeit wird als Unrechtsfolge angesehen[235]. Die dabei befolgte Argumentation — nicht die Ablehnung der kausalen Betrachtungsweise! — kann sich auf eine in der polizeirechtlichen Literatur und späteren Rechtsprechung des Preußischen Oberverwaltungsgerichts vertretene Überlegung zur Abgrenzung des Störers vom Nichtstörer stützen[236]. Danach bewegt sich der Bürger zwar „nur dann" in den Schranken seines Rechts, wenn er nicht gegen die öffentliche Sicherheit und Ordnung verstößt[237], jedoch: „Bleibt jemand innerhalb seines Rechts und verursacht er dennoch eine Störung, so kann die Polizei ihn nicht als Störer belangen[238]." Um es durch einige Beispiele deutlich zu machen: Wer durch Anpflanzung von Bäumen oder sonstige Nutzung seines Grundstücks den Straßenverkehr behindert, übt nur sein Eigentumsrecht aus und ist trotz Verursachung einer Gefahr kein Störer[239]. Wer hingegen „unzulässige Immissionen hervorbringt"[240], „überschreitet die Grenzen seines Eigentumsrechts" und ist Störer[241]. Diese Auffassung beruht nur dann nicht auf einem Zirkelschluß (: wer nur sein Recht ausübt, ist kein Störer, wer aber stört, übt sein Recht nicht aus), wenn die „Unzulässigkeit" einer Störung nach Kriterien beurteilt wird, die *außerhalb* der polizeirechtlichen Störregelungen liegen, wenn die Qualifizierung als Störer selbst also nicht zur Annahme der Unzulässigkeit der Störung führt. Werden diese Kriterien nicht nachge-

---

[234] A II, B I, B II 4 b).

[235] In DVBl. 1962, 1 ff.

[236] z. B. PrOVG in RVBl. 1930, 550 Nr. 6; *Drews-Wacke*, Polizeirecht, S. 209.

[237] *Schnur* in DVBl. 1962, 4 (ähnlich *Drews-Wacke*, Polizeirecht, S. 205 f.).

[238] *Schnur* in DVBl. 1962, 3 (ähnlich *Drews-Wacke*, Polizeirecht, S. 205 f.).

[239] OVG Lüneburg, AS 14, 396 (401 ff.); 16, 447 (450 f.); PrOVGE 105, 265 (269 f.); 106, 37 (38).

[240] „Schweinemästereifall", OVG Münster, AS 11, 250 ff.; BGH in JZ 1968, 426 ff.

[241] *Schnur* in DVBl. 1962, 1 (5).

wiesen, so ist der Satz, daß ein „unzulässiger" Gebrauch zum Störer macht, nicht aber ein „zulässiger", eine schlichte petitio principii. Sind die Kriterien aber außerhalb des Polizeirechts zu suchen, so ist damit erwiesen, daß es keine „materielle Polizeipflicht" gibt. Denn welcher Rechtswidrigkeitslehre man auch folgt: Die Verletzung einer bestehenden Pflicht ist rechtswidrig, die Verletzung der „Polizeipflicht" müßte demgemäß *als solche* eine Handlung rechtswidrig machen, was mit dem erwähnten Zirkelschluß nicht begründbar ist. Eine Ermittlung der „Polizeipflichtigen Personen", die von der rein kausalen Betrachtungsweise abweicht, kann demnach ebenfalls nicht zur Annahme einer „materiellen Polizeipflicht" führen[242]. Zur Ablehnung der „materiellen Polizeipflicht" bedarf es also keiner „rechtstheoretischen Spekulationen", wie *Quaritsch*[243] behauptet; im Gegenteil, gerade der Blick für die praktischen Probleme, die das Polizeirecht zu lösen hat, und geklärte, widerspruchsfreie Begriffe führen zu der Auffassung, daß es eine „materielle Polizeipflicht" nicht gibt.

Es mag angemessen sein, den Begriff der Verursachung entsprechend den Anforderungen der Gefahrenabwehr weiter zu durchdenken, insbesondere die wenig greifbaren Korrektive („latente Gefahr"[244]) der Theorie der unmittelbaren Verursachung einer kritischen Betrachtung zu unterziehen. An dem Begriff der „Polizeipflicht", das heißt an dem Gedanken der Ermittlung des Adressaten polizeilicher Akte durch ein grundsätzlich an der Kausalität orientiertes, von der Gefahr zur Ursache schreitendes Vorgehen, ist jedenfalls im Grundsatz festzuhalten. Die Annahme einer „materiellen Polizeipflicht" erweist sich nach diesen Überlegungen nicht nur als in sich widersprüchlich und mit dem Pflichtbegriff schlechthin unvereinbar, sondern auch als praktisch unbrauchbar. Eine „materielle Polizeipflicht", eine Verpflichtung zur

---

[242] Die Abweichung von der rein kausalen Betrachtungsweise ist im übrigen auch wenig sinnvoll. Auf diese Weise würde die Verwirklichung der vom Oberverwaltungsgericht im Laufe der Jahrzehnte klar herausgearbeiteten staatlichen Aufgabe der „Gefahrenabwehr" gefährdet. Diese Aufgabe — bestimmte Vorgänge und Zustände, die im öffentlichen Interesse keinesfalls sein sollen, effektiv zu verhindern und zu beseitigen — kann nur in der vom Oberverwaltungsgericht aufgezeigten Weise erfüllt werden: Indem eine mit Zwangsbefugnissen ausgestattete Behörde eingreift, die nur nach äußeren Umständen urteilt und nicht nach Schuld- und Zurechnungsfähigkeit oder Kenntnis- und Handlungsmöglichkeit fragen muß.

[243] In DVBl. 1959, 455 (458); er setzt sich dabei mit *Werner Hurst* — in AöR 83, 43 (65) — auseinander.

[244] Warum wird eine Schweinemästerei bei späterer Bebauung der Umgebung zu einer polizeilichen Störung (OVG Münster, AS 11, 250), nicht aber ein Friedhof, wenn später in seiner Nähe Anlagen der städtischen Wasserversorgung erstellt werden (OVG Münster vom 30. 5. 1952, nicht veröffentlicht, zitiert nach *Drews-Wacke*, Polizeirecht, S. 224)? In beiden Fällen gehen von den Einrichtungen Immissionen aus, die erst durch nachträgliche Veränderungen in der Umgebung schädlich werden.

Polizeigemäßheit des eigenen Lebenskreises ohne Forderung dieses Verhaltens durch eine Polizeibehörde, gibt es nicht[245].

4. Generelle Notwendigkeit des Normvollzugs als Grund für die Ablehnung einer „materiellen Polizeipflicht"

Das Bestehen einer unmittelbar durch Gesetz begründeten „materiellen Polizeipflicht" lehnt auch *Joachim Martens* ab[246]. Diese Ablehnung beruht bei Martens auf einer Sicht des Verhältnisses von Norm und Normvollzug, nach der eine Verpflichtung zwar stets auf einer Norm gründen muß, aber *niemals* ohne einen Vollzugsakt wirksam wird[247]. Dem ist jedoch entgegenzuhalten, daß in weiten Bereichen auch des öffentlichen Rechts gesetzestechnisch das Bestehen einer unmittelbar auf eine Norm gegründeten Verpflichtung als selbstverständlich vorausgesetzt wird; ein „Normvollzug" ist dann allenfalls noch als Reaktion auf die vorausgesetzte Verletzung der Pflicht zu verstehen. So gelten die Gebote, an einer Kreuzung gleichrangiger Straßen dem von rechts kommenden Verkehr die Vorfahrt zu lassen, oder Gehwege zu reinigen und zu streuen, ohne individuellen Vollzugsakt. Auch das Bestehen eines Steuerschuldverhältnisses — ein Beispiel, über dessen rechtliche Wertung Martens mit *Salzwedel*[248] streitet[249] — setzt nach dem Willen des Gesetzes — wie sich in der Strafbarkeit der Steuerverkürzung durch Nichtanmeldung zeigt — keinen Vollzugsakt voraus.

In der Struktur des Pflichtbegriffs begründete Überlegungen, die allenfalls die Auffassung von Joachim Martens stützen könnten, stellt er selbst nicht an. Letztlich bleibt es bei der bloßen Behauptung, daß eine Pflicht nicht unmittelbar auf einer Norm beruhen könne. Mangels einer Begründung ist diese Behauptung nicht eigentlich zu „widerlegen". Die aufgezeigten Unstimmigkeiten machen aber deutlich, daß diese Wertung keine zutreffende Analyse darstellt[250]. Die hier vertretene Ablehnung einer „materiellen Polizeipflicht" kann also trotz des gleichen Ergebnisses nicht durch eine Berufung auf die Ansicht von Joachim Martens gestützt werden.

---

245 Sehr klar im Ergebnis wie hier *Salzwedel*, Öffentlich-rechtlicher Vertrag, S. 55.

246 In AöR 89, 429 (435 f.).

247 In AöR 89, 429 (432 ff., insbes. S. 434 unten).

248 Öffentlich-rechtlicher Vertrag, S. 54 f.

249 In AöR 89, 429 (436).

250 Vgl. auch *Rupp* in DVBl. 1963, 577 (578 l. Sp.), wonach „es verwaltungsrechtliche Ansprüche gibt, die sich unmittelbar aus abstrakt-generellen Rechtsnormen ergeben und nicht erst auf dem Weg eines ‚autonome Determinanten' enthaltenden Individualrechtssatzes = Verwaltungsakt für eine Einzelperson verbindlich werden".

5. Konsequenzen der Ablehnung einer „materiellen Polizeipflicht“

a) *Verfassungsrechtliche Konsequenzen*

Die Annahme einer Polizeipflicht hat stets auch zur Rechtfertigung des Polizeirechts angesichts bestimmter verfassungsrechtlicher Postulate gedient[251]. Die Ablehnung einer „materiellen Polizeipflicht“ könnte deshalb unabsehbare verfassungsrechtliche Konsequenzen haben. Die Auffassung, es gebe eine „materielle Polizeipflicht“ hat jedoch, wie oben[252] nachgewiesen wurde, erst seit dem 1958 veröffentlichten Gutachten von *Werner Weber* Verbreitung gefunden; die „materielle Polizeipflicht“ wurde also bis dahin offenbar nicht als Voraussetzung für eine verfassungsgemäße Auslegung des Polizeirechts angesehen. Auch eine Grundrechtsauffassung, nach der alle Grundrechte „überhaupt nur in der immanenten ... polizeilichen Beschränkung (bestehen)“[253], erfordert den Gebrauch eines *Pflicht*begriffs nicht[254]; die Annahme einer den Grundrechten vorgeordneten Nichtstörungs*schranke*[255] wird den Anforderungen einer solchen Auffassung ebenfalls gerecht.

Holtzmann ist allerdings der Ansicht, ein — wie er sagt — „eigenständiges Recht der Polizeibehörde, die Freiheit des Bürgers einzuengen“, ohne daß ein rechtswidriges Verhalten des Bürgers vorausgegangen sei, könne es nicht geben. „Solche Auffassung wäre die Vorstellung aus einer vergangenen Welt, die sich mit den aus der neuen Welt stammenden Grundrechten nicht vereinbaren läßt[256].“ Der Vollzug dieser von Holtzmann selbst so genannten „kopernikanischen Wendung“ besteht darin, daß die bisherigen Regelungen einer polizeilichen Inanspruchnahme umgewertet werden in Statuierungen einer unmittelbaren Verpflichtung des Bürgers. Die eigenartigen Konsequenzen einer solchen Auffassung wurden bereits oben[257] aufgezeigt. Holtzmann geht aber auch von schlechthin unzutreffenden Prämissen aus, wenn er ausführt, „so lange die Maßnahmen der Behörde und nicht das selbst zu wählende Verhalten des Bürgers im letzten die Rechtmäßigkeit des Sachverhalts bestimmte, konnte es zu keiner Vereinbarkeit zwischen Grundgesetz und Polizeirecht kommen“ und wenn er demgemäß nur einen Eingriff für möglich hält, der dazu dient, „den Bürger an seine Pflicht zu mahnen“[258]. Holtzmann selbst muß für die Verpflichtung des Nichtstörers zugestehen, daß hier die Inanspruchnahme Tatbestandsmerkmal sei — dafür erhalte der Nichtstörer aber auch eine Entschädi-

---

[251] B II 4 a) bb) und cc).
[252] B I und B II 4 b) bb).
[253] *Drews-Wacke*, Polizeirecht, S. 266; hinsichtlich des Eigentums herrschende Meinung, vgl. z. B. BVerwG in JZ 1968, 426.
[254] B IV 1 b).
[255] *Dürig* in Maunz-Dürig-Herzog, Grundgesetz, Art. 2 Abs. 1, Rdnr. 70.
[256] In DVBl. 1965, 753 (756).
[257] B IV 2 a) a. E.
[258] In DVBl. 1965, 753 (756).

gung[259]. Das ist wenig nach so grundsätzlichen Bedenken! Und schließlich gibt es nicht nur vermögenswerte Rechte[260].

Die Behauptung, unter der Herrschaft des Grundgesetzes könne es nur Pflichten geben, zu deren Begründung es keines Verwaltungshandelns bedarf, muß vor wichtigen Rechtspflichten kapitulieren. Die Entstehung der Dienstpflicht von Wehrpflichtigen ist ohne Inanspruchnahme durch die zuständige Behörde (Einberufung) nicht denkbar, ebensowenig wie beispielsweise eine Pflicht nach dem Bundesleistungsgesetz.

Die verfassungsrechtliche Argumentation Holtzmanns bietet in Wahrheit nur eine Scheinbegründung für die Zulässigkeit von Eingriffen in den grundrechtlich geschützten Bereich. Ob die aus dem Eingriff folgende Minderung verfassungsrechtlich — insbesondere ohne Entschädigung — zulässig ist, kann nur ein Vergleich der gesetzlich vorgesehenen oder vom Gesetz unmittelbar bewirkten Minderung mit dem Umfang des grundrechtlich geschützten Rechts ergeben, das gegenüber der *gesamten* Staatsgewalt (also auch gegenüber dem Gesetzgeber) wirkt[261]. Auch „Pflichten" oder „Pflichtigkeiten" müssen einer solchen Prüfung standhalten; sie bedürfen selbst angesichts des garantierten Grundrechts einer ausreichenden Rechtfertigung. Die Annahme einer Pflicht verlagert also die verfassungsrechtliche Problematik polizeilichen Vorgehens auf eine andere Ebene, ohne sie dadurch ihrer Lösung näher zu bringen[262]. Die Ablehnung einer solchen Pflicht ist demgemäß auch kein Hindernis zur Lösung der verfassungsrechtlichen Probleme des Polizeirechts[263].

Die Annahme einer „materiellen Polizeipflicht" ermöglicht andererseits weitgehende Beschränkungen der Freiheit, die kaum im Sinne der Auffassungen Holtzmanns sein dürften. Sie hat nämlich zur Folge, daß jede „Verletzung" rechtswidrig (weil pflichtwidrig) ist und schafft dadamit Eingriffsmöglichkeiten, die sonst nicht bestünden. Indem nämlich die polizeiliche Generalklausel von den Eingriffsbefugnissen der

---

259 In DVBl. 1965, 753 (757).

260 Zur Grundrechtsproblematik in bezug auf Meinungs- und Versammlungsfreiheit bei Inanspruchnahme von Nichtstörern OVG Saarlouis in JZ 1970, 283 ff. mit Anm. *Pappermann* in JZ 1970, 286 ff.

261 Vgl. BVerfG in NJW 1969, 309 (311 unter III 1 b).

262 Daß die Annahme einer Pflicht eine Scheinlösung ist, hat schon *Thoma* klargestellt. Nach seiner Ansicht „wird für die juristische Betrachtung überhaupt nichts gewonnen, wenn man — statt der Sache selbst ihr Spiegelbild betrachtend — den Umfang der polizeilichen Befugnisse durch Aufsuchung verschiedener Pflichtkreise ... verdeutlichen möchte". — Polizeibefehl, S. 50 f.

263 Ob die polizeiliche Generalklausel bzw. die vom Bundesverwaltungsgericht entwickelte Gemeinschaftsklausel den geschützten Grundrechtsbereich bei allen Grundrechten *zutreffend* einschränkt, soll hier dahingestellt bleiben (dagegen z. B. *Knies*, Schranken der Kunstfreiheit, S. 92 ff., vor allem S. 101 ff. m. w. N.).

Polizeibehörden gelöst und als Statuierung gesetzlicher Pflichten angesehen wird, gewinnt sie Bedeutung auch insoweit, als die Zuständigkeit einer Polizeibehörde gar nicht in Betracht kommt[264]. So ergibt sich dann eine Befugnis des Richters zur Beschlagnahme von Presseerzeugnissen nicht nur unter den speziellen Voraussetzungen der Pressegesetze, sondern darüber hinaus im Umfang der angeblichen Polizeipflichtigkeit aufgrund der Generalklausel. Abgesehen davon, daß diese Ansicht damit den sonst allgemein anerkannten Grundsatz der Subsidiarität des Polizeirechts außer Betracht läßt[265], ist sie durch den in der geschichtlichen Entwicklung des Polizeirechts nachgewiesenen untrennbaren Zusammenhang von Verfügungsbefugnis und „Polizeipflicht"[266] widerlegt[267]. Es bleibt demgemäß festzuhalten, daß es eine „Polizeipflicht" gemäß der polizeilichen Generalklausel ohne die entsprechende Zuständigkeit der Behörden für Maßnahmen der Gefahrenabwehr nicht gibt.

b) *Verhältnis der Polizeipflicht zu anderen Rechtspflichten*

Der Begriff der öffentlichen Sicherheit in der Generalklausel umfaßt unstreitig die strafrechtlich typisierten oder sonst — etwa als Ordnungswidrigkeit — „bewehrten" Störungstatbestände; seine Funktion wird geradezu im „Schutz vor Rechtsbrüchen" gesehen[268]. Angesichts der im Strafrecht grundsätzlich anzunehmenden „unmittelbaren" Wirksamkeit der Gebote und Verbote stellt sich die Frage, ob wenigstens in diesem Bereich eine „materielle Polizeipflicht" besteht. Nun kann nach den Ausführungen über die Polizeipflicht kein Zweifel bestehen, daß ein Unterschied zwischen dem Eingriffsbereich der Polizei und dem von der Strafrechtsnorm in Pflicht genommenen Verhalten besteht. Der schuldausschließend Irrende, der Unzurechnungsfähige, sind strafrechtlich nicht verantwortlich; und doch ist die Polizei berechtigt, gegen sie einzuschreiten, wenn ihr Verhalten objektiv im Widerspruch zu den generellen Verhaltenserwartungen steht, die in der Strafnorm zum Ausdruck gekommen sind. Die Polizei braucht auch sonst nicht zu prüfen, ob der Befehl der bewehrten Norm verletzt worden ist; es genügt zur Rechtfertigung eines polizeilichen Eingriffs, daß ein bestimmtes Ver-

---

264 Vgl. *Bettermann* in JZ 1964, 601 (611); *Kemper*, Pressefreiheit und Polizei, S. 103 f.

265 Aus diesem Grund ablehnend gegenüber Eingriffen, die auf andere als presserechtliche Bestimmungen gestützt sind, *Drews-Wacke*, Polizeirecht, S. 95.

266 B II 4 b) bb); vgl. auch B IV 2 a) a. E.

267 Gegen diese Betrachtungsweise auch *Walter Schmidt* in JZ 1967, 151 (152); bei Schmidt wird jedoch nicht ganz klar, ob er eine „materielle Polizeipflicht" im Sinne einer unmittelbar aufgrund Gesetzes wirkenden Pflicht ablehnt oder nur eine unspezifisch verstandene „Polizeipflichtigkeit" in dem Bereich, in dem polizeibehördliche Zuständigkeiten fehlen.

268 *Drews-Wacke*, Polizeirecht, S. 65.

halten das Rechtsgut gefährdet oder beeinträchtigt, das durch diese Norm geschützt werden soll.

Diese Überlegung läßt hinsichtlich des Verhältnisses der Polizeipflicht zur Pflicht aus der bewehrten Rechtsnorm nur die Annahme einer Konkurrenz zu. Ein bestimmtes Verhalten kann also einerseits durch ein strafrechtliches Pflichtenverhältnis verboten sein; droht ein Verstoß gegen die Strafnorm, kann der Polizeibeamte aufgrund des konkurrierenden Polizeirechtsverhältnisses eingreifen und durch Erlaß einer Verfügung eine polizeiliche Pflicht begründen. Während die strafrechtliche Pflicht nur besteht (und nach den Ausführungen über den Pflichtbegriff nur bestehen kann), wenn das Pflichtsubjekt die tatsächlichen Umstände (§ 59 StGB) und die Anforderung durch die Rechtsordnung (sonst liegt unvermeidbarer Rechtsirrtum vor) zumindest kennen kann, entsteht die polizeirechtliche Pflicht mit Wirksamwerden der polizeilichen Verfügung, also mit Kenntnisnahme ihres Inhalts, unabhängig von Verbotsirrtum und Tatbestandsirrtum des Verpflichteten im Hinblick auf die Voraussetzungen der Verfügung; denn insoweit kommt es nur auf die Kenntnismöglichkeit des Polizeibeamten an. Er muß alle Schutzgüter der Rechtsordnung kennen und greift ein, wenn er die Tatsachen festgestellt hat, die zu deren Verletzung führen. Der Beamte greift auch rechtmäßig ein, wenn der Bereich, der durch die bewehrte Norm geschützt wird, noch gar nicht berührt ist, sondern eine Kausalitätsprognose diese Berührung nur wahrscheinlich macht und selbst dann, wenn die Möglichkeit der Beeinträchtigung eines Schutzgutes tatsächlich nicht besteht, der Beamte aber nach der in der Situation möglichen Tatsachenkenntnis das Bestehen einer Gefahr annehmen muß[269]. Für die Annahme, daß diese unterschiedlichen Rechts-

[269] Zu Recht bezeichnet deshalb *Wacke* das Einschreiten der Polizei in diesem Fall als nur „scheinbare Ausnahme" von dem Grundsatz, daß eine „Gefahr immer objektiv vorhanden sein (muß)" — *Drews-Wacke*, Polizeirecht, S. 58. Freilich ist auch diese Formulierung noch mißverständlich. Sie beruht auf einer ex-post-Betrachtung, die dem Prinzip der Gefahrenabwehr widerspricht. Der Polizeibeamte schreitet aufgrund einer Prognose ein. Soweit diese Prognose nach den Erkenntnismöglichkeiten, die in der Situation vor dem Eingriff bestanden, gerechtfertigt ist, liegt eine Gefahr für das Schutzgut vor, und deshalb ist der Eingriff rechtmäßig, auch wenn wegen anderer, in der Situation nicht erkennbarer Umstände eine Verletzung des Schutzgutes nicht eingetreten wäre. Die gerichtliche Kontrolle kann die Rechtmäßigkeit des Eingriffs nicht durch eine ex-post-Betrachtung relativieren.

Das Problem der Anscheinsgefahr erweist sich damit als Scheinproblem. Es ist auch unzutreffend und basiert ebenfalls auf einer als Eingriffsvoraussetzung bei der Gefahrenabwehr nicht möglichen ex-post-Betrachtung, wenn die Polizei bei der Anscheinsgefahr auf die Abwehr besonders schwerwiegender Gefahren beschränkt wird (wie etwa bei *Drews-Wacke*, Polizeirecht, S. 59 auf besonders „dringende" Gefahren). Ob die Gefahr schwerwiegend ist, läßt sich zwar ex ante feststellen, nicht aber, ob eine sog. Anscheinsgefahr vorlag, und damit auch nicht, ob die Polizei im Gegensatz zur sonstigen

verhältnisses rechtlich ineinander aufgehen, wenn ein Verhalten sowohl von der Strafnorm als auch durch einen Polizeibefehl gefordert werden kann, ist kein Grund ersichtlich. Ohne gesetzliche Anordnung sind konkurrierende Rechtsverhältnisse grundsätzlich nicht voneinander abhängig; eine Abhängigkeit kann sich allerdings daraus ergeben, daß das geforderte Verhalten oder der geforderte Erfolg die gleichen sind. Dann werden nämlich durch Erfüllung der einen Pflicht die anderen Pflichten im Wortsinne gegenstandslos[270]. Das ändert aber nichts an der Selbständigkeit der einzelnen Pflichten[271]. Eine „materielle Polizeipflicht" gibt es also auch dann nicht, wenn das polizeirechtliche Rechtsverhältnis mit einem unmittelbar auf eine Norm gründenden Rechtsverhältnis konkurriert.

c) Bedeutung der Regelungen über „Polizeipflichtigen Personen" bei Ablehnung einer „materiellen Polizeipflicht"

Mit der Ablehnung einer „materiellen Polizeipflicht" wird der vom Gedanken der Gefahrenabwehr bestimmte Charakter des modernen Polizeirechts deutlich. Bestimmte Vorgänge und Zustände können durch Appelle der Rechtsordnung an die Rechtsgenossen nicht wirksam verhindert oder, wenn sie eingetreten sind, nicht schnellstens beseitigt werden. Zum einen sind in einer differenzierten Gesellschaft diese unerwünschten Vorgänge und Zustände zu zahlreich, als daß der betroffene Bürger sie alle kennen könnte; zum anderen ist die Wirkungsmöglichkeit angedrohter Strafsanktionen auf die Steuerung des Verhaltens der Menschen im Staat nur beschränkt. Eine effektive Gefahrenabwehr erfordert also Spezialisten, welche die unerwünschten Vorgänge und Zustände kennen und zu deren Vermeidung und Beseitigung mit tauglichen Mitteln vorgehen können. Haben die Behörden der Gefahrenabwehr das Vorliegen einer Gefahr oder Störung erkannt, so schreiten sie ein. Dieses Einschreiten kann darin bestehen, daß die Polizei durch eigene Tätigkeit unmittelbar die Gefahr oder

---

Regelung auf die Abwehr einer schwerwiegenden Gefahr beschränkt sein soll.

Die hier vertretene, aus dem Gedanken der Gefahrenabwehr folgende Auffassung gilt nicht für die Beurteilung einer „Putativgefahr", bei welcher der eingreifende Polizeibeamte ein nicht geschütztes Gut für geschützt hält oder die in der Situation vor dem Eingriff zumutbaren Erkenntnismöglichkeiten nicht ausschöpft. In einem solchen Fall handelt der Beamte immer rechtswidrig.

270 Anschauliche Beispiele für einen solchen Zusammenhang bei *Sohm-Mitteis-Wenger*, Institutionen, S. 360 ff. (insbes. S. 361).

271 Ganz ähnlich argumentiert *Peters*, der einen eigenständigen Begriff der „Polizeiwidrigkeit" entwickelte. Diese Polizeiwidrigkeit soll nichts mit der Rechtswidrigkeit zu tun haben. Wo eine Handlung zufällig gleichzeitig rechtswidrig und polizeiwidrig sei, dürfe man beide Begriffe nun nicht deshalb miteinander vertauschen — in VerwArch 29, 369 (400 f.).

Störung beseitigt. Selbst wenn damit in den Rechtskreis einer anderen Person eingegriffen wird, ist das unter bestimmten Voraussetzungen möglich[272]. In der Regel ist aber eine Verfügung zu erlassen und im Wege der Vollstreckung dieser Verfügung vorzugehen. Gegen wen die Verfügung ergehen darf, ergibt sich aus den Vorschriften über die „Polizeipflichtigen Personen". Als Folge der Polizeiverfügung entsteht die in den Polizeigesetzen für diesen Fall vorgesehene Pflicht zur Beseitigung oder Unterlassung einer Störung.

Diese Pflicht wird im folgenden als „Polizeipflicht" bezeichnet. Die Einwände gegen eine Polizeipflicht aufgrund Gesetzes treffen diese Pflicht nicht; denn als Individualakt kann die Verfügung differenzieren, ergeht nur an diejenigen, die „hören können" und verlangt nur, was die Betroffenen zu leisten vermögen[273].

---

[272] Nach dem Vorbild der §§ 44 I 2, 55 II 1 PrPVG hat sich dafür die Bezeichnung als „unmittelbare Ausführung" einer polizeilichen Maßnahme eingebürgert. Das PrPVG hat allerdings ungeregelt gelassen, *wann* die Polizei im Wege der „unmittelbaren Ausführung" vorgehen kann.

Das HessSOG sieht das Institut der unmittelbaren Ausführung nicht mehr vor (u. U. ohne daß der Gesetzgeber es wollte, s. Bemerkung am Ende der Fußnote); das ist gegenüber dem PrPVG dann ein Fortschritt, wenn man zwar nach wie vor unmittelbar eingreifende Maßnahmen für möglich hält, aber auf das „Erdichten" — *Friedrichs*, Polizeiverwaltungsgesetz, § 44 Anm. 5, S. 233 m. w. N. — eines Verwaltungsaktes verzichtet.

Daß heute unmittelbar eingreifende Maßnahmen der Polizei aufgrund der Generalklausel ohne die Fiktion einer Verfügung möglich sind, ergibt sich aus dem bereits oben — B IV 2 a) — dargelegten Wandel in der Auffassung der polizeilichen Generalklausel. Sie ist jetzt als ausreichend bestimmte Rechtsgrundlage anzusehen; für ein Einschreiten bedarf es deshalb keiner zusätzlichen Einzelfallrechtserzeugung durch Verfügung mehr. Eine Umdeutung der Ersatzvornahmeregelung in eine Grundlage für die „unmittelbare Ausführung" oder eine Einordnung der „unmittelbaren Ausführung" unter die Maßnahmen der Ersatzvornahme ist demnach nicht erforderlich und auch (anders nach dem PrPVG; *Friedrichs*, Polizeiverwaltungsgesetz, § 44 Anm. 5, S. 233 m.w. N.) nicht möglich: Sie wäre mit dem Wortlaut der hessischen Regelung unvereinbar, die eine Verfügung (und keine Verfügungsfiktion) als Voraussetzung der Ersatzvornahme erfordert (bei „unmittelbar bevorstehender Gefahr" entfällt zwar gemäß § 27 I 1 HessSOG die Notwendigkeit einer vorherigen Androhung der Ersatzvornahme; die Ersatzvornahme setzt aber voraus, daß eine Verfügung ergangen ist, §§ 24 I, 27 II HessSOG). Soweit die Fiktion einer Verfügung früher erforderlich schien, um den Rechtsweg zu eröffnen, der nur gegen Verwaltungsakte gegeben war — vgl. *Drews-Wacke*, Polizeirecht, S. 278 —, ist auch diese Notwendigkeit durch die Einführung der verwaltungsgerichtlichen Generalklausel und der Rechtsweggarantie des Art. 19 Abs. 4 GG entfallen.

Die wohl kaum beabsichtigte praktische Konsequenz dieser Tatsache besteht darin, daß die Möglichkeit einer Inanspruchnahme des Störers zu den Kosten der unmittelbaren Ausführung entfällt; denn die Pflicht des Störers, die Kosten zu tragen, ist nur für den Fall der Ersatzvornahme geregelt (§ 28 I HessSOG). Zu denken wäre allenfalls an eine Inanspruchnahme aus Geschäftsführung ohne Auftrag — dazu (ablehnend) *Maurer* in Jus 1970, 561 ff.

[273] Liegen diese Voraussetzungen nicht vor, kann die Polizei *nur* im Wege der unmittelbaren Ausführung handeln.

d) *Praktische Konsequenzen*

Man könnte gegen die Ablehnung einer „materiellen Polizeipflicht" einwenden, daß ihr in manchen Fällen eine unabweisbare praktische Notwendigkeit zugrunde liege. So hat das Oberverwaltungsgericht Rheinland-Pfalz eine „materielle Polizeipflicht" des Grundeigentümers mit dem Inhalt einer Mitteilungspflicht angenommen, wenn durch einsickerndes Öl eine Gefahr für das Grundwasser droht[274]. Hier scheint eine wirksame Gefahrenabwehr ohne Mitteilungspflicht nicht gewährleistet zu sein. Freilich erweist sich bei näherer Überprüfung diese polizeiliche Mitteilungspflicht gerade unter Gesichtspunkten der Praxis als nutzlose Konstruktion. Auch wenn sie unmittelbar wirkt, ist sie ja ohne polizeiliche Verfügung nicht vollstreckbar; könnte die Polizei aber vollstrecken, so hätte sie die Kenntnis bereits, die das Ziel der Vollstreckung wäre. Allenfalls könnte die Annahme einer solchen Pflicht zur Begründung einer strafrechtlichen Garantenstellung dienen. Im Hinblick darauf ist es aber sinnlos, eine „materielle Polizeipflicht" anzunehmen; denn die Annahme einer strafrechtlichen Handlungspflicht unterliegt ohnehin eigenständigen strafrechtlichen Gesetzmäßigkeiten[275].

---

[274] OVG Rheinland-Pfalz, AS 10, 209.

[275] So besteht eine „vertragliche" Garantenstellung ohne Rücksicht auf die zivilrechtliche Wirksamkeit des Vertrages (vgl. RGSt. 16, 269; 17, 260; 64, 84).

C. Der Erlaß von Polizeiverfügungen gegen fiskalisch handelnde Hoheitsträger

Eine Lösung des Problems der Polizeipflicht von Hoheitsträgern auf dem von *Werner Weber* aufgezeigten Weg der Annahme einer „materiellen Polizeipflicht" ist nach den bisherigen Feststellungen nicht möglich. Eine Rechtspflicht, die als „Polizeipflicht" bezeichnet werden kann, entsteht erst durch die Aufforderung zu einem Verhalten seitens der zuständigen Behörde, d. h. durch Erlaß einer polizeilichen Verfügung. Polizeiverfügungen können aber nach der Rechtsprechung des Preußischen Oberverwaltungsgerichts und der noch heute herrschenden Meinung grundsätzlich nicht gegen Hoheitsträger ergehen[1]. Die Ausnahme von diesem Grundsatz, wonach Verfügungen gegen fiskalisch handelnde Hoheitsträger ergehen können, würde jedoch wenigstens für diesen beschränkten Bereich die Entstehung einer Polizeipflicht ermöglichen.

Die Befugnisse der Polizei sind nach der Auffassung, die das Preußische Oberverwaltungsgericht in seiner grundlegenden Entscheidung zur Polizeipflicht von Hoheitsträgern entwickelt hat, auf den Fall einer „Kollision der Freiheit des einzelnen Rechtssubjekts im bürgerlichen Verkehre mit dem öffentlichen Interesse"[2] begrenzt. Beim Vorgehen einer Polizeibehörde gegen einen anderen Hoheitsträger handelt es sich demgegenüber „um eine Kollision verschiedener öffentlicher Inter-

---

[1] Vgl. A II; da somit der Möglichkeit einer Verfügung die entscheidende Bedeutung zukommt, kann die Wirkungsweise einer Polizeiverordnung im folgenden ganz außer Betracht bleiben. Die Polizeiverordnungen enthalten keine Besonderheit gegenüber anderen untergesetzlichen Rechtsnormen. Sie unterliegen den gleichen Anforderungen wie jede andere Rechtsverordnung — allgemeine Meinung, *Drews-Wacke,* Polizeirecht, S. 385 f. m. w. N. Ihre Herkunft aus dem Bereich des Polizeilichen ändert daran nichts; denn die Polizeigewalt muß in unserer Verfassungsordnung nicht weniger gesetzmäßig ausgeübt werden als jede andere staatliche Gewalt.

Damit verliert auch die Unterscheidung zwischen „selbständiger" und „unselbständiger" Verfügung an Bedeutung; denn da jede Verletzung einer im öffentlichen Interesse bestehenden Rechtsnorm die öffentliche Sicherheit beeinträchtigt, gilt das auch für die Verletzung einer Polizeiverordnung. Es ist also verfehlt zu behaupten, zum Erlaß einer „unselbständigen", d. h. auf eine Polizeiverordnung gestützten Polizeiverfügung bedürfe es nicht des Nachweises einer konkreten Gefahr für das durch die Polizeiverordnung geschützte Rechtsgut. Die konkrete Gefahr liegt gerade in dem Verstoß gegen die Polizeiverordnung.

[2] PrOVGE 2, 399 (408 f.).

essen"[3] — mithin sind polizeiliche Verfügungen insoweit ausgeschlossen. Wenn das Gericht und mit ihm die bis heute herrschende Meinung[4] gleichwohl ein polizeiliches Vorgehen gegen fiskalisch handelnde Hoheitsträger für zulässig halten, so macht das deutlich, daß dieses fiskalische Handeln nicht auf der Seite öffentlicher Interessen gesehen[5], sondern „der Freiheit des einzelnen Rechtssubjekts im bürgerlichen Verkehre" zugeordnet wird.

I. Herkunft der Unterscheidung zwischen Fiskus und hoheitlich handelndem Staat

Die Zuordnung des Handelns von Hoheitsträgern zum Bereich der bürgerlichen Freiheit ist nur von der geschichtlichen Entwicklung des Fiskusbegriffs her zu verstehen. Diese Entwicklung weist den Fiskusbegriff in seinen Ursprüngen als eine Konstruktion aus, die der Gewährleistung rechtlicher Bindung staatlichen Handelns dienen sollte[6].

1. Die Entstehung des Fiskusbegriffs

Gegenüber der grundsätzlichen Gleichordnung der Rechte von Landesherr und Untertan, aus welcher für beide Seiten gleicher Rechtsschutz vor den Reichsgerichten folgte, hatte die Verselbständigung und Erhöhung der Polizeigewalt im Zeitalter des Absolutismus zur weitgehenden Befreiung des Fürsten von rechtlicher Beschränkung geführt[7]; diese neu entstandene Hoheitsgewalt war auch der gerichtlichen Kontrolle entzogen. Die Territorialgerichte waren für Klagen gegen den Landesherrn nicht zuständig — seiner eigenen Gerichtsgewalt war der Landesherr nicht unterworfen — und für die Anrufung der Reichsgerichte galt, jedenfalls im Grundsatz, daß es in Polizeisachen „keine Appellation" gibt[8]. Nur dann, wenn der Untertan eine Polizeisache als Justizsache ausgeben konnte, wenn er also behauptete, in seinen wohlerworbenen Rechten verletzt zu sein, verwehrten ihm die Reichsgerichte den Rechtsschutz nicht[9]. Doch auch von dieser Appellationsmöglichkeit an die Reichsgerichte blieb in der Praxis wenig übrig; die

---

[3] PrOVGE 2, 399 (405).

[4] A II.

[5] Zur Wandlung dieser Bewertung „fiskalischer" Interessen *Häberle*, Öffentliches Interesse, S. 512 ff.; *ders.* in DVBl. 1967, 220 ff.

[6] *Fleiner*, Umbildung zivilrechtlicher Institute, S. 3 ff.; *Lassar*, Erstattungsanspruch, S. 4; *Stödter*, Öffentlich-rechtliche Entschädigung, S. 59 ff.; *Häberle* in DVBl. 1967, 220 (222); vgl. im einzelnen die folgenden Ausführungen.

[7] *Stödter*, Öffentlich-rechtliche Entschädigung, S. 59 ff.

[8] *Wolzendorff*, Grenzen der Polizeigewalt I, S. 16.

[9] *Fleiner*, Institutionen, S. 32, Fußn. 10 und 11 m. w. N.; ähnlich *Wolzendorff*, Grenzen der Polizeigewalt I, S. 16 f.

mächtigeren Territorialherren sicherten sich Privilegien gegen die Zuständigkeit des Reichsgerichts, und wo das Fehlen fürstlicher Appellationsprivilegien sich störend auswirkte, wurde die Anrufung des Reichsgerichts auch mit Gewalt verhindert[10].

Ohne den Einfluß des Reiches fehlte die institutionelle Voraussetzung für eine den Territorialherren bindende Rechtsgewalt; wenigstens eine beschränkte Rechtsbindung konnte jedoch mit Hilfe der Fiskustheorie[11] erreicht werden, indem sie im „Fiskus" als dem Träger des öffentlichen Vermögens eine eigene Rechtsperson entdeckte[12]. Dieser Fiskus sollte den Justiznormen, das heißt dem Privatrecht, unterworfen sein. Ansprüche der Bürger gegenüber dem Fiskus wurden von den Territorialgerichten anerkannt, soweit sie auf formal privatrechtlichen Titeln beruhten. So konnte zwar der Beeinträchtigung der iura quaesita durch die Hoheitsgewalt unmittelbar nichts entgegengesetzt werden. Für die Rechtsbeeinträchtigung durch den Staat war der Fiskus jedoch aufgrund eines quasi-deliktischen Titels entschädigungspflichtig. Dadurch wurde dieser Anspruch zur bestimmenden Rechtsschutzeinrichtung auf dem Gebiet des öffentlichen Rechts[13].

2. Der moderne Fiskusbegriff

Die Bedeutung der Rechtsperson „Fiskus" als Trägerin der Vermögensrechte des Staates entfiel mit dem modernen Verfassungsstaat. Für die Auffassung einer gegenseitigen Bindungswirkung der öffentlichen Normen fehlte nur solange die Grundlage einer institutionellen Absicherung, als der Landesherr bei der Setzung dieser Normen nicht an eine Mitwirkung der Untertanen gebunden war. War der Staat als Folge einer solchen Mitwirkung selbst dem positiven Recht unterstellt, so bedurfte es des Minimalkompromisses an Rechtsunterworfenheit nicht mehr, den die Fiskustheorie dargestellt hatte.

Die (mittelbare) Überprüfung der öffentlichen Verwaltung durch die Gerichtsgewalt der ordentlichen Justiz widersprach auch dem Grund-

---

10 So verordnete Friedrich Wilhelm I. von Preußen, daß seinen Untertanen, die gegen ihn bei den Reichsgerichten klagten, „allerhand Schikanen gemacht und ihnen solchergestalt der Kitzel vertrieben werde, gegen ihren angeborenen Landesherrn und Obrigkeit an dergleichen frevelhaftes und gottloses Beginnen weiter zu denken" — zitiert nach *Fleiner*, Institutionen, S. 33.

11 Mit der Fiskustheorie wurde unter gänzlich anderen historischen Voraussetzungen eine Rechtsfigur des römischen Rechts aufgegriffen, die dort ihre Berechtigung darin fand, daß das zuvor konsequent öffentlich verfaßte Gemeinwesen des römischen Staates mit dem princeps (und später dominus) ein fremdes personalistisches Element erhielt — dazu im einzelnen *Sohm-Mitteis-Wenger*, Institutionen, S. 197 ff.

12 *Fleiner*, Institutionen, S. 33.

13 *Fleiner*, Institutionen, S. 34; *Stödter*, Öffentlich-rechtliche Entschädigung, S. 61 f.; *Lassar*, Erstattungsanspruch, S. 4.

satz der Gewaltenteilung, wie er in der ersten französischen Republik gesehen wurde. Infolgedessen entzog man den Zivilgerichten die Kompetenz zur Beurteilung von Rechtsverhältnissen, an denen die öffentliche Verwaltung beteiligt war[14]. Im Jahre 1801 wurde dann die Rechtskontrolle der Verwaltung durch Gesetz besonderen Rechtsschutzbehörden der Verwaltung übertragen. Der französische Staat lebt seitdem grundsätzlich nach öffentlichem Recht, soweit er sich nicht dem Privatrecht ausdrücklich unterwirft[15].

In den Verfassungen der meisten deutschen Staaten wurde der für einen umfassenden Rechtsschutz der Bürger unerläßliche Gedanke der gegenseitigen Bindungswirkung staatlicher Normen anerkannt. Es fehlte aber das zweite Moment, das der Fiskustheorie den Boden entzogen hätte: das Vorhandensein ausreichender Rechtsschutzorgane auf dem Gebiet der öffentlichen Verwaltung[16]. So blieb es in der Praxis dabei, daß die Zivilgerichte weiterhin über die Streitsachen entschieden, welche ihnen bisher schon die Fiskustheorie zugewiesen hatte[17]. Erst die Einrichtung eigenständiger Verwaltungsgerichte in den deutschen Ländern (zuerst 1863 in Baden) schuf die institutionelle Voraussetzung für eine eigenständige, öffentlich-rechtliche Betrachtungsweise der Rechtsbeziehungen zwischen dem Staat und den Bürgern.

Der Verwaltungsrechtsweg wurde allerdings überwiegend nach dem Enumerationsprinzip oder dem Prinzip einer beschränkten Generalklausel nur für bestimmte Streitigkeiten eröffnet. Infolgedessen blieb eine Lücke in der institutionellen Absicherung der Rechtsbindung des Staates. Die Fiskustheorie in ihrer alten Form konnte diese Lücke nicht ausfüllen; denn im einheitlichen Verfassungsstaat fehlte der personalistische Hintergrund für die Annahme einer besonderen privatrechtlichen Rechtspersönlichkeit des Staates. Gleichwohl wurde zur Gewährung von Rechtsschutz die Fiskustheorie beibehalten; jetzt sah man darin aber nur noch die vermögensrechtliche Seite der *einen* juristischen Person des Staates, den Staat als Träger von Privatrechten[18].

Die auszufüllende Lücke lag vor allem im Bereich des Schadensersatzes. Für eine Haftung des „Fiskus" gab zwar das BGB eine Haftungsgrundlage in den §§ 89, 31 BGB. Soweit aber ein Beamter einen Schaden in Ausübung der ihm anvertrauten öffentlichen Gewalt verursachte, haftete nur er selbst nach § 839 BGB; die Haftung des Dienst-

---

[14] *Löwenstein*, Verfassungslehre, S. 244 ff.

[15] *Fleiner*, Institutionen, S. 35 f.; *ders.*, Umbildung zivilrechtlicher Institute, S. 4 f.

[16] *Fleiner*, Institutionen, S. 37.

[17] Vgl. *Fleiner*, Umbildung zivilrechtlicher Institute, S. 5 f.

[18] *Fleiner*, Institutionen, S. 38 f. mit Fußn. 31; *Lassar*, Erstattungsanspruch, S. 14 ff.

herrn hingegen blieb gemäß Art. 77 EGBGB landesrechtlichen Regelungen vorbehalten, an denen es zunächst fehlte[19]. Um den Staat gleichwohl haftbar zu machen, wurde beispielsweise die Verkehrssicherungspflicht auf öffentlichen Straßen, die die Rechtsprechung bis heute als zivilrechtlich ansieht[20], dem Fiskus und damit der Haftungsnorm der §§ 89, 31 BGB zugeordnet[21]. Ähnlich mag die Motivation der Rechtsprechung in anderen Bereichen gewesen sein: Die Haftung der Post gegenüber ihren Benutzern war schon durch das Gesetz über das Postwesen des Deutschen Reiches vom 28. Oktober 1871 (wenn auch unbefriedigend) geregelt; für die Staatseisenbahnen hingegen fehlte eine Haftungsnorm, auf die Ansprüche gegen den Staat gegründet werden konnten. Auch hier half die Fiskustheorie mit der Annahme, daß der Staat die Eisenbahnen als Träger von Privatrechten betreibe. Für die Abwehr von Immissionen gab es ebenfalls keine Zuständigkeit von Verwaltungsgerichten. Hier konnte die Fiskustheorie einen nachbarrechtlichen Abwehranspruch gewähren, soweit Immissionen auf den Staat als Grundstückseigentümer zurückführten. Um in gravierenden Fällen Rechtsschutz nicht versagen zu müssen, war die Rechtsprechung auch zu recht eigenartigen Konstruktionen bereit. Gegen die Beeinträchtigung durch einen benachbarten Schießplatz gab es keinen Behelf. Also griff das Reichsgericht auf Nachbarrecht zurück; denn gegen eine Gefährdung durch überfliegende und einschlagende Geschosse mußte der Eigentümer eines Grundstücks geschützt werden. Ein nachbarrechtlicher Anspruch des Grundeigentümers wegen „Bewerfens seiner Ländereien mit Geschossen"[22] war die in der Konstruktion abwegige, aber angesichts der Intensität der Eigentumsverletzung offenbar notwendig erscheinende Lösung.

3. Der Fiskus als Objekt polizeilichen Einschreitens

Die Behauptung, es gebe eine dem Privatrecht unterworfene Seite des Staates, ermöglicht auch den „Rechtsschutz" gegenüber Hoheitsträgern im Sinne einer Wahrung der rechtlich geschützten Ordnung durch die Polizei. Die Überlegung des Preußischen Oberverwaltungsgerichts, daß die Polizeibehörden bei einer Eingriffsmöglichkeit gegen

[19] In Preußen eingeführt durch das Staatshaftungsgesetz, PrGS 1909, 691.

[20] z. B. BGH in JZ 1968, 134; mehrere Länder haben durch eine Änderung ihrer Wegegesetze positivrechtlich bestimmt, daß die Wahrnehmung der Verkehrssicherungspflicht „Ausübung eines öffentlichen Amtes" sei und damit dieser Rechtsprechung die Grundlage entzogen; vgl. § 5 Hamburgisches Wegegesetz v. 4. 4. 1961 (GVBl. S. 117); § 67 Straßengesetz f. Baden-Württemberg v. 20. 3. 1964 (GVBl. S. 127); § 10 Niedersächsisches Straßengesetz i. d. F. v. 30. 12. 1965 (GVBl. S. 280); Art. 72 des Zweiten Gesetzes zur Änderung des Bayerischen Straßen- und Wegegesetzes v. 24. 4. 1968 (GVBl. S. 57).

[21] *Jahn* in JuS 1965, 165 (166 f.) m. w. N.

[22] RG in PrVBl. 1895, 476 f.

Hoheitsträger zu Oberbehörden würden, schließt an sich auch polizeiliches Vorgehen gegen die fiskalisch handelnde Behörde aus: Sie bleibt, seit es den Fiskus als besondere Rechtsperson nicht mehr gibt, diese bestimmte, in eine staatliche Hierarchie eingeordnete Behörde, gleich welche Funktion sie wahrnimmt. Trotzdem unterwirft die Rechtsprechung die Behörde bei fiskalischem Handeln der Polizeigewalt. Wenn auf das Handeln einer Behörde das Privatrecht, das Recht des bürgerlichen Verkehrs anwendbar ist, liegt es in der Tat nahe, auch das Verhältnis der privatrechtlich handelnden Behörde zur Polizei mit dem Verhältnis des Bürgers zur Polizei gleichzusetzen. Mit dem Hinweis auf die privatrechtliche Seite des Staates wahrt die Rechtsprechung den Ausgangspunkt, daß das Polizeirecht nur im „Außenverhältnis", zwischen Staat und Bürger, wirke und rechtfertigt damit zugleich die Durchbrechung der staatlichen Zuständigkeitsordnung. Die Fiskustheorie, entwickelt, um eine rechtliche Bindung des Staates gegenüber dem Bürger und deren gerichtliche Kontrolle zu ermöglichen, führt also zur begrenzten Unterwerfung des Staates auch unter sein obrigkeitlich-hoheitliches Recht.

In der Praxis des Preußischen Oberverwaltungsgerichts finden sich vor allem Fälle polizeilichen Einschreitens gegen den Militärfiskus als Eigentümer öffentlicher Wege[23]. Für zulässig wurde beispielsweise auch polizeiliches Vorgehen gegenüber einer Kirchengemeinde als Verwalterin eines Friedhofs angesehen[24], gegenüber der Eisenbahnverwaltung als Eignerin eines Bahnhofs[25], gegenüber dem Magistrat einer Stadt wegen des Baus einer Kanalisation[26].

II. Kritik der herrschenden Unterscheidung zwischen fiskalischem und hoheitlichem Handeln

Der Anlaß der Fiskustheorien mit ihrem Bestreben, den Staat und die Hoheitsträger im Staat einer wenigstens beschränkten rechtlichen Bindung zu unterwerfen, ist mit der Einführung der verwaltungsgerichtlichen Generalklausel (§ 40 VwGO, Art. 19 IV GG) entfallen[27]. Gleichwohl wird die unter den vormals gegebenen historischen Bedingungen akzeptable Wertung staatlichen Handelns als privatrechtlich fortgeführt. Aus dem Blickwinkel des Verfassungsrechts ergeben sich Bedenken gegen diese Fortführung des Fiskusbegriffs aufgrund der Tatsache, daß in der demokratisch-republikanischen Ordnung des

[23] Dazu oben A II (insbes. mit Fußn. 24).
[24] PrOVGE 4, 405 ff.
[25] PrOVGE 5, 324 ff.
[26] PrOVGE 5, 360 ff.
[27] *Ule* und *Fitschen* in JZ 1965, 315 (316 unter a).

Grundgesetzes nur konstituierte, von der Verfassung selbst legitimierte Staatlichkeit ihren Platz hat[28]. Der im Bereich der „Freiheit des einzelnen Rechtssubjekts im bürgerlichen Verkehr" verbliebene Fiskus[29] bedeutet hingegen „die Erhaltung eines Reservats staatlichen Wirkens, das außerhalb der Verfassung liegt"[30]. Der Fiskusbegriff, ursprünglich die Lösung des Problems einer Rechtsbindung staatlichen Handelns, wird seinerseits zum Hindernis für die auf anderer Ebene enstandene rechtliche Grundlegung des Staates: Nach der intensiven Bindung der staatlichen Gewalt durch das Öffentliche Recht, vor allem durch die Bindung an die Grundrechte nach Art. 1 III GG, gewinnt der Fiskus die Funktion einer Freistellung des Staates von diesem Recht, das für die Freiheit im bürgerlichen Verkehr nicht gilt.

Diese Verkehrung der ursprünglichen Intentionen der Fiskustheorie in ihr Gegenteil[31] muß erst wieder mit komplizierten Hilfskonstruktionen[32] überwunden werden, deren es bei einer Abwendung von der Fiskustheorie nicht bedurft hätte — ein Vorgang der zu einer sehr unübersichtlichen Zueinanderordnung des öffentlich-rechtlichen und des zivilrechtlichen Bereichs geführt hat. Die Unterscheidung der Bereiche und — sind sie einmal unterschieden — die Herausarbeitung der jeweils geltenden Rechtssätze wird immer mehr zur Filigranarbeit, die allenfalls noch von Revisionsgerichten, aber nicht mehr in der täglichen Verwaltungspraxis geleistet werden kann, für die dieses Recht die Grundlage sein soll. Wenn ein System derart unübersichtlicher Unterscheidungsgesichtspunkte und derart umfangreicher Korrektive[33] bedarf wie die Behauptung, es gebe einen „Fiskus" im Sinne des Staates als „Privatrechtssubjekt", ist es an der Zeit zu fragen, ob nicht diese Behauptung aufgegeben werden muß[34].

---

[28] *Hesse*, Grundzüge, S. 144; *Schönfelder*, Polizeiliche Eingriffe gegen Hoheitsträger, S. 21 ff. m. w. N.; *Häberle* wendet sich ausdrücklich gegen eine Fortführung des „traditionellen, von der res publica abgeschnittenen Fiskusbegriffs" — Öffentliches Interesse, S. 524, Fußn. 79.

[29] C pr.

[30] *Hesse*, Grundzüge, S. 144.

[31] Vgl. *Zeidler* in VVDStRL 19, 208 (223 bis 225).

[32] Das privatrechtliche Handeln des Staates wird in den verschiedensten Abstufungen den Kompetenzregelungen des Grundgesetzes, dem Gesetzesvorbehalt oder einer Grundrechtsbindung unterworfen. Trotz grundsätzlicher Kritik an der Fiskuslehre bleiben auch *Mallmann* in VVDStRL 19, 165 ff. und *Zeidler* in VVDStRL 19, 208 ff. bei solchen Lösungen.

[33] Vgl. dazu statt vieler *Heinz Wagner* in JZ 1968, 245 ff.

[34] Nach *Mallmann* in VVDStRL 19, 165 (195) ist die „Revolution" der Fiskuslehre „schon in vollem Gang, und es wird Zeit, daß sie bis zur Wurzel vorstößt". Er behält allerdings letztlich doch den Fiskusbegriff bei — s. oben C II, Fußn. 32. Aufgrund der oben skizzierten verfassungsrechtlichen Bedenken lehnt *Hesse* eine rechtliche Sonderstellung des Fiskus ab — Grundzüge, S. 142 ff.; ebenso im Grundsatz *Häberle*, Öffentliches Interesse, S. 512 ff. und in DVBl. 1967, 220 ff. für den Begriff des „fiskalischen Interesses".

Für den Aufopferungsanspruch, der dem Bürger als Folge eines ausgeschlossenen Unterlassungsanspruchs zusteht, hat inzwischen der Bundesgerichtshof die Unterscheidung hoheitlich-fiskalisch zu einer rein „akademischen" gemacht, indem er betont, daß es auf diese Unterscheidung nicht ankomme[35]. Bei der Rechtsprechung zur Amtshaftung hat der Versuch einer Trennung des hoheitlichen vom fiskalischen Bereich zu einer „dogmatisch nicht mehr transparenten Kasuistik"[36] geführt. Daß für Störungen durch die Abwasserleitung die Gemeinde als Hoheitsträger verantwortlich sein soll[37], für Immissionen vom gemeindlichen Müllplatz[38], für Störungen durch eine Fontäne[39] oder durch eine Kirmesveranstaltung von einem dafür im Bauplan ausgewiesenen Platz[40] aber als Fiskus, dafür lassen sich ebenfalls keine anwendbaren allgemeinen Kriterien mehr finden.

1. Drittbeziehungen als Gesichtspunkt der Unterscheidung

Die Kritik eines Teils der neueren Literatur an dieser Rechtsprechung hat einen Gesichtspunkt herausgearbeitet, dessen Betrachtung auch für die Frage der Polizeipflicht von Hoheitsträgern aufschlußreich ist: „Wer bei Immissionen durch einen gemeindlichen Jahrmarkt ‚Befehl und Zwang' vermißt (so das OLG Karlsruhe NJW 1960, S. 2242), übersieht, daß auch der Anlieger eines Truppenübungsplatzes nicht im militärischen Gewaltverhältnis steht", heißt es bei *Wolfgang Martens*[41]. Ebenfalls zur Störung durch einen Jahrmarkt, der auf einem von der Stadt als Freifläche ausgewiesenen Platz stattfand[42], führen *Ule* und *Fittschen* aus[43], es komme auf die Rechtsbeziehung der Beklagten (Stadt als Grundstückseigentümerin) zu den Klägern (Anlieger des Rummelplatzes) an und „nicht auf die zwischen den Veranstaltern und der Bekl. oder sogar auf die zwischen den Veranstaltern und den Kl. ... Ausschlaggebend ist allein die Frage, ob (das Rechtsverhältnis zwischen der Stadt und den Anliegern) tatsächlich (nur) so geartet ist wie das zwischen zwei privaten Grundstückseigentümern oder das eines privaten Gewerbetreibenden." Am klarsten kommt die damit angesprochene Kritik bei *Jahn* zum Ausdruck, wenn er zur Verkehrssicherungspflicht von Hoheitsträgern ausführt, die Begründung des Bundesge-

---

35 BGH in JZ 1968, 64 ff.

36 *Rudolf*, Polizei gegen Hoheitsträger, S. 20 mit Fußn. 47; vgl. auch die Glosse von *Meister* in JZ 1969, 749 ff.

37 BGH in DVBl. 1965, 157 f.; BGH in WPM 1964, 514 Nr. 18.

38 BayVGH in BayVBl. 1965, 390 ff.

39 BGH in DVBl. 1968, 148 ff.

40 BGHZ 41, 264 ff.

41 Rechtsschutz gegen Immissionen, S. 89, Fußn. 30 (noch zu S. 88); in DVBl. 1968, 150 (unter 2 b).

42 BGH in JZ 1965, 313 f.

43 In JZ 1965, 315.

richtshofes lege die Vermutung nahe, „daß er die allein erhebliche Frage, ob die Hoheitspersonen der Verkehrssicherungspflicht in ihrer Eigenschaft als Träger hoheitlicher Gewalt oder als Fiskus nachkommen, mit der Frage des *Mittels* der Erfüllung öffentlicher Aufgaben verwechselt ... (Zur Verkehrssicherung) verpflichtet ist und bleibt die zuständige Hoheitsperson, gleichgültig ob sie durch eigene Organe tätig wird oder einen diesbezüglichen Werkvertrag mit einem Dritten schließt. Wenn sich eine Hoheitsperson zur Erfüllung der Verkehrssicherungspflicht eines privaten Unternehmers bedient, wird sie deshalb nicht selbst zur Privatperson! Nur dem Unternehmer gegenüber tritt sie in dieser Eigenschaft auf. Auch soweit private Unternehmer als Verrichtungsgehilfen der verkehrssicherungspflichtigen Hoheitsperson tätig werden, ist also die Erfüllung der Verkehrssicherungspflicht eine Obliegenheit der hoheitlichen Verwaltung“[44]. Die von Jahn kritisierte Auffassung zeigt sich deutlich in einer Entscheidung des Bundesgerichtshofs vom 15. 7. 1967. Zu der Frage, ob Immissionen beim Autobahnbau dem Staat als Fiskus zuzurechnen seien, heißt es dort, es spreche „der Umstand, daß die beklagte Bundesrepublik die Bauarbeiten durch die Privatfirma K. (aufgrund privatrechtlichen Vertrages) ausführen ließ, dafür, daß die Bauarbeiten selbst ausschließlich im Rahmen privatwirtschaftlicher Tätigkeit (erg.: des Staates) durchgeführt wurden“[45]. Eine solche Betrachtungsweise zeigt sich auch in einer Entscheidung des Oberlandesgerichts München, in der das Gericht eine Wettbewerbsklage der Zeitungsunternehmer gegen das Werbefernsehen zuließ; denn der Rundfunk handele zwar hoheitlich, bei Werbesendungen sei er jedoch aufgrund der privatrechtlichen Verträge mit den werbenden Unternehmen Subjekt des Privatrechts[46]. In einem vergleichbaren Fall hat das Oberlandesgericht Stuttgart den ordentlichen Rechtsweg für zulässig erklärt: Eine Kreisverwaltung hatte im Gebäude der Kraftfahrzeugzulassungsstelle Räume an einen Kraftfahrzeugschilderhersteller vermietet. Für die Klage des Konkurrenten ist nach der Auffassung des Gerichts der ordentliche Rechtsweg deshalb gegeben, weil zwischen dem Landkreis und dem Mieter ein privatrechtliches Rechtsverhältnis besteht[47]. In einer Entscheidung zum Abschleppen nicht verkehrssicherer Fahrzeuge führt das Oberlandesgericht Nürnberg zwar ganz im Sinne Jahns aus: „Daß sich die Polizei bei Ausübung des unmittelbaren Zwangs eines privaten Unternehmers bedient, nimmt dem Eingriff selbst nicht den Charakter eines Hoheitsakts.“ Trotzdem entfiel im Ergebnis eine Haftung aus Art 34 GG, weil

---

44 In JuS 1965, 165 (167 f.).

45 BGH in JZ 1968, 64 (65 l. Sp.).

46 OLG München in NJW 1958, 1298 (1299); ablehnend *Wolfgang Siebert* in DÖV 1959, 733 (735).

47 OLG Stuttgart in MDR 1970, 338 f.

sich die Polizei eines privaten Abschleppunternehmens bediente, mit dem sie einen Werkvertrag geschlossen hatte[48].

2. Rechtliche Wertung der Differenzierung nach Drittbeziehungen

Der Mangel der in diesen Entscheidungen zum Ausdruck kommenden Auffassung liegt darin, daß nicht die jeweils in Frage stehenden Rechtsverhältnisse untersucht werden, sondern der Komplex, in dem sie stehen[49]. Aus der Ausgestaltung bestimmter Rechtsverhältnisse zu Rechtspersonen, die *nicht* durch Immissionen gestört werden, die *keinen* Schaden erlitten haben, wird auf die Rechtsnatur des Abwehr- und des Schadensersatzanspruches geschlossen. Das bedeutet, daß man die (privatrechtliche) Zurechnungssubjektivität einzelner (eindeutig privatrechtlicher) Rechtsverhältnisse aus diesen Rechtsverhältnissen herauslöst und verselbständigt. Diese verselbständigte Zurechnungssubjektivität wird sodann als bestimmend für alle anderen Rechtsverhältnisse angesehen, die in irgendeinem Zusammenhang zu den privatrechtlichen Rechtsverhältnissen stehen.

Für dieses Vorgehen gibt es nur eine Erklärung: Es wird nicht so angesehen, daß der Hoheitsträger *als* Hoheitsträger Partei in privatrechtlichen Rechtsverhältnissen ist — er konstituiert sich vielmehr mit der privatrechtlichen Ausgestaltung bestimmter Rechtsverhältnisse als eine Rechtsperson des Privatrechts. Gestaltet er die Benutzung einer Einrichtung privatrechtlich, so verwaltet er diese als juristische Person des Privatrechts. Immissionen, die von dieser Einrichtung ausgehen, können deshalb nach den Grundsätzen des zivilrechtlichen Nachbarrechts abgewehrt werden; die Polizei nimmt nicht den Hoheitsträger in Anspruch, sondern die Rechtsperson des Privatrechts. Da diese nicht mit dem Hoheitsträger identisch ist, gelten auch nicht die Argumente aus der Behördenhierarchie, mit denen die Möglichkeit polizeilicher Verfügungen gegen Hoheitsträger abgelehnt wird. Die Unterscheidung zwischen Fiskus und Hoheitsträger, wie sie die erwähnte Rechtsprechung vertritt, erweist sich somit als eine Fortführung der alten Fiskustheorie, nach welcher der privatrechtlich handelnde Staat als eine besondere Rechtsperson des Privatrechts angesehen wurde[50]. Daß diese Auffassung, die in abstracto vor mehr als 150 Jahren aufgegeben wurde, nicht haltbar ist, braucht hier nicht mehr dargelegt zu werden[51].

---

48 OLG Nürnberg in JZ 1967, 61 (62) mit ablehnender Anmerkung von *Medicus* in JZ 1967, 63 (64).

49 Gegen eine Entscheidung „aus Gesichtspunkten ..., die ein anderes Rechtsverhältnis regeln" in anderem Zusammenhang auch *Schönfelder*, Polizeiliche Eingriffe gegen Hoheitsträger, S. 14 f., S. 38 f.

50 C I 1.

51 Dazu C I 2.

Verbal wird die alte Fiskustheorie natürlich stets abgelehnt. Daß die der herrschenden Meinung folgende Differenzierung in Fiskal- und Hoheitsbereich auch heute noch von der eigenen Rechtspersönlichkeit des Fiskus ausgeht[52], ist aber gerade im Bereich des Polizeirechts augenfällig: Die Ablehnung polizeilicher Inanspruchnahme im Hoheitsbereich wird, wie erwähnt, ausdrücklich damit begründet, daß das polizeiliche Vorgehen dem „Außenverhältnis", dem „Spannungsverhältnis zwischen dem Staat und dem Bürger" angehöre[53]. Ein „Außenverhältnis" gibt es aber beispielsweise zwischen zwei Landesbehörden nicht, weil beide dem gleichen Hoheitsträger „Land" zugeordnet sind; die Möglichkeit von Verfügungen gegen fiskalisch handelnde Hoheitsträger setzt demzufolge mit der Annahme eines Außenverhältnisses die Konstruktion eines besonderen Rechtssubjekts „Fiskus" voraus[54], [55].

Die oben[56] erwähnten kritischen Stimmen der neueren Literatur zur Differenzierung von Fiskus und Hoheitsträger haben den Versuch einer systematischen Einordnung des erkannten Mangels (Abstellen auf Drittbeziehungen) nicht unternommen, sondern darin den Fehler einer im Grunde richtigen, lediglich im einzelnen verbesserungsbedürftigen Auffassung gesehen. Das macht es verständlich, warum *Ule* und *Fittschen* unter anderen Vorzeichen der von ihnen selbst kritisierten Argumentationsweise der Rechtsprechung folgen: Während die Rechtsprechung von der Tatsache, daß die Ursache einer Störung im Zusammenhang mit privatrechtlichen Rechtsverhältnissen steht, auf die Möglichkeit eines privatrechtlichen Unterlassungsanspruchs und polizeilichen

---

52 Dazu allgemein *Mallmann* in VVDStRL 19, 165 (197 f.).

53 B I mit Fußn. 2, C pr. ab Fußn. 2.

54 Wie hier im Ergebnis *Schönfelder*, Polizeiliche Eingriffe gegen Hoheitsträger, S. 21.

55 Das Weiterwirken der alten Fiskustheorie wird auch in einem Urteil des Bayerischen Verwaltungsgerichtshofes vom 20. 3. 1963 deutlich — in DÖV 1963, 585 ff.; Nachweise der überwiegend zustimmenden Stellungnahmen zu diesem Urteil bei *Kisker*, Insichprozeß, S. 15 mit Fußn. 20; ähnlich OVG Rheinland-Pfalz in DÖV 1970, 351 f. Dem Land Bayern als Fiskus wird es in dieser Entscheidung gestattet, gegen das Land Bayern als (enteignenden) Hoheitsträger gerichtlich vorzugehen. Eine auf ausdrückliche Regelungen gegründete Möglichkeit der gerichtlichen Entscheidung von Streitigkeiten zwischen den beteiligten Behörden kam in casu nicht in Betracht. Das Gericht begründet die Zulässigkeit einer Klage damit, daß „unbeschadet der einheitlichen Rechtspersönlichkeit des Staates grundsätzlich dem Fiskus als dem Staat in seiner Eigenschaft als Privatrechtssubjekt auch gegenüber dem Staat als Hoheitsträger alle Rechte und Pflichten zustehen, die jeder anderen natürlichen oder juristischen Person zukommen" — in DÖV 1963, 585 (586) —. Daß der Staat allein aufgrund seiner Eigenschaft als Fiskus gegenüber dem Staat als Hoheitsträger Rechte der gleichen Art habe, wie sie im Verhältnis zwischen Staat und Bürger wirken — vgl. auch BVerfGE 21, 362 ff.; 23, 12 ff. —, bedeutet aber trotz verbaler Ablehnung in Wahrheit die Annahme eines besonderen Rechtssubjekts „Fiskus".

56 C II 1.

Einschreitens schließt, betonen Ule und Fittschen, daß dann, wenn die Beeinträchtigung des Eigentums von einem hoheitlichen Verhalten eines Trägers öffentlicher Gewalt ausgehe, nur ein öffentlich-rechtliches Rechtsverhältnis vorliegen könne[57]. Die „Subordination", die nach Ansicht von Ule und Fittschen dieses hoheitliche Verhalten kennzeichnet, besteht aber ebenfalls immer nur in bestimmten Rechtsverhältnissen. der *Soldat* ist dem Offizier Gehorsam schuldig und nicht der gestörte *Nachbar*. Der Auffassung von Ule und Fittschen liegt also auch ein Schluß von Drittbeziehungen auf die Beziehung zum Gestörten (oder zur Verursachung der polizeilichen Gefahr) zugrunde. Weshalb privatrechtliche Beziehungen zu Dritten für die Kennzeichnung der Tätigkeit eines Hoheitsträgers nicht ausschlaggebend sein sollen, wohl aber hoheitliche Beziehungen zu Dritten, haben Ule und Fittschen nicht begründet.

Auch eine Betrachtung des gesamten Komplexes, in dessen Zusammenhang eine Störung verursacht wird, führt nicht weiter. Sie muß ebenfalls auf die Rechtsqualität von anderen als den durch die Störung hervorgebrachten Rechtsverhältnissen abstellen: wird ein Freibad als „Anstalt" betrieben, so liegt zweifellos ein öffentlicher „Komplex" vor; der Gegensatz zum privatrechtlich betriebenen Freibad macht aber deutlich, daß dieser Unterschied sich gerade auf das Rechtsverhältnis zu den *Benutzern* bezieht.

3. Die Begriffe „hoheitlich" und „fiskalisch" als Kennzeichnung individueller Rechtsverhältnisse

Geht von einem Freibad, dessen Benutzung ein Hoheitsträger hoheitlich geordnet hat, eine Störung aus (z. B. schädliche Abwässer), so ist diese Störung in ihrer tatsächlichen Erscheinung um nichts anders, als wenn das Bad — sei es von einem Hoheitsträger oder von einer Rechtsperson des Privatrechts — privatrechtlich betrieben wird[58]. Man muß sich deshalb fragen, welche unterschiedlichen Tatsachen überhaupt eine voneinander abweichende Beurteilung beider Sachverhalte ermöglichen. Berücksichtigt man nur diejenigen Tatsachen, auf denen die polizeiliche Verantwortlichkeit des Störers allein beruhen kann, nämlich die Störung selbst und ihre Verursachung, so liegt der einzig denkbare Unterschied in der öffentlich-rechtlichen oder privatrechtlichen Rechtspersönlichkeit des Verursachers und den infolgedessen mög-

---

[57] In JZ 1965, 315.

[58] Auch *Kisker* weist darauf hin, es sei „für den Grad der Gefährdung der Benutzer eines Bauwerks, bei dessen Errichtung die Regeln der Baustatik außer acht gelassen wurden, ... eben gleichgültig, ob es sich bei diesem Bauwerk um ein privates Mietshaus oder um eine Kaserne handelt" — Insichprozeß, S. 48; s. schon oben A I 3 a. E.

licherweise bestehenden Besonderheiten seiner Rechtsunterworfenheit (beispielsweise der Grundrechtsbindung). Nur darauf kann deshalb auch abgestellt werden, wenn die Rechtsnatur dieses Rechtsverhältnisses beurteilt werden soll. Die Kennzeichnung als „öffentlich-rechtlich" kommt demgemäß grundsätzlich jedem Rechtsverhältnis zu, an dem ein Hoheitsträger beteiligt ist. Privatrechtlich ist ein solches Rechtsverhältnis nur dann, wenn ein auf dieses individuelle Rechtsverhältnis bezogenes Merkmal hinzukommt, das seinerseits eine Abweichung von diesem Grundsatz ermöglicht. In Betracht kommt vor allem, daß die Normenordnung für bestimmte Vorgänge nur solche Rechtsverhältnisse anerkennt, wie sie auch im Verhältnis der Bürger zueinander bestehen (z. B. Arbeitsverhältnisse im Gegensatz zu den an den Einsatz hoheitlicher Mittel gebundenen Beamtenverhältnissen; Kaufverhältnisse im Gegensatz zu den nur unter eingeschränkten Voraussetzungen möglichen Zwangsleistungsverhältnissen). Der Hoheitsträger handelt also privatrechtlich, wenn er zur Bedarfsdeckung Waren erwirbt und den Kaufpreis bezahlt, aber auch nur im Rahmen *dieses* Rechtsverhältnisses. Die Haftung für einen Unfallschaden des Einkäufers kann hingegen keine andere sein, als wenn er zur Vornahme einer Vollstreckung führe[59]; denn das Rechtsverhältnis zu dem Unfallgeschädigten hat mit dem real abgegrenzten Sachverhalt des Kaufverhältnisses nichts zu tun.

Es hieße nun eine falche Alternative wählen, wenn jede nicht privatrechtliche staatliche Tätigkeit als „hoheitlich" qualifiziert würde. So wenig der Einkäufer im genannten Beispiel einen Unfall „privatrechtlich" verursacht, verursachen ihn der Straßenmeister oder der Vollstreckungsbeamte bei einer Dienstfahrt „hoheitlich". „Hoheitliche" und „privatrechtliche" Rechtsverhältnisse sind nur Mittel, die der Hoheitsträger zur Verwirklichung des von ihm verwalteten Staatszwecks benutzt; ihr Einsatz beruht auf der Willensentscheidung von Organwaltern dieses Hoheitsträgers. Stets aber wird das Handeln diesem bestimmten, öffentlich-rechtlich organisierten Hoheitsträger zugerechnet[60]. Er hat lediglich in Bezug auf die Voraussetzungen und Rechtsfolgen bestimmter Rechtsverhältnisse die gleiche Rechtsstellung, wie sie ein Privater auch haben würde[61]. Mit diesen Überlegungen läßt sich die jeweilige Einordnung der Rechtsverhältnisse von Hoheitsträgern befriedigend vornehmen. Die Konstruktion eines „Fiskus", jenes „mythischen Doppelgängers des Staates"[62] ist deshalb auch in der Redeweise vom

---

[59] Anders die Rechtsprechung; BGHZ 21, 48 (51); BGH in NJW 1962, 796 f.; BAG in NJW 1964, 75 (76 unter II 5).

[60] Wie hier *Schönfelder*, Polizeiliche Eingriffe gegen Hoheitsträger, S. 24.

[61] Vgl. bereits *Otto Mayer*, Verwaltungsrecht I, S. 116.

[62] *Otto Mayer*, Verwaltungsrecht I, S. 121.

„Staat als Privatrechtssubjekt" überflüssig und — weil mißverständlich — nach Möglichkeit zu vermeiden.

III. Meinungsstand und Ergebnis zur Unterscheidung von fiskalischem und hoheitlichem Bereich bei polizeirechtlichen Rechtsverhältnissen

Für die Frage der Polizeipflicht von Hoheitsträgern ist die Gegenstandslosigkeit der Unterscheidung von fiskalischem und hoheitlichem Handeln im Laufe der letzten Jahre zur herrschenden Meinung geworden[63].

1. Grundsätzliche Unterscheidung

In neuerer Zeit haben sich *für* eine grundsätzliche Unterscheidung von hoheitlichem und fiskalischem Handeln bei der Festlegung des Umfangs der Polizeipflicht von Hoheitsträgern nur *Böhm* und *Kölble* ausgesprochen. Während Böhm ohne jede Begründung — in Auseinandersetzung mit *Dörge*[64] — an der überkommenen Unterscheidung festhält[65], erkennt Kölble zwar, daß die „Unterscheidungsmerkmale zwischen hoheitlicher und fiskalischer Betätigung dem Beziehungsverhältnis Staat — Bürger entstammen und daran entwickelt worden sind, also nicht schlechthin auch für die Bund-Länder-Relation maßgebend zu sein brauchten", hält aber letztlich doch eine solche Unterscheidung im Verhältnis von Hoheitsträgern untereinander für richtig, weil jede andere Auffassung „zu einer zu weitgehenden Exemption der Bundesverwaltung von der Staatsverwaltung der Länder führen" könnte[66]. Dieser Einwand ist freilich nur richtig, wenn man mit Kölble eine Bindung des Bundes als Hoheitsträger an materielles Landesrecht ablehnt[67]. Da diese Frage noch zu erörtern sein wird, bedarf es einer gesonderten Auseinandersetzung mit dem Einwand Kölbles an dieser Stelle nicht.

---

[63] Schon *Otto Mayer* gab diese Unterscheidung für die Polizeipflicht zwar nicht ausdrücklich auf, stellte sie aber mit unverkennbar spöttischer Distanz dar. Einer zitierten Äußerung von Anschütz, wonach die obrigkeitlichen Anordnungen sich nur gegen den Staat in seiner Eigenschaft als Privatrechtssubjekt, als „Fiskus", richten könne, hält Otto Mayer entgegen, „Privatrechtssubjekt" sei ungenau. „Aber daß es immer nur der Fiskus ist, gegen den sich die Maßregel alsdann richtet, ist deshalb ‚allgemein richtig', weil man einfach jedesmal, wenn man annehmen will, daß die Polizei so vorgehen dürfe, dem Staat den Namen Fiskus zubilligt. Es gibt Feinheiten der juristischen Sprechweise, hinter denen gar nicht so viel steckt." — Verwaltungsrecht I, S. 120, Fußn. 14 (noch zu S. 119).

[64] Zu *Dörge* vgl. C III 2.

[65] In DÖV 1962, 257 (258).

[66] *Kölble* in DÖV 1962, 661 (663 l. Sp.).

[67] Dazu *Reigl* in DÖV 1967, 397 (398, Fußn. 28).

2. Ablehnung der Unterscheidung hinsichtlich der „materiellen Polizeipflicht"

Die eingangs getroffene Feststellung, daß die demgegenüber herrschende Meinung bei der Polizeipflicht von Hoheitsträgern heute eine Unterscheidung von fiskalischem und hoheitlichem Handeln ablehnt, ist nur unter Einschränkungen richtig. Diese Ablehnung erfolgt nämlich in unterschiedlichem Umfang und aus verschiedenen Gründen.

Als erster wandte sich *Werner Weber* in seinem Gutachten zum Hannoverschen Lärmprozeß von der überkommenen Auffassung ab. Er trennt in diesem Gutachten zunächst die „materielle Polizeipflicht" von der polizeilichen Verfügungsbefugnis[68] und lehnt dann eine Unterscheidung zwischen fiskalischem und hoheitlichem Bereich für die Frage der materiellen Bindung ab; denn „wenn schon Privatpersonen sub titulo ‚Polizeipflicht' eine Verantwortlichkeit für die ungestörte öffentliche Sicherheit und Ordnung auferlegt wird, so sind Behörden, öffentliche Körperschaften und öffentliche Anstalten erst recht gehalten, ihre Tätigkeit so einzurichten, daß Störungen ... vermieden werden"[69]. Den Erlaß von Geboten und Verboten durch die Polizeibehörden erachtet er aber nach wie vor nur bei fiskalischer Betätigung für zulässig[70] und führt damit die Unterscheidung in fiskalisches und hoheitliches Handeln doch fort, ohne zu bedenken, ob diese Unterscheidung sinnvoll ist. Demgegenüber setzt sich *Dörge* im Zusammenhang der Polizeipflicht von Hoheitsträgern als erster ausdrücklich mit der *Brauchbarkeit* der Unterscheidung zwischen fiskalischem und hoheitlichem Bereich auseinander, läßt die Entscheidung aber — bei deutlicher Tendenz zur Ablehnung — dahingestellt sein[71]. Für die Frage des Vorgehens von Behörden gegeneinander will Dörge es im Ergebnis — wie schon Werner Weber — bei der herkömmlichen Unterscheidung belassen[72].

Auch das Bundesverwaltungsgericht betont zur Frage der materiellen Bindung ausdrücklich, daß es dafür gleichgültig sei, ob der Hoheitsträger hoheitlich oder fiskalisch handele[73]. Hinsichtlich der Möglichkeit von Anordnungen liegt zumindest in den Formulierungen eine Abweichung von der bisherigen Auffassung insoweit vor, als nicht mehr schematisch danach entschieden wird, ob fiskalische oder hoheitliche Tätigkeit berührt wird. Anordnungen sollen dann unzulässig sein, wenn sie

---

68 Die nach der hier vertretenen Auffassung allerdings nicht durchführbar ist, s. oben B IV, insbes. B IV 3 c) ab Fußn. 244.

69 In APF 1958, 65 (66); s. auch oben A I 2 mit Fußn. 8 und 9.

70 In APF 1958, 65 (66), ebenso *R. Schmidt* in APF 1958, 70 (71).

71 In DÖV 1961, 527 (528 mit Fußn. 13); ablehnend gegenüber der darin enthaltenen Kritk *Böhm* in DÖV 1962, 257 (258).

72 In DÖV 1961, 527 (529).

73 BVerwGE 29, 52 (58).

„in die der anderen Hoheitsverwaltung zustehende Tätigkeit" eingreifen; nicht ausgeschlossen seien hingegen „Einwirkungen, welche ihre Tätigkeit unberührt lassen"[74].

3. Grundsätzlich keine Unterscheidung; eigene Ansicht

Eine weitgehende Abwendung von dieser unterschiedlichen Behandlung der „materiellen Polizeipflicht" und der polizeilichen Verfügungsbefugnis liegt den Auffassungen von *Scholz* und *Rudolf* zugrunde. Der Gesichtspunkt fiskalischen oder hoheitlichen Handelns wird sowohl für die materielle Bindung als auch für die Möglichkeit von Anordnungen als untaugliches Unterscheidungskriterium zurückgewiesen. Nach Ansicht von Scholz ist es „nicht angängig, zwar verwaltungsprivatrechtliche Veranstaltungen für polizeipflichtig zu erklären, öffentlich-rechtlich organisierte dagegen nicht. Denn angesichts des Grundsatzes von der Formenfreiheit der öffentlichen Verwaltung würde man hiermit sachlich gleichgelagerte Tatbestände rechtlich unterschiedlich behandeln"[75]. Rudolf lehnt es aus Gründen der Gleichbehandlung gleicher Sachverhalte ab, für die Frage der Zulässigkeit polizeilichen Einschreitens gegen Hoheitsträger zwischen fiskalischer und hoheitlicher Verwaltung zu unterscheiden. Letztlich sei auch die Zuordnung zum fiskalischen und zum hoheitlichen Bereich angesichts der Ausweitung der Verwaltungstätigkeit auf früher ausschließlich gesellschaftliche Bereiche nicht mehr eindeutig durchführbar[76]. Eine Einschränkung der Möglichkeit polizeilichen Einschreitens besteht für Rudolf allerdings insoweit, als er dieses Vorgehen auf die Bekämpfung derjenigen Gefahren beschränken will, die über den örtlichen Bereich eines Hoheitsträgers hinauswirken[77]; *Scholz* hingegen differenziert danach, ob eine polizeiliche Maßnahme gegenüber dem betroffenen Hoheitsträger nur kompetenzmodifizierend (zulässig) oder kompetenznegierend (unzulässig) wirkt[78].

Schönfelder, nach dessen Auffassung der Umfang der materiellen Bindung durch das Polizeirecht mit der Möglichkeit zum Erlaß von Polizeiverfügungen übereinstimmt[79], lehnt ebenfalls eine Unterscheidung von hoheitlichem und fiskalischem Handeln bei der Feststellung der

---

74 BVerwGE 29, 52 (59); dazu A II ab Fußn. 22; der Bundesgerichtshof hat sich zur Frage der materiellen Bindung nicht geäußert, setzt diese aber offenbar ohne Unterscheidung zwischen hoheitlichem und fiskalischem Handeln voraus, im Hinblick auf polizeiliche Anordnungen bleibt er grundsätzlich bei der Unterscheidung von hoheitlichem und fiskalischem Handeln — BGHZ 55, 21 (25 f.); dazu A II mit Fußn. 28.

75 In DVBl. 1968, 732 (737, Fußn. 79).

76 Polizei gegen Hoheitsträger, S. 19 ff., S. 28 f.

77 Polizei gegen Hoheitsträger, S. 27.

78 In DVBl. 1968, 732 (738); in DVBl. 1969, 116.

79 Polizeiliche Eingriffe gegen Hoheitsträger, S. 31 f.

Polizeipflicht von Hoheitsträgern ab[80]. Keinerlei Bedeutung hat die Unterscheidung von fiskalischem und hoheitlichem Handeln eines Hoheitsträgers für das Verhältnis zu anderen Hoheitsträgern schließlich auch bei *Reigl*[81]. Nach seiner Ansicht ist die Unterscheidung zwischen privatrechtlicher Betätigung eines Hoheitsträgers und der Ausübung hoheitlicher Gewalt allein aus dem Verhältnis zum Staatsbürger abzuleiten und deshalb auch nur in diesem Verhältnis von Bedeutung: „Diese Unterscheidung bezieht sich ... auf den Rechtskreis Staat — Bürger ... Zwar ist für die Frage, welche Normen eine Behörde beim Verkehr mit dem Staatsbürger anzuwenden hat, die Natur des Rechtsverhältnisses zum Bürger durchaus bedeutungsvoll, weil z. B. für einen Kaufvertrag die Bestimmungen über Verwaltungsakte nicht gelten können, wie umgekehrt bei Erteilung einer Baugenehmigung die bürgerlich-rechtlichen Vorschriften über Rechtsgeschäfte außer Betracht zu bleiben haben ... Dagegen kann diese Unterscheidung — weil sie sich nur auf das Verhältnis zwischen Staat und Bürger bezieht — nichts darüber aussagen, ob die Verwaltung bei der Erfüllung ihrer Aufgaben ihrerseits gewisse Normen beachten muß ... Denn die Frage, ob etwa die Bundespost beim Bau einer Telegraphenleitung das Naturschutzrecht oder ob die Bundesbahn bei der Lagerung von Öl das Wasserrecht zu beachten haben ... hat mit dem Problem, ob Bundesbahn und Bundespost ihre Einrichtungen gegenüber dem Bürger hoheitlich oder privatrechtlich betreiben, nichts zu tun[82, 83]."

Diesen Ausführungen ist vom hier vertretenen Standpunkt aus nichts hinzuzufügen. Die Darlegungen Reigls machen deutlich, daß die Annahme einer Polizeipflicht des Fiskus *stets* auf Drittbeziehungen abstellt; die Möglichkeit einer derartigen Qualifizierung von Rechtsverhältnissen nach Drittbeziehungen wurde aber bereits oben[84] verneint. Aufgrund der Argumentation Reigls wird auch deutlich, daß der Ausschluß der Differenzierung nicht nur für eine (hier ohnehin abgelehnte)

---

80 Polizeiliche Eingriffe gegen Hoheitsträger, S. 19 ff., insbes. S. 26.

81 In DÖV 1967, 397 ff.

82 *Reigl* in DÖV 1967, 397 (398).

83 Ähnlich wie *Reigl* sieht auch *Kisker*, daß die fiskalischen Beziehungen eines Hoheitsträgers zum Bürger grundsätzlich nichts darüber aussagen, ob ein nach außen hin fiskalisch agierendes Organ im Verhältnis zu seiner eigenen, auf diese Tätigkeit hoheitlich einwirkenden Korporation die Rechtsstellung eines Bürgers habe — Insichprozeß, S. 50 f. Kisker transponiert allerdings auf dem Weg über das Postulat der Chancengleichheit von Fiskus und Bürger die zivilrechtliche Rechtsnatur fiskalischer Vorgänge dann doch auf das Innenverhältnis — Insichprozeß, S. 51 f. Mit der Richtigkeit der herkömmlichen Unterscheidung von Fiskus und Hoheitsträger setzt sich Kisker nicht auseinander, er setzt sie — trotz seiner Bezugnahme auf Rudolf — Insichprozeß, S. 47 mit Fußn. 126; S. 48 mit Fußn. 128 — als selbstverständlich voraus.

84 C II 3.

„materielle Polizeipflicht" gelten kann, sondern gleichermaßen für die Möglichkeit polizeibehördlichen Einschreitens.

Für die Aufspaltung eines störenden Hoheitsträgers in verselbständigte Funktionen mit der Folge unterschiedlicher polizeilicher Eingriffsmöglichkeiten bleibt nach alledem kein Raum; Objekt polizeilicher Rechtsbindung und polizeilichen Einschreitens ist immer der störende Hoheitsträger und nicht seine fiskalische oder hoheitliche Seite. Demzufolge kommt auch nur eine einheitliche Betrachtung der Möglichkeit polizeilichen Vorgehens gegen Hoheitsträger in Betracht.

D. Der Erlaß von Polizeiverfügungen gegen Hoheitsträger (allgemein)

Mit der Erkenntnis, daß die Differenzierung zwischen hoheitlichem und fiskalischem Handeln für die Frage eines Einschreitens der Polizeibehörden nicht von Bedeutung sein kann, bleibt kein Raum mehr für die überkommene Zwischenlösung der Polizeipflicht von Hoheitsträgern, nach der wenigstens gegen den Fiskus der Erlaß polizeilicher Verfügungen möglich war. Will man mit der nach wie vor herrschenden Meinung weiterhin der Rechtsprechung des Preußischen Oberverwaltungsgerichts[1] folgen, so scheint damit die Möglichkeit von polizeilichen Verfügungen gegen Hoheitsträger gänzlich ausgeschlossen zu sein. Eine schematische Übertragung der Rechtsprechungsgrundsätze des Preußischen Oberverwaltungsgerichts auf das geltende Recht kann jedoch die Überlegungen verfälschen, die dieser Rechtsprechung zu Grunde lagen. Zum einen würde — nach Ablehnung der Möglichkeit polizeilichen Vorgehens gegen den Fiskus — nur ein Teil dieser Rechtsprechungsgrundsätze übernommen; zum anderen haben sich auch die rechtlichen Zusammenhänge verändert, in denen diese Grundsätze entwickelt wurden.

Das Preußische Oberverwaltungsgericht schloß die Möglichkeit zum Erlaß polizeilicher Anordnungen gegen Hoheitsträger mit der Begründung aus, daß die Befugnisse der Polizei ein Über-Unterordnungsverhältnis voraussetzten und deshalb nur im Falle einer „Kollision der Freiheit des einzelnen Rechtssubjekts im bürgerlichen Verkehre mit dem öffentlichen Interesse"[2] gegeben seien; beim Vorgehen einer Polizeibehörde gegen einen anderen Hoheitsträger fehlte diese Voraussetzung; es handelte sich dann „um eine Kollision verschiedener öffentlicher Interessen"[3]. Die Wahrung polizeilicher Belange war freilich durch die kollidierenden öffentlichen Interessen keineswegs völlig ausgeschlossen. Es ging dem Gericht vielmehr — im Gegensatz zu der rigiden Gegenüberstellung von bürgerlichem Verkehr und öffentlichem Interesse — „um den *Ausgleich* (verschiedener öffentlicher Interessen)"[4], der nicht hätte stattfinden können, wenn einer der beteiligten

[1] A II, B I.

[2] PrOVGE 2, 399 (408 f.), s. oben C I pr.

[3] PrOVGE 2, 399 (405).

[4] PrOVGE 2, 399 (405).

Träger öffentlicher Interessen mit Befehlsbefugnissen gegenüber dem anderen ausgestattet gewesen wäre. Dieser Überlegung liegt eine Gleichsetzung der kollidierenden öffentlichen Interessen mit dem Handeln der Träger dieser Interessen zu Grunde. In der Tat bestand, als die grundlegende Entscheidung des Preußischen Oberverwaltungsgerichts zu dieser Frage — PrOVGE 2,399 ff. — erging, das Polizei„recht" in Preußen allein in einer materiell nicht näher festgelegten Anordnungsbefugnis bestimmter Behörden[5]; die polizeiliche Anordnung selbst setzte die Maßstäbe des „Polizeigemäßen". Hätte man eine Anordnungsbefugnis derart normativ ungebundener Behörden gegen andere Hoheitsträger anerkannt, so wäre damit der gesamte Behördenaufbau in Frage gestellt worden[6].

Auch nachdem im „Kreuzbergurteil" der Begriff des Polizeilichen endgültig eingeschränkt wurde und durch beständige Einengung und Fortentwicklung seitens der Rechtsprechung materielle Konturen erhielt[7], sah man in der Polizeiverfügung nach wie vor nicht so sehr den Vollzugsakt einer gesetzlich vorgeprägten Pflicht, sondern vornehmlich einen Vorgang der Rechtserzeugung[8]. Demgemäß stand bei der Wahrung der öffentlichen Interessen auf dem Gebiet der Gefahrenabwehr weiterhin die polizeiliche Anordnung im Vordergrund. War der Polizeibehörde gegenüber anderen Hoheitsträgern der Weg zum Erlaß einer solchen Anordnung verschlossen, so konnte die Kollision polizeilicher mit anderen öffentlichen Interessen im Streitfall nur von der gemeinsamen höheren Behörde gelöst werden[9]. Die kollidierenden öffentlichen Interessen waren also solange gleichrangig, wie sich die Träger dieser Interessen nicht in einem Über-Unterordnungsverhältnis gegenüberstanden.

Die „Rangordnung" der kollidierenden öffentlichen Interessen hat sich jedoch als Folge der Rechtsentwicklung verändert. Die Polizeiverfügung setzt selbst nicht mehr die Maßstäbe des „Polizeigemäßen". Die polizeilichen Anordnungen sind vielmehr — die Verfassungsmäßigkeit der polizeirechtlichen Regelungen unterstellt — als Vollzugsakte auf gesetzliche Normierungen rückführbar. Damit wird den polizeilichen Interessen, soweit der Geltungsanspruch der Polizeirechtsnorm reicht, der Vorrang gesetzlich konkretisierter öffentlicher Interessen[10] eingeräumt. Zugleich hat sich auch die Beurteilung der rechtlichen Bindung des Staates gewandelt; dem Recht unterworfen ist nicht mehr nur der „Fis-

---

[5] B II 3 c), insbes. mit Fußn. 67 und 68, B II 4 b) bb) α).

[6] B I mit Fußn. 2.

[7] B II 3 c).

[8] B IV 2.

[9] Vgl. *Häberle*, Öffentliches Interesse, S. 249.

[10] *Häberle*, Öffentliches Interesse, S. 248 mit Fußn. 14.

kus" — den das Preußische Oberverwaltungsgericht ja als geeignetes Objekt polizeilichen Vorgehens ansah —, sondern kraft ausdrücklicher Bestimmung des Grundgesetzes (Art. 20 III GG) jedes staatliche Handeln[11]. Wenn sich aber die Wirkung der Polizeiverfügungen im Vollzug gesetzlicher Normierungen erschöpft und die Bindung von Hoheitsträgern an die Gesetze anerkannt wird, so ist kein Grund dafür ersichtlich, mit der herrschenden Meinung[12] die Möglichkeit des Erlasses von Polizeiverfügungen gegen Hoheitsträger abzulehnen[13]. Nur wenn die Pflicht zur Befolgung einer Verfügung Besonderheiten zeigt, die nicht für die Unterworfenheit unter eine Norm gelten, ist eine solche unterschiedliche Betrachtungsweise zu rechtfertigen.

I. Die Funktionsweise von Verfügungen

Polizeiverfügungen sind belastende Verwaltungsakte. Was für Verwaltungsakte gilt, gilt dementsprechend auch für polizeiliche Verfügungen. Die übliche Definition eines Verwaltungsakts als Maßnahme einer Verwaltungsbehörde zur (einseitigen) Regelung eines Einzelfalls auf dem Gebiet des öffentlichen Rechts ist für eine Untersuchung der Möglichkeit von Polizeiverfügungen gegen Hoheitsträger allerdings nicht ausreichend genau. Auf die Lückenhaftigkeit der herkömmlichen Definition des Verwaltungsakts hat *Joachim Martens* hingewiesen[14]: Es fehlt in ihr eine Umschreibung der allgemein anerkannten Wirkung, die in verschiedenen Umschreibungen als „Selbstbezeugung der Rechtmäßigkeit"[15] oder „Vermutung der Gesetzlichkeit"[16], in der neueren Literatur als „potentielle Verbindlichkeit"[17], „Verbindlichkeit vorbehaltlich richterlicher Kontrolle"[18] oder als „Bestandskraft"[19] bezeichnet wird. Gerade in dieser Wirkung eines Verwaltungsakts kann aber der Schlüssel dafür liegen, ob Besonderheiten der Unterworfenheit unter eine Verfügung gegenüber der sonst bestehenden Gesetzesunterworfenheit gelten[20]. Denn diese Wirkung bedeutet, daß bestimmte Rechtsfolgen

---

[11] A I 2, C I 2.
[12] A I 3, A II.
[13] In diesem Sinn *Schönfelder*, Polizeiliche Eingriffe gegen Hoheitsträger, S. 30 ff.
[14] In DVBl. 1968, 322 ff.
[15] *Otto Mayer*, Deutsches Verwaltungsrecht I, S. 95 f.
[16] *Walter Jellinek*, Gesetz, Gesetzesanwendung, Zweckmäßigkeitserwägung, S. 115; vgl. auch *Götz Meder*, Rechtmäßigkeitsvermutung, S. 42 ff.
[17] *Rupp* in DVBl. 1963, 577 ff. (insbes. S. 579).
[18] *Renck* in JuS 1965, 129 (131, Fußn. 29).
[19] *Joachim Martens* in DVBl. 1968, 322 (324, 330).
[20] Die Einbeziehung dieser Wirkung in den Begriff des Verwaltungsaktes macht auch deutlich, daß die gekünstelt wirkende Unterscheidung zwischen nichtigem Verwaltungsakt und Nicht-Verwaltungsakt — dazu *H. J. Wolff*, Verwaltungsrecht I, § 51 II (S. 296) — nicht zur Lehre vom Verwaltungsakt

auch dann eintreten, wenn die von dem angewandten Gesetz bezeichneten Wirkungsvoraussetzungen nicht vorliegen —, womit der Exekutive wenn nicht eine gesetzesfreie Befugnis, so doch in ihren Akten eine Wirkung zugeordnet wird, die nicht mit dem Regelungsgehalt der jeweils angewandten Norm übereinstimmt.

1. Neuere Auffassungen zur „potentiellen Verbindlichkeit" von Verwaltungsakten

Besonderes Interesse in der rechtswissenschaftlichen Auseinandersetzung hat diese „potentielle Verbindlichkeit" in den letzten Jahren im Zusammenhang mit der Frage der Verwaltungsvollstreckung von Leistungsbescheiden erlangt. Die Auseinandersetzung hat sich daran entzündet, daß der Verwaltungsakt aufgrund seiner „potentiellen Verbindlichkeit" Grundlage einer Verwaltungsvollstreckung sein kann, ein Titel, den sich die Verwaltung selbst ausstellt, ohne die Gerichte bemühen zu müssen. Mit dieser Funktion des Verwaltungsakts als Titel hängt die potentielle Verbindlichkeit aufs engste zusammen: Nach Ablauf der Widerspruchs- und Klagefrist ist gegenüber einem nicht-nichtigen Verwaltungsakt die Berufung auf eine andere Rechtslage ausgeschlossen[21] — eine Wirkung, die auch Urteilen zukommt und ohne die eine Vollstreckung praktisch nicht durchführbar wäre. Während die Rechtsprechung, vorwiegend im Rahmen eines „besonderen Gewaltverhältnisses"[22], aber auch darüber hinaus[23], den Erlaß eines Verwaltungsakts (Leistungsbescheids) für zulässig hält, wenn ein materieller öffentlich-rechtlicher Anspruch besteht, verlangt eine verbreitete Gegenansicht neben der gesetzlichen Grundlage des Anspruchs wegen der weiteren Belastung, die in der potentiellen Verbindlichkeit liegt, eine ausdrückliche gesetzliche Ermächtigung zum Erlaß des Verwaltungsakts[24].

So klar diese Gegenansicht ihre Kritik an der Rechtsprechung formuliert, so unklar ist auf der anderen Seite, welche Folgerungen für Gesetzgebung und Rechtsprechung gezogen werden sollen: Wird eine gesetzliche Grundlage nur für die *Rechtmäßigkeit* des Verwaltungsakts verlangt oder soll die Wirkung der „potentiellen Verbindlichkeit" nur

---

gehört. Denn auch der nichtige „Verwaltungsakt" ist mangels potentieller Verbindlichkeit ein Nicht-Verwaltungsakt. Es handelt sich bei dieser Unterscheidung vielmehr um ein Problem des Rechtsschutzbedürfnisses im Rahmen der Feststellungsklage nach § 43 VwGO.

21 Dazu *Joachim Martens* in DVBl. 1968, 322 (324).

22 z. B. BVerwGE 18, 283 (285); 19, 243 (245 f.); 21, 270 (271).

23 BVerwGE 28, 1 (8); BVerwG in JZ 1969, 69 (70); BSG in DVBl. 1969, 745 f.

24 z. B. *Dietlein* in NJW 1962, 1946 ff.; *ders.* in DVBl. 1964, 923 ff.; *Rupp* in DVBl. 1963, 577 ff., *ders.* in JZ 1965, 180 f.; *Henrichs* in NJW 1964, 2366 ff.; *ders.* in NJW 1965, 458 ff.; *Renck* in JuS 1965, 129 ff.

dann eintreten, wenn eine Rechtsgrundlage vorhanden ist? Im ersten Fall führt das Fehlen einer Rechtsgrundlage, die über die materielle Belastung hinaus auch zu deren Geltendmachung durch Verwaltungsakt ermächtigt, nur zur Aufhebbarkeit des Verwaltungsakts (falls nicht ohnehin aus anderen Gründen Nichtigkeit vorliegt); nach Ablauf der Anfechtungsfrist wird er also entsprechend allgemeinen Grundsätzen bestandskräftig. Bei der zweiten Alternative führt das Fehlen einer Rechtsgrundlage für die Geltendmachung durch Verwaltungsakt dazu, daß der Verwaltungsakt (auch bei „materieller" Rechtmäßigkeit) nichtig ist.

Obwohl diese Alternative von den Vertretern der Rechtsprechungskritik nicht formuliert wird, spricht doch vieles dafür, daß einige von der zuletzt genannten Auffassung ausgehen. Als Beispiel dafür mag die Ansicht von *Rupp* dienen. Nach Rupp ist „die *rechtliche Möglichkeit* der Verwaltungsvollstreckung nicht dadurch usurpierbar, daß die Behörde einen Verwaltungsakt setzt, sondern erst dann erschlossen, wenn die Behörde einen Verwaltungsakt setzen *darf*"[25, 26]. Diese Gleichsetzung von rechtlichem *Dürfen* und rechtlicher *Möglichkeit* ist nur so zu verstehen, daß ohne Rechtsgrundlage die Wirkung der „potentiellen Verbindlichkeit" nicht eintritt, der Verwaltungsakt also nichtig ist. Daß diese Folgerung nahe liegt, wird deutlich, wenn Rupp betont, daß „die Wiener Rechtsschule mit rechtstheoretischer Präzision die Nichtigkeit aller ... ohne gesetzliche Ermächtigung ergangener Verwaltungsakte" angenommen habe, während sich die deutsche Lehre „bis heute nicht von den herkömmlichen Schemata befreien (konnte)" und noch immer versuche, „aus der angeblichen Prävalenz gerade der Verwaltungsakte auf den Grundsatz von deren bloßer Vernichtbarkeit zu schließen"[27].

Die erste Alternative setzt die „potentielle Verbindlichkeit" als Wirkung eines Verwaltungsaktes voraus und fordert *wegen* dieser Wirkung eine gesetzliche Ermächtigung, die auch das Handeln durch Erlaß von Verwaltungsakten erfaßt. Die zweite Alternative hingegen, die aus dem Fehlen einer gesetzlichen Grundlage für die Inanspruchnahme der Handlungsform des Verwaltungsakts darauf schließt, daß dann auch die Wirkungen eines Verwaltungsakts nicht eintreten können, läßt, wenn sie widerspruchsfrei durchgeführt werden soll, keinen Raum mehr für das Phänomen der „potentiellen Verbindlichkeit". Richtig ist, daß unter der Herrschaft des Gesetzesvorbehalts grundsätzlich jede Befugnis zur Belastung des einzelnen einer gesetzlichen Grundlage bedarf, also auch die Befugnis, durch Erlaß eines Verwaltungsakts einen Titel zu

---

[25] In DVBl. 1963, 577.
[26] Heraushebungen von mir.
[27] In DVBl. 1963, 577 (579).

erzeugen[28]. Die Verwaltungsbehörde *darf* deshalb, wenn ein materieller Anspruch besteht, nur dann einen Leistungsbescheid oder eine Verfügung erlassen, wenn sie ausdrücklich dazu ermächtigt ist. Mißt man dem Verwaltungsakt aber die potentiellen Verbindlichkeit auch nur dann bei, wenn die Verwaltungsbehörde zum Erlaß eines Verwaltungsakts, also zur Hervorbringung dieser potentiellen Verbindlichkeit, gesetzlich befugt war, so stimmen gesetzliche Pflicht der Verwaltung und Regelungsgehalt des Verwaltungsakts stets überein. Eine rechtliche Konstruktion, die diese Konsequenz vermeidet, ist nicht denkbar. Wenn man sich von der generellen Befugnis der Verwaltung zur Selbstbezeugung der Rechtmäßigkeit ihres Handelns abwendet, indem man die Möglichkeit „potentiell verbindlicher" Entscheidungen der Exekutive beschränkt, so kann die Befugnis zum Erlaß von Verwaltungsakten immer nur die Befugnis zum Erlaß *bestimmter*, also nach ihrer abstrakten Umschreibung im Gesetz auffindbarer Verwaltungsakte sein. Ein solcherart auffindbarer und deshalb mit der gesetzlichen Umschreibung übereinstimmender Verwaltungsakt aber ist stets recht*mäßig*. Fehlt es an dieser Übereinstimmung, so kann auch die (formale) Befugnis nicht erteilt sein; denn der rechtswidrige Verwaltungsakt besitzt nicht die Merkmale derjenigen Verwaltungsakte, für deren Erlaß die (formale) Befugnis erteilt ist[29]. Es gibt also nach dieser Auffassung nur rechtmäßige und nichtige Verwaltungsakte; die Wirkung der „potentiellen Verbindlichkeit" kann niemals eintreten[30].

Die Kritik an der Rechtsprechung, die insoweit berechtigt erscheint, als sie zum rechtmäßigen Erlaß von Verwaltungsakten eine gesetzliche Ermächtigung fordert, die alle Wirkungen des Verwaltungsakts umfaßt, scheitert also, wenn sie zugleich erreichen will, was nicht zugleich denkbar ist: Einerseits eine gesetzliche Ermächtigung zum Erlaß von Verwaltungsakten als *Wirksamkeits*voraussetzung und andererseits auch weiterhin die potentielle Wirksamkeit eines rechtswidrigen, also ohne gesetzliche Grundlage ergangenen (oder was das gleiche ist: mit einer gesetzlichen Grundlage nicht übereinstimmenden[31]) Verwaltungsaktes. Damit ist für die rechtliche Beurteilung der „potentiellen Ver-

---

28 Darin liegt der Unterschied zwischen der hier zugrunde gelegten Auffassung und derjenigen der Rechtsprechung. Eine grundsätzliche Auseinandersetzung mit der Rechtsprechung ist entbehrlich, weil es hier letztlich nicht auf eine Klärung dieser Streitfrage ankommt, sondern auf die Feststellung der Besonderheiten der Bindungswirkung von Verwaltungsakten. Diese Bindungswirkung wird aber gerade von der Rechtsprechung nicht in Frage gestellt.

29 Wer insoweit anderer Auffassung ist, fordert letzten Endes eine gesetzliche Grundlage für die Befugnis der Verwaltung, rechtswidrig zu handeln.

30 Damit wäre eine Angleichung an die Auffassung der Wiener Rechtsschule vollzogen (s. oben zu Fußn. 27).

31 BVerwGE 1, 67.

bindlichkeit" festgestellt, daß diese Wirkung nicht vom Vorhandensein einer gesetzlichen Grundlage für den Erlaß des in Frage stehenden Verwaltungsaktes abhängig sein kann.

2. Die Verbindung der potentiellen Verbindlichkeit mit der Funktion der Exekutive

Die potentielle Verbindlichkeit eines Verwaltungsaktes läßt sich widerspruchsfrei erfassen, wenn man die Befugnis der Verwaltung von der möglichen Wirkung ihrer Rechtsanwendungsakte trennt. Entspricht die Mitteilung des Ergebnisses der Rechtsanwendung an den Betroffenen bestimmten Voraussetzungen (Nicht-Nichtigkeit), so knüpft die Rechtsordnung an diese Mitteilung die Wirkung der potentiellen Verbindlichkeit. Zum Hervorbringen dieser Wirkung ist die Verwaltung also nicht *befugt:* ihre Rechtsanwendungsakte *haben* diese Wirkung.

Die gesetzliche Anerkennung dieser Wirkung findet sich im Prozeßrecht in den Vorschriften über Anfechtung und Widerspruch[32]. Ihre Notwendigkeit ergibt sich gerade daraus, daß die Verwaltung Rechtsnormen anzuwenden hat. Schon *Otto Mayer* erkannte — und dies und nicht prozessuale Überlegungen führten ihn zu der „juristischen Entdeckung" des Verwaltungsakts —, daß die Verwaltung im Rechtsstaat nicht einfach zur Tat schreiten dürfe, sondern zuvor feststellen müsse, was rechtens sei[33]. Über das, was rechtens ist, wird es aber völlige Einigkeit niemals geben. Dies nicht nur deshalb, weil die Subsumtion des Einzelfalles unter eine allgemeine Norm kein einfacher logischer Prozeß ist. Eine realistische Betrachtung der Dinge muß davon ausgehen, daß die Interessenstandpunkte der einzelnen und der unterschiedliche soziale Hintergrund, unter dessen bewußter oder unbewußter Berücksichtigung sie ihre Rechtsansichten bilden, in die Auslegung der Begriffe

---

[32] Es ist im Grundsatz richtig, wenn *Renck* ausführt, eine Ermächtigung zum Erlaß von Verwaltungsakten (d. h.: dem Erzeugen der potentiellen Verbindlichkeit) sei im Verfahrensrecht nicht gegeben — in JuS 1965, 129 (133 unter V 2). Diese Regelungen sind aber der positivrechtliche Beweis dafür, daß die einer anderen Verfassungsepoche entstammende und dort verfassungsrechtlich ohne weiteres erklärbare Wirkung erlassener Verwaltungsakte — dazu *Rupp*, Grundfragen, S. 56 ff. — auch von unserer Rechtsordnung, von Gesetzen, die unter dem Grundgesetz entstanden sind, vorausgesetzt wird. Die positivrechtliche Sanktionierung eines traditionell herausgebildeten Rechtsinstituts genügt aber dem Erfordernis einer gesetzlichen Grundlage; denn jede Normierung ist auf in der Überlieferung geprägte Begriffe angewiesen. Freilich muß eine solche Regelung der jeweiligen Verfassungsordnung inhaltlich und im Ausmaß der Bestimmtheit entsprechen. Das kann an dieser Stelle für die Wirkung von Verwaltungsakten nicht weiter überprüft werden. Wer aber diese Wirkung für unvereinbar mit unserer Verfassungsordnung hält, müßte daraus eigentlich auch die Konsequenzen ziehen und die prozeßrechtlichen Vorschriften für gegenstandslos erklären.

[33] Verwaltungsrecht I, S. 59, 93.

hineinwirken[34]. Vor allem aber muß mit der Mittelmäßigkeit der Rechtsanwendenden[35] gerechnet werden, einem Gesichtspunkt, der allzu wenig Beachtung findet.

Die Problematik der Rechtsanwendung besteht deshalb nicht so sehr in der Suche nach dem „richtigen" Recht, sondern vielmehr darin festzustellen, was aufgrund einer allgemeinen Norm im Einzelfall gelten soll. Die Umsetzung dieser Feststellung in Lebenswirklichkeit — also ihre Anwendung — setzt eine wenigstens beschränkte Verbindlichkeit der Feststellung voraus. Die Rechtsanwendung bedarf daher „der Beseitigung der subjektiven Ungewißheit über den Inhalt der Norm durch verbindliche Feststellung der im Einzelfall maßgeblichen Rechtsfolgen"[36]. Die besondere Wirkung eines Verwaltungsakts besteht demgemäß nicht darin, die Bindung an das Gesetz in der Weise zu vermitteln, daß er verbindlich ist, weil das Gesetz verbindlich ist[37]. Der Verwaltungsakt hat vielmehr einen eigenen „Rechtswert"[38]. Seine Wirkung und damit die Besonderheit der Bindung an einen Verwaltungsakt gegenüber der Bindung an die Gesetze besteht in der Verknüpfung mit der rechtsanwendenden Funktion der Exekutive[39].

Bedenken gegenüber dieser Verbindung der „potentiellen Verbindlichkeit" mit der Exekutive sind um so weniger verständlich, als die Rechtskraft gerichtlicher Urteile niemals solchen Anforderungen unterworfen wird. Sowohl *Rupp* als auch *Renck* sehen einen Unterschied zwischen der Rechtsanwendung seitens der Verwaltung und seitens der Rechtsprechung nur darin, daß die Rechtsprechung „*Letzt*erkenntniszuständigkeit" besitzt[40], im Gegensatz zur Vorläufigkeit der Erkenntniszuständigkeit der Verwaltung[41]. Angesichts einer solchen Nähe

---

[34] Dazu *Götz Meder*, Rechtmäßigkeitsvermutung, m. w. N. (vor allem S. 24 mit Fußn. 11).

[35] Das ist in keiner Weise abschätzig gemeint; jede Rechtstheorie muß jedoch berücksichtigen, daß die Rechtsanwendenden nicht mit genialer Unfehlbarkeit begabt sind.

[36] *Joachim Martens* in DVBl. 1968, 322 (324); zum Zusammenhang von Rechtsanwendung und Rechtmäßigkeitsvermutung beim Verwaltungsakt vgl. auch *Götz Meder*, Rechtmäßigkeitsvermutung, S. 42 ff.

[37] *Joachim Martens* in DVBl. 1968, 322 (324 l. Sp.); anders offenbar *Schönfelder*, Polizeiliche Eingriffe gegen Hoheitsträger, S. 31.

[38] *Haueisen* in DÖV 1961, 121 (125 l. Sp.).

[39] Der Deutlichkeit halber sei nochmals darauf hingewiesen, daß mit der Funktion der Exekutive nach der hier vertretenen Ansicht nicht etwa die *Rechtmäßigkeit* eines Verwaltungsaktes verbunden ist. Jeder Verwaltungsakt, zu dessen Erlaß die Verwaltung keine Befugnis hat — gleich ob die materielle Grundlage fehlt oder nur die Grundlage für die Geltendmachung durch Verwaltungsakt — ist rechtswidrig und deshalb aufhebbar; er besitzt aber die mit der Funktion der Exekutive (im gesamten Tätigkeitsbereich oder, wie de lege ferenda zu fordern wäre: in Teilbereichen) verbundene *Wirkung* der potentiellen Verbindlichkeit.

[40] *Renck* in JuS 1965, 129 (133).

[41] Vgl. *Rupp*, Grundfragen, S. 57.

der beiden Funktionen[42] rechtfertigt es auch die Besonderheit der organisatorischen Stellung der Justiz in unserer Verfassungsordnung nicht, daß man die Wirkung der Rechtskraft von der Herrschaft des Gesetzesvorbehalts ausnimmt, während zugleich für die Wirkung der potentiellen Verbindlichkeit eine dem Gesetzesvorbehalt nach strengen Anforderungen genügende Grundlage verlangt wird. Exekutive und Rechtsprechung unterstehen nach Art. 20 III GG gleichermaßen den Gesetzen, und die in der Rechtskraft zum Ausdruck kommende Letzterkenntniszuständigkeit der Rechtsprechung belastet ihrer Endgültigkeit wegen den einzelnen stärker als die nur potentielle Verbindlichkeit von Verwaltungsakten.

II. Exekutivmaßnahmen zwischen einzelnen Hoheitsträgern

Indem die besondere Wirkung von Verwaltungsakten der Funktion der Exekutive zugeordnet wird, ergibt sich eine Ausgangslage, wie sie ähnlich bei der Begründung der Auffassung des Preußischen Oberverwaltungsgerichts zur Polizeipflicht von Hoheitsträgern bestand: Die Befolgungspflicht gegenüber polizeilichen Anordnungen ist nicht einfach eine Frage der Unterworfenheit unter das durch diese Anordnungen angewandte materielle Recht, sondern auch der Unterworfenheit unter diese Anordnungen als solche. Für die Frage der Polizeipflicht von Hoheitsträgern heißt das: es geht darum, inwieweit innerhalb der Exekutivgewalt des Staates einzelne institutionalisierte Hoheitsträger nur deshalb Anordnungsbefugnisse gegen andere Hoheitsträger haben, weil sie auf dem in Frage stehenden Sachgebiet auch Anordnungen gegen Bürger erlassen können. Eine solche Anordnungsbefugnis bestünde neben den jeweiligen hierarchischen Weisungsbefugnissen innerhalb der Exekutive.

1. Genereller Ausschluß von Polizeiverfügungen gegen Hoheitsträger durch den Grundsatz „Einheit der Verwaltung"

Es liegt nahe, die Weisungsbefugnisse innerhalb der Verwaltung daraufhin zu durchdenken, ob sie andere Anordnungen gegenüber Hoheitsträgern ausschließen. Hinsichtlich der Möglichkeit von Hoheitsträgern, die Gerichte gegen andere Hoheitsträger anzurufen („Insichprozeß"), geht *Kisker* von einer solchen Betrachtungsweise aus. Soweit die Streitenden einer gemeinsamen Aufsichtsinstanz unterstehen, ist nach seiner Ansicht grundsätzlich die Möglichkeit einer Klage ausgeschlossen, weil es insoweit an einem Gegeneinander von Willensträgern

---

[42] Zu den Parallelen von Verwaltungs- und Richtertätigkeit *Häberle*, Öffentliches Interesse, S. 98 ff.

fehle[43]. Als eine solche Aufsichtsinstanz kommen, wie Kisker nachweist, in der Bundesrepublik auch die Regierungskabinette in Betracht, die bei Streitigkeiten zwischen einzelnen Ressorts zu entscheiden haben[44]. Entscheidend für die Möglichkeit einer Klage ist nach Kiskers Ansicht, wie weit die Aufsichtsinstanz tatsächlich zur Streitentscheidung berufen ist, ob „das Weisungsband, welches Organ und Korporation miteinander verbindet, gekappt oder doch so schwach ausgestaltet (ist), daß von einer ernst zu nehmenden Möglichkeit der internen Streitbereinigung nicht mehr die Rede sein kann"[45].

Die Argumentation Kiskers ist nicht ohne weiteres auf die Überlegungen zur Möglichkeit von Polizeiverfügungen gegen Hoheitsträger zu übertragen. Bei der Feststellung einer Klagemöglichkeit geht es aber, nicht anders als bei der Feststellung einer Verfügungsbefugnis, um das Maß der Verselbständigung einzelner Hoheitsträger gegenüber dem Grundsatz der sog. „Einheit der Verwaltung". Die Überlegungen Kiskers sind jedenfalls insoweit für die Prüfung einer Verfügungsbefugnis gegenüber Hoheitsträgern aufschlußreich, als sie deutlich machen, daß die Argumentation sich nicht mit der pauschalen Berufung auf dieses Prinzip begnügen darf. Der Ausschluß von Verfügungen durch den Grundsatz der „Einheit der Verwaltung"[46] ist nämlich nur eine Leerformel, die das zu Begründende (Ausschluß von Verfügungen) mit sich selbst beweist (Einheit der Verwaltung, die den Ausschluß von Verfügungen beinhaltet).

2. Generelle Zulässigkeit von Polizeiverfügungen gegen Hoheitsträger nach Walter Rudolf u. a.

a) Einzelne Regelungen als Ausprägung eines allgemeinen Grundsatzes

Angesichts einer Argumentation, die sich wesentlich auf diesen Grundsatz der Einheit der Verwaltung beruft, darf es nicht verwundern, daß die Entdeckung einiger Ausnahmen zur Aufgabe des Prinzips und des damit begründeten Ergebnisses führt. Eben dies ist der

[43] Insichprozeß, S. 42 f., S. 53; so im Grundsatz auch BayerVGH in DÖV 1963, 585; OVG Rheinland-Pfalz in DÖV 1970, 351: Die Möglichkeit einer Klage entscheidet sich danach, ob „die im Innenraum der Verwaltung bestehenden Regelungsmöglichkeiten ... ausgeschlossen (sind)".

[44] Insichprozeß, S. 45, Fußn. 121; anders aber für die bayerischen Verhältnisse — zu Unrecht, vgl. Art. 54 u. 55 V 1 BayVerf. — BayVGH in DÖV 1963, 585; OVG Rheinland-Pfalz in DÖV 1970, 351 schließt die Möglichkeit einer aufsichtsbehördlichen Weisung ausschließlich deshalb aus, weil es den Fiskus wie einen Bürger außerhalb der Verwaltungsorganisation stellt, dazu oben C II 2 mit Fußn. 55.

[45] Insichprozeß, S. 53; im gleichen Sinn auch a.a.O., S. 43 ff.

[46] Vgl. B I mit Fußn. 2.

Vorgang, der zur Formulierung der Gegenposition zur bisherigen Rechtsprechung durch *Rudolf*[47] geführt hat. Rudolf schließt im Gegensatz zur bis dahin allgemeinen Meinung die generelle Zulässigkeit polizeilicher Verfügungen gegen Hoheitsträger aus der Erkenntnis einzelner, positivrechtlich vorgesehener oder von der herrschenden Meinung anerkannter polizeilicher Anordnungsmöglichkeiten[48]. Für das „Kunststück", die Polizei vom Außenverhältnis Bürger/Staat in das „Innenverhälnis" des Staates zu transponieren, bilden diese Ausnahmen nach seiner Ansicht einen sicheren Steg, weil die Polizei auf dieser Grundlage bereits tagtäglich in der „internen Sphäre" des Staates tätig sei[49]. Indem solche Anordnungen ergehen könnten, sei der Grundsatz durchbrochen, nach dem polizeiliche Verfügungen nur im Außenverhältnis des Staates zum Bürger möglich seien.

Diese Argumentation ist nur dann richtig, wenn die ausnahmsweise zulässigen Anordnungen in der gleichen Weise wirken wie die im Außenverhältnis ergehenden Polizeiverfügungen. Daß es sich so verhält, ist aber keineswegs selbstverständlich. Es gibt Modalitäten rechtlicher Bindung, die gerade dem Innenverhältnis eigen sind. Die Annahme einer rechtlichen Verbindlichkeit dieser Anordnungen zwingt deshalb noch nicht dazu, sie den Verfügungen gleichzusetzen, die im Außenverhältnis ergehen, zumal die rechtlichen Bindungen des Innenverhältnisses sich auch auf entsprechende Gegenstände beziehen können wie Bindungen des Außenrechts[50].

Wie wenig Rudolf geklärt hat, ob es sich bei den polizeilichen Anordnungen gegen Hoheitsträger wirklich um Maßnahmen mit den oben herausgearbeiteten Merkmalen einer Verfügung handelt, wird bei der Frage der auch von Rudolf[51] ausgeschlossenen Vollstreckbarkeit deutlich[52]. Dieser Ausschluß ist nicht mit den Regelungen der Verwaltungsvollstreckungsgesetze erklärbar, nach denen (vgl. § 17 Bundesverwaltungsvollstreckungsgesetz) eine Vollstreckung gegen Behörden im allgemeinen unzulässig ist. Denn die Vollstreckung von Polizeiverfügungen richtet sich nicht nach diesen Vorschriften, sondern nach den Vorschriften des Polizeirechts[53], die, soweit ersichtlich, keinen ausdrück-

---

47 Vgl. A II mit Fußn. 33 und 34.

48 Vor allem im Bereich des Straßenverkehrs (Gegenschluß aus § 35 StVO); einen umfassenden Nachweis solcher Regelungen gibt *Schönfelder*, Polizeiliche Eingriffe gegen Hoheitsträger, S. 96 ff.

49 Polizei gegen Hoheitsträger, S. 25 f.

50 Vgl. *Rupp*, Grundfragen, S. 19 ff., insbes. S. 21, S. 33, S. 39 ff.

51 Polizei gegen Hoheitsträger, S. 31 Anm. 76 (noch zu S. 32).

52 Insoweit kritisch auch *Wacke* in DVBl. 1966, 513 (514).

53 Vgl. BVerwGE 2, 192 (193); dieser Gesichtspunkt wird von denen außer acht gelassen, die mangels einer anderen Erklärung für den Ausschluß der Vollstreckung auf § 17 VerwVollstrG verweisen wie z. B. Reigl in DÖV 1967,

lichen Ausschluß der Vollstreckung gegen Behörden enthalten. Wenn gleichwohl die Vollstreckung polizeilicher Anordnungen gegen Behörden unzulässig sein soll, muß dies daran liegen, daß eben keine Polizeiverfügungen im üblichen Sinn vorliegen[54].

Die uneingeschränkte Gleichsetzung der vereinzelt aufgefundenen polizeilichen Anordnungsbefugnisse gegen Hoheitsträger mit den Anordnungsbefugnissen der Polizei im Verhältnis Bürger/Staat ist auch deshalb bedenklich, weil auf diese Weise der Staat über die Gliederung in selbständige Rechtspersonen hinaus in zahllose Einzelgewalten zersplittert wird. Sie konstituieren sich — anders ist die „Außenwirkung" nicht zu erklären — von Fall zu Fall als Folge konkreter polizeilicher Anordnungen. Ein uneingeschränktes polizeiliches Verfügungsrecht gegen Hoheitsträger mit Außenrechtswirkung würde demnach „das Nervensystem des Staatsorganismus zerschneiden und in ein zusammenhangloses Bündel" von Zuständigkeiten auflösen[55].

b) Einwände aufgrund des Verwaltungsprozeßrechts

Anordnungen der Polizei gegen andere Behörden, die sich nicht von den Anordnungen gegen Bürger unterscheiden, müßten, da sie Verwaltungsakte wären, anfechtbar sein. Die Behörden sind jedoch gemäß § 61 Ziff. 1 und 3 VwGO nicht parteifähig; und auch soweit landesgesetzlich den Behörden Parteifähigkeit zuerkannt wird, begründet das nur eine Parteifähigkeit dieser Behörden *an Stelle* des rechtsfähigen Hoheitsträgers. Die Möglichkeit eines „Insichprozesses" wird über eine Regelung nach § 61 Ziff. 3 VwGO also nicht eröffnet[56]. Die Begründung einer Parteifähigkeit nach § 61 Ziff. 2 VwGO setzt voraus, daß der betroffenen Behörde im Hinblick auf die gegen sie ergangene Anordnung „Rechte" zustehen. Aus dem Zusammenhang der gesetzlichen Re-

---

397 (400, Fußn. 49); *Schönfelder* schließt aus den Vorschriften des Verwaltungsvollzugs, die einen Ausschluß der Vollstreckung gegen Hoheitsträger enthalten, auf den „Rechtsgedanken", daß die Verwaltungsvollstreckung gegen juristische Personen des öffentlichen Rechts „regelmäßig ausgeschlossen" sei — Polizeiliche Eingriffe gegen Hoheitsträger, S. 195 ff., insbes. S. 197; umfassende Nachweise zu diesem Problemkreis a.a.O., S. 169 ff. —; eine einleuchtende Begründung dafür, warum gerade aus diesen Vorschriften ein allgemeiner Rechtsgedanke folgt, gibt Schönfelder nicht.

[54] In diesem Sinn auch *Wacke*, wenn er der Ansicht Rudolfs entgegenhält, „ob man überhaupt noch von einem Einschreiten sprechen kann, wenn keine Zwangsmöglichkeit dahinter steht" und „ob hier denn Polizeiverfügungen, ob anfechtbare Verwaltungsakte vorliegen, wenn in Wirklichkeit keine verbindliche Regelung ... ausgesprochen wird". — In DVBl. 1966, 513 (514).

[55] So *Rupp* mit Bezug auf die „Gerichtsgewalten" für den Fall einer uneingeschränkten gerichtlichen Kontrolle von Rechtsakten des Innenverhältnisses — Grundfragen, S. 58.

[56] *Ewald* in DVBl. 1970, 237 (240 m. Fußn. 43); *Eyermann-Fröhler*, VwGO, § 61 Rdnr. 9 a; *Kisker*, Insichprozeß, S. 24 und S. 27; *Rupp*, Grundfragen, S. 90, Fußn. 202; jeweils mit weiteren Nachweisen.

gelung (§ 61 Ziff. 3 VwGO) ergibt sich, daß nicht die Wahrnehmung jeder Verwaltungsaufgabe, die einer Behörde zugewiesen ist, als ihr „Recht" i. S. dieser Vorschrift angesehen werden kann. Von einem solchen „Recht" kann jedenfalls dann nicht die Rede sein, wenn die verfügende und die betroffene Behörde uneingeschränkt den Weisungen der gleichen übergeordneten Stelle ausgesetzt sind[57]. Das ist in der Regel der Fall, wenn beide Behörden demselben „Muttergemeinwesen" angehören — eine Konstellation, auf die Rudolf seine Untersuchungen bewußt beschränkt[58]. Die Behörden nehmen dann nicht eigene Interessen wahr, sondern es sind ihnen nur die Interssen der Gesamtorganisation arbeitsteilig anvertraut[59].

Dieser Einwand gilt nicht ohne weiteres für die Begründung der Parteifähigkeit durch *Hoppe*[60]. Hoppe spricht das im Organstreit geltend zu machende „Recht" nicht der — letztlich weisungsgebundenen — Behörde, sondern der juristischen Person selbst zu. Die juristische Person, die ihre Aufgaben auf einzelne Organe verteilt hat, besitzt nach seiner Auffassung gegenüber diesen Organen ein „intrapersonales" Recht, „dem die Pflicht der Organe und Organteile zu ungestörter funktionsmäßiger Aufgabenerfüllung entsprechen"[61]. Dieses intrapersonale Recht wird von dem Organ geltend gemacht, „dessen Funktionsbereich durch das organisationsrechtswidrige Verhalten eines anderen Organs oder Organteils gestört wird". Die organschaftliche Ermächtigung zur Wahrnehmung dieser Rechte der juristischen Person wird als mit der Organstellung mitübertragen angesehen[62]. Entgegen der Auffassung Hoppes führt diese — im Ansatz richtige — Konzeption nicht dazu, daß Behörden im Verfahren gegen andere Behörden des gleichen Rechtsträgers gemäß § 61 Ziff. 2 VwGO parteifähig sind. Die Parteifähigkeit gemäß § 61 Ziff. 2 VwGO wird nur für die „Vereinigung"[63] begründet, der das Recht *zusteht*. Das Recht steht aber nach der Auffassung Hoppes gerade der juristischen Person und nicht der Behörde zu, auch soweit die Behörde zur Wahrnehmung des Rechts ermächtigt ist. Da die Übertragung des Rechts zum Zwecke der Wahrnehmung nicht die Parteifähigkeit der Behörde begründen kann, muß diese Parteifähigkeit auf einer anderen Grundlage beruhen. Hoppe führt in

57 D II 1.

58 Polizei gegen Hoheitsträger, S. 7.

59 *Hoppe* in DVBl. 1970, 845 (847).

60 Organstreitigkeiten, vor allem S. 119 ff.; die Auseinandersetzung mit der Auffassung Hoppes beschränkt sich auf seine Ausführungen in DVBl. 1970, 845 ff.

61 *Hoppe* in DVBl. 1970, 845 (847).

62 *Hoppe* in DVBl. 1970, 845 (848).

63 Die Regelung ist nicht auf „Vereinigungen" beschränkt, parteifähig ist jeder Träger eines Rechts — *Ewald* in DVBl. 1970, 237 (241); *Hoppe* in DVBl. 1970, 845 (849 mit Fußn. 37).

diesem Zusammenhang zu Recht aus, daß bereits die Zurechnung einer einzigen Pflicht die Rechtssubjektivität dessen begründe, dem sie zugerechnet wird und weist darauf hin, daß die Behörden gegenüber der juristischen Person in einem Pflichtenverhältnis stehen, dem das erwähnte intrapersonale Recht der juristischen Person korrespondiert[64]. Diese Rechtsfähigkeit (des Innenrechts) besteht nun aber als „punktuelle" Rechtsfähigkeit nur im Rahmen des *jeweiligen* Rechtsverhältnisses, hier des Pflichtenverhältnisses der Behörde zur juristischen Person. Nur insoweit könnte — wenn überhaupt — eine Parteifähigkeit der Behörde aufgrund der Argumentation Hoppes behauptet werden. In Rechtsverhältnissen, in denen nicht die Behörde, sondern die juristische Person Rechtssubjekt ist, kann die „punktuelle" Rechtsfähigkeit hingegen nicht die Grundlage dafür bilden, der Behörde als einem Rechtssubjekt die Wahrnehmung von Rechten zu übertragen, die ihr gerade nicht zustehen. Die Auffassung Hoppes ist wegen dieser inneren Widersprüchlichkeit nicht haltbar; auf eine eingehendere Auseinandersetzung soll hier verzichtet werden[65].

Setzt man mit *Rudolf* die polizeibehördlichen Anordnungen gegen andere Hoheitsträger derselben juristischen Person mit den sonst ergehenden Polizeiverfügungen gleich, so bedeutet das nach den bisherigen Feststellungen, daß diese Anordnungen für die betroffene Behörde nach Grundsätzen des „Außenrechts" verbindlich, im Widerspruch zur übrigen Regelung der Verwaltungsgerichtsordnung aber nicht gerichtlich nachprüfbar sind. Damit wird aus der „potentiellen Verbindlichkeit" von Verwaltungsakten eine *endgültige* Verbindlichkeit, wie sie sonst nur letztinstanzlichen Gerichtsurteilen zukommt[66]. Dieses Bedenken kann nicht durch den Hinweis darauf ausgeräumt werden, daß hier eben ein staatliches Innenverhältnis vorliege, für das der Grundsatz der potentiellen Verbindlichkeit von Verwaltungsakten nicht zu gelten hätte; denn es ist gerade der Ausgangspunkt der Auffassung Rudolfs, polizeibehördliche Anordnungen gegen Hoheitsträger als normale Polizeiverfügungen anzusehen. Der Versuch Rudolfs zur Begründung einer generellen Zulässigkeit polizeilicher Anordnungen gegen Hoheitsträger kann nach alledem die im Ergebnis entgegenstehende herrschende Meinung nicht entkräften.

Daß aus der nur potentiellen Verbindlichkeit von Verfügungen bei der Anerkennung solcher Anordnungsbefugnisse endgültig verbindliche Anordnungen werden und daß eine Lösung dieses Problems ausgeschlossen erscheint, muß allen entgegengehalten werden, die von der generellen Möglichkeit polizeilicher Verfügungen gegen Hoheitsträger

---

[64] *Hoppe* in DVBl. 1970, 845 (849).

[65] Kritisch zur Auffassung Hoppes: *Rupp* in DVBl. 1970, 594 f.

[66] *Rupp*, Grundfragen, S. 59 f.

ausgehen. Eines besonderen Eingehens auf die Auffassung von *Scholz*[67] sowie auf einige in ihrer Bedeutung freilich zweifelhafte Formulierungen des Bundesverwaltungsgerichts zu dieser Frage[68] bedarf es also in diesem Zusammenhang nicht.

3. Polizeiliche Anordnungen gegen Behörden desselben rechtsfähigen Trägers öffentlicher Verwaltung

Soweit in der Auseinandersetzung mit Rudolf zwischen dem „Außenverhältnis" und dem „Innenverhältnis" unterschieden wurde, geschah das nicht unter dem Gesichtspunkt einer Trennung „innerstaatlicher" Beziehungen von den Beziehungen zwischen Bürger und Staat. Für den Gebrauch dieses Begriffs war vielmehr entscheidend, ob die verfügende Polizeibehörde einem anderen als „rechtsfähig" verselbständigten Rechtssubjekt zugehört (wie es — beispielsweise— immer im Verhältnis der Polizei zum Bürger der Fall ist) oder ob verfügende und betroffene Behörde Amtstellen desselben rechtlich selbständigen Hoheitsträgers sind.

a) Brauchbarkeit der Unterscheidung von Anordnungsmöglichkeiten nach der Zugehörigkeit der Behörden zum selben rechtsfähigen Hoheitsträger

Schönfelder[69] wendet gegen die Brauchbarkeit dieser Unterscheidung im Zusammenhang mit der Frage der Polizeipflicht von Hoheitsträgern ein, die gedankliche Zusammenfassung von Rechten und Pflichten zu einer juristischen Person des öffentlichen Rechts sei nur ein konstruktives Hilfsmittel, um für den Staatsbürger ein einheitliches Zuordnungsobjekt zu schaffen. Würde man bei der Zulässigkeit polizeilicher Anordnungen auf die Gliederung der Verwaltung in rechtsfähige Rechtssubjekte abstellen, so wäre das deshalb nach Ansicht Schönfelders eine Entscheidung „aus Gesichtspunkten ..., die ein anderes Rechtsverhältnis regeln"[70]. Daß Entscheidungen nach „Drittbeziehungen" abzulehnen sind, wurde bereits oben[71] dargelegt. Die Rechtsfähigkeit eines Verwaltungsträgers als juristische Person ist aber nicht nur unter dem Gesichtspunkt der Rechtsverhältnisse zu den Staatsbürgern von Bedeutung. In der Regel wird ein Hoheitsträger mit eigener juristischer Persönlichkeit auch einen Selbstverwaltungsbereich haben[72], in dem er als Rechtsträger den ihm übergeordneten Behörden gegenübersteht.

---

[67] A II ab Fußn. 29.
[68] A II ab Fußn. 22.
[69] Polizeiliche Eingriffe gegen Hoheitsträger, S. 14 f.
[70] Polizeiliche Eingriffe gegen Hoheitsträger, S. 15.
[71] C II 2.
[72] *Scheuner*, Errichtung öffentlicher Körperschaften, S. 801, S. 803.

Die Bedeutung der Rechtsfähigkeit im Verhältnis zu anderen Hoheitsträgern wird spätestens im Falle einer Auflösung deutlich: Die Einrichtung und Auflösung von Behörden ohne eigene Rechtsfähigkeit ist ein Akt der exekutivischen Organisationsgewalt, ein rechtlich geschützter Bereich für die betreffende Behörde besteht nicht[73]. Die Einrichtung rechtlich selbständiger Hoheitsträger kann hingegen nur auf gesetzlicher Grundlage erfolgen[74]. Dann ist aber auch die Auflösung dieser Hoheitsträger und die Einschränkung ihres Tätigkeitsbereichs nur durch einen Rechtsakt möglich, der auf einem Gesetz beruht[75]. Die rechtlich selbständigen Hoheitsträger besitzen also innerhalb der Verwaltungsorganisation eine rechtlich geschützte Position. Selbst soweit rechtlich selbständige Hoheitsträger in sogenannten Auftragsangelegenheiten für einen anderen Hoheitsträger (z. B. ein Land) tätig werden und insoweit als Behörden dieses Hoheitsträgers gelten, ist eine Verletzung des Weisungsrahmens und damit eine Beeinträchtigung rechtlich geschützter Positionen denkbar.

Auf der anderen Seite ist nicht zu übersehen, daß auch Behörden ohne rechtliche Selbständigkeit sich hinsichtlich einzelner Tätigkeiten in einer besonderen — weil weisungsfreien — Stellung zu den anderen Behörden des gleichen rechtsfähigen Hoheitsträgers befinden. Das ist aber durchaus die Ausnahme. Eine besondere Erörterung der Probleme, die sich aus diesen Ausnahmen ergeben, ist im Rahmen der vorliegenden Überlegungen nur erforderlich, wenn die Zuordnung des verfügenden Hoheitsträgers zum selben oder zu einem anderen rechtlich selbständigen Hoheitsträger im Ergebnis von Bedeutung ist. Es erscheint deshalb sinnvoll, die Möglichkeit zum Erlaß polizeilicher Verfügungen gegen Hoheitsträger zunächst daraufhin zu untersuchen, ob der Erlaß solcher Verfügungen im Regelfall bereits wegen der Gesichtspunkte ausgeschlossen ist, die für die innere Ordnung eines Rechtssubjekts gelten.

b) Rechtliche Beurteilung von Anordnungen einer Behörde desselben rechtsfähigen Hoheitsträgers

In der Auseinandersetzung mit der Auffassung Rudolfs sind bereits wesentliche Aspekte dieser Problematik erörtert worden. Eine abschließende Betrachtung kann das dort herausgearbeitete Ergebnis nur bestätigen.

Nimmt man an, daß zwischen Behörden desselben rechtsfähigen Hoheitsträgers Verfügungen ergehen können, so ergeben sich daraus

---

[73] Vgl. *Rasch*, Verwaltungsorganisation, S. 142 f.

[74] *Scheuner*, Errichtung öffentlicher Körperschaften, S. 804 ff., insbes. S. 805 mit Fußn. 30 und 33, m. w. N.; weiterhin *Schütz* in DöD 1969, 161 (164); *Rasch* in DVBl. 1970, 765 (767 f., m. w. N.).

[75] Ebenso *Rasch* in DVBl. 1970, 765 (770 unter IV).

derartige konstruktive Schwierigkeiten, daß die Konsequenz nur der Ausschluß solcher Verfügungen sein kann. Die Polizeibehörde könnte einerseits ihre Verfügung an das rechtsfähige Subjekt richten. Da sie selbst ein Teil dieses Rechtssubjekts ist, würde das bedeuten, daß sie zum Erlaß dieser Verfügungen aus der Zugehörigkeit zu der juristischen Person (z. B. eines Landes) ausscheidet. Eine solche Möglichkeit widerspräche der Festlegung der Zurechnungssubjektivität, wie sie in der Ausgestaltung der einzelnen juristischen Personen zum Ausdruck kommt. In Frage käme also nur, die polizeiliche Anordnung hinsichtlich ihrer rechtlichen Funktion als interne Maßnahme anzusehen, die zwischen Organen des gleichen Rechtsträgers ergeht.

Auch eine solche interne Anordnung kann in ähnlicher Weise verbindlich sein, wie dies für die Verfügung festgestellt wurde[76]. Freilich können die Grundsätze, aus denen die Verbindlichkeit interner Maßnahmen hergeleitet wird, nicht die gleichen sein, die für die potentielle Verbindlichkeit von Verwaltungsakten maßgebend sind: Die Wirkung der potentiellen Verbindlichkeit ist untrennbar mit der zeitlichen Begrenzung gerichtlichen Eingreifens verbunden; an einer Gerichtskontrolle fehlt es aber im allgemeinen bei Maßnahmen des Innenverhältnisses[77]. Auch die Gründe, aus denen sich die praktische Notwendigkeit für die Verbindlichkeit ergibt, sind andere: Bei Anordnungen des Innenverhältnisses ist die Verbindlichkeit deshalb erforderlich, weil nur auf diese Weise ein einheitlicher nach außen bekundeter Wille eines als juristische Person verselbständigten Teils der staatlichen Organisation gewährleistet werden kann[78]. Die potentielle Verbindlichkeit von Verwaltungsakten hat hingegen den Sinn, zwischen einem rechtsfähigen Subjekt öffentlicher Gewalt und einer außerhalb desselben stehenden Rechtsperson nach Ablauf der Frist endgültig festzulegen, was im Hinblick auf die Regelung eines bestimmten Sachverhaltes gelten soll[79]. Die Zuordnung der potentiellen Verbindlichkeit zum Verhältnis selb-

---

[76] Vgl. *Rupp*, Grundfragen, S. 44 f. m. w. N.

[77] D II 2 b) nach Fußn. 55.

[78] *Rupp*, Grundfragen, S. 49.

[79] Die Problematik der rechtlichen Wertung einer Anordnung im „Besonderen Gewaltverhältnis" soll hier ausgeklammert werden. Es ist jedenfalls nicht zu bestreiten, daß Anweisungen des staatlichen Innenverhältnisses, soweit sie an das Organ und nicht den Organverwalter gerichtet sind, keine Verwaltungsakte sind und auch nicht als aus anderen Gründen der gerichtlichen Überprüfung zugängliche Rechtsakte angesehen werden können — vgl. BVerwGE 14, 84 ff. —, soweit sie nicht in nur ausnahmsweise bestehende „Rechte" der Organe eingreifen — s. D II 3 a) a. E. Für Anweisungen an einen Organwalter, die nicht allein die von ihm ausgeübte Verwaltungsfunktion betreffen (bei der Abgrenzung hilft die Kontrollüberlegung, ob die Anordnungen für einen Vertreter oder Nachfolger in gleicher Weise bindend wären), ist an eine Doppelnatur als Verwaltungsakt und innerdienstliche Anweisung zu denken.

ständiger Rechtssubjekte zueinander, die damit deutlich wird, verbietet es, von einer mit potentieller Verbindlichkeit ausgestatteten Verfügung zu sprechen, wenn eine Anordnung allein im internen Bereich einer Rechtsperson wirkt[80].

Der für die Qualifizierung der Wirkungen des Innenrechts bedeutsame Gedanke, daß im staatlichen Aufbau die rechtlich verselbständigten Organisationseinheiten nur mit einer Stimme sprechen sollen, verbietet es auch, polizeilichen Anordnungen gegen Behörden desselben Hoheitsträgers generell die Verbindlichkeit beizumessen, die interne Anordnungen haben können. Zur Gewährleistung eines einheitlichen Willens besteht ein bestimmter organisatorischer Aufbau mit Aufsichts- und Weisungsbefugnissen. Auch die beamtenrechtlichen Regelungen stellen für die Frage der Verbindlichkeit einer internen Anordnung ausschließlich auf Gesichtspunkte ab, die im vertikalen Verwaltungsaufbau begründet sind. Entscheidend für die Verbindlichkeit der Anordnung ist, daß sie von der nächsthöheren Stufe der Organisation ausgeht: hinsichtlich der Bindung des einzelnen Beamten ist die Wirksamkeit ausdrücklich an die Vorgesetzteneigenschaft des Anordnenden geknüpft (vgl. § 37 BRRG, § 55 BBG, § 11 SoldatenG). „Interne Weisungen“ durch Polizeibehörden würden den in der Organisation begründeten vertikalen Befehlsstrang durchbrechen. Sie sind deshalb nur dann möglich, wenn durch Gesetz oder verwaltungsinterne Anordnung den Polizeibehörden eine solche Funktion ausdrücklich beigemessen wird.

4. Polizeiliche Anordnungen zwischen Hoheitsträgern mit eigener Rechtsfähigkeit

Soweit die verfügende Polizeibehörde einer anderen Rechtsperson zugehört als die betroffene, kann die Möglichkeit einer polizeilichen Verfügung nicht mit dem Hinweis auf ein bestehendes Innenverhältnis abgewiesen werden. Es ist auch wenig überzeugend, ohne Untersuchung des jeweiligen Verhältnisses der Hoheitsträger zueinander die Einheit der Verwaltung[81] als entscheidenden Gesichtspunkt dafür anzuführen, daß solche Verfügungen nicht ergehen können. Mit der Über-

---

80 *Scholz* nimmt in DVBl. 1968, 732 (733 mit Fußn. 10) als Bestätigung der Möglichkeit von Verfügungen gegen Hoheitsträger ein Urteil des OVG Münster — DÖV 1962, 617 ff. — in Anspruch, in dem die (Landes-)Naturschutzbehörde als Störer angesehen wurde. Dazu ist zu sagen, daß es in casu nicht um die Inanspruchnahme dieser Behörde ging, sondern um die Polizeipflicht des Grundeigentümers, die wegen der Verantwortlichkeit der Naturschutzbehörde als Ermessensmißbrauch angesehen wurde. Auf welche Weise die Polizeipflicht der Behörde konkretisiert und gegebenenfalls vollstreckt werden sollte, stand nicht zur Entscheidung, und dazu enthält das Urteil auch keine Ausführungen.

81 Dazu bereits D II 2 a).

tragung der staatlichen Gewalt auf verschiedene selbständige Rechtssubjekte wird erkennbar, daß im Hinblick auf Fragen der formalen rechtlichen Strukturen die Einheit der Verwaltung gerade *kein* entscheidender Gesichtspunkt sein kann. Im Falle einer Anordnung gegen Hoheitsträger mit eigener Rechtsfähigkeit geht es auch nicht darum, aus Gründen der hierarchischen Ordnung einen einheitlichen Willen eines Verwaltungsorgans zu gewährleisten (die rechtliche Verselbständigung stellt ja gerade eine Herausnahme aus der Verwaltungshierarchie dar).

Es geht vielmehr um die Abgrenzung einzelner als rechtlich selbständig erachteter Willenssphären, also um jenes Problem, dessen Lösung in unserer Rechtsordnung durch die Annahme der potentiellen Verbindlichkeit von Anordnungen gelöst wird. Die rechtliche Selbständigkeit einzelner Hoheitsträger führt auch dazu, daß in ihrem Verhältnis zueinander die entsprechenden verfahrensrechtlichen Maximen gelten können wie im Verhältnis eines Hoheitsträgers zum Bürger. So ist es folgerichtig, wenn beispielsweise Anordnungen gegenüber einer Gemeinde als Verwaltungsakt qualifiziert werden[82] mit der gleichen Möglichkeit, eine eventuelle Rechtswidrigkeit gerichtlich geltend zu machen, wie sie bei jedem anderen Verwaltungsakt besteht.

---

[82] Dazu bereits D II 3 a); angesichts dessen, daß die Gemeinden teilweise auch Funktionen als staatliche Unterbehörden wahrnehmen, werden sie insoweit nach herrschender Meinung im Innenverhältnis des jeweiligen Landes tätig mit der Folge, daß auf diesen Bereich bezügliche Anordnungen nicht als Verwaltungsakte, sondern als interne Anweisungen angesehen werden — vgl. *Jesch* in DÖV 1960, 739 ff.; *Rupp*, Grundfragen, S. 101 f. m. w. N. sowie BVerwG in DVBl. 1970, 580 ff. m. w. N.; gegen die Gegenüberstellung von Selbstverwaltungs- und Auftragsangelegenheiten als Voraussetzung der Klagebefugnis der Gemeinden OVG Münster in DÖV 1970. 607. Freilich werden Konflikte häufig gerade um die Frage entstehen, ob eine bestimmte Anweisung sich in dem Organschaftsbereich hält oder in die Selbstverwaltung der Gemeinden eingreift. Läßt man die Qualifikation als Verwaltungsakt daran scheitern, daß kein Eingriff vorliege, so entscheidet sich die gesamte Problematik bei der Überprüfung der Zulässigkeit einer eventuellen Klage.

Aus der rechtlichen Selbständigkeit der Gemeinde kann nur der Schluß gezogen werden, daß *jede* verbindlich gemeinte Anweisung gegen sie ein Verwaltungsakt ist. Dieser Akt ist — solange er nicht in die der Gemeinde zustehenden Selbstverwaltungsrechte eingreift — *im Verhältnis zur Gemeinde* rechtmäßig — str., Nachweise bei *Kisker*, Insichprozeß, S. 12, Fußn. 15. Ob nach Umsetzung der Anweisung der Verwaltungsakt gegenüber dem Bürger rechtmäßig ist oder nicht, kann hingegen keinen Einfluß auf die Rechtmäßigkeit der Anweisung im Verhältnis zur Gemeinde haben, da die Frage der Rechtmäßigkeit sich immer nur in einem bestimmten Rechtsverhältnis stellt — vgl. *Rupp*, Grundfragen, S. 102, Fußn. 243. Allein diese Auffassung wird den Forderungen gerecht, den Gemeinden einen umfassenden Rechtsschutz gegen mögliche kompetenzverletzende Anweisungen zu gewährleisten und andererseits die Gemeinden (soweit nicht deren eigene Rechte betroffen werden) zu wirksamen Ausführungsorganen der staatlichen Gewalt zu machen.

Wenn gleichwohl Bedenken gegen die Zulässigkeit polizeilicher Anordnungen gegenüber rechtlich selbständigen Hoheitsträgern bestehen, so kann dies allein auf Erwägungen des Staatsaufbaues beruhen, nach denen nur bestimmte Hoheitsträger Pflichten anderer Hoheitsträger begründen können.

a) Landespolizeibehörden gegen kommunale Hoheitsträger

Polizeiliche Verfügungen einer Landespolizeibehörde gegen Gemeinden, Kreise oder andere Körperschaften kommunaler Selbstverwaltung könnten dadurch ausgeschlossen sein, daß der Erlaß von Verwaltungsakten — von spezialgesetzlichen Zuweisungen abgesehen — den Behörden der Kommunalaufsicht vorbehalten ist.

In der Rechtsprechung des Preußischen Oberverwaltungsgerichts wurde ein polizeiliches Vorgehen gegen kommunale Körperschaften allerdings überhaupt nicht im Zusammenhang mit der Problematik einer Polizeipflicht von Hoheitsträgern gesehen[83]. Im Gegensatz dazu beziehen die neueren Stellungnahmen zur Polizeipflicht von Hoheitsträgern polizeiliches Vorgehen gegen kommunale Körperschaften ohne weiteres in die Fragestellung mit ein[84]. Diesen Stellungnahmen fehlt jedoch gelegentlich das rechte Verständnis für die Gründe, aus denen das Preußische Oberverwaltungsgericht polizeiliches Vorgehen gegen Gemeinden nicht als ein Problem der Polizeipflicht von Hoheitsträgern ansah. So kritisieren *Ule-Rasch* diese Rechtsprechung mit der Begründung, das Gericht habe „hierbei nicht stets unterschieden, ob es sich um privatrechtliche Unternehmen oder um kommunale Eigenbetriebe handelte“[85]. Der Grund dafür, daß das Gericht in diesen Fällen die Möglichkeit polizeilichen Einschreitens bejahte, ist aber nicht in einer mangelhaften Unterscheidung von fiskalischem und hoheitlichem Handeln zu sehen; entscheidend für diese Rechtsprechung war vielmehr die zeitbedingte Sicht von Kommunalverwaltung und Kommunalaufsicht.

Die Kommunalaufsicht erweist sich in ihrer Entwicklung als Spezialisierung der allgemeinen polizeilichen Tätigkeit. Den Gemeinden wurde zunächst, indem man sie als bürgerliche Korporationen ansah, keine andere Rechtsstellung beigemessen als den Bürgern selbst. Diese Einordnung der Kommunalaufsicht unter die allgemeine Zuständigkeit der Polizei[86] kommt etwa in der preußischen „Verordnung wegen

---

[83] Dazu im folgenden einige Beispiele; weitere Nachweise bei *Schönfelder*, Polizeiliche Eingriffe gegen Hoheitsträger, S. 5, Fußn. 2.

[84] *Drews-Wacke*, Polizeirecht, S. 212 f.; *Rudolf*, Polizei gegen Hoheitsträger, S. 25 m. w. N.; *Schönfelder*, Polizeiliche Eingriffe gegen Hoheitsträger, S. 81 f.

[85] Polizeirecht, § 14 PrPVG, Rdnr. 54.

[86] Vgl. dazu *Rosin*, Begriff der Polizei, S. 92.

verbesserter Einrichtung der Provinzialbehörden" vom 30. 4. 1815 zum Ausdruck, wenn es dort in § 13 heißt: „Die Regierung verwaltet ... 2. die Landespolizei als: ... die Aufsicht auf Kommunen"[87]. Die Zuordnung der Gemeinden zur allgemeinen Rechtsstellung der Bürger wird auch deutlich, wenn noch *Thoma* die Gemeinde aufgrund des „Zusammenwirkens eines so breiten Publikums ... als die natürliche Vertreterin des Publikums" ansieht und damit die Möglichkeit polizeilicher Verfügungen gegen Gemeinden rechtfertigt[88]. Die Mittlerrolle der Gemeinden zwischen Staat und Gesellschaft[89], die in diesem Zitat anklingt (mit dem „Publikum" ist die — nichtstaatliche — Öffentlichkeit angesprochen), wurde jedoch in dem Maße weniger sichtbar, in dem man die Selbstverwaltung als ein Instrument der mittelbaren Staatsverwaltung verstand[90]. Je stärker jedoch die Gemeinden als Träger öffentlich-rechtlicher und damit letztlich staatlicher Gewalt erschienen, desto näher lag es, sie von einer für die Gesellschaft bestimmten polizeilichen Aufsicht auszunehmen und durch eine besondere Aufsicht der Tatsache Rechnung zu tragen, daß es sich um funktionale Untergliederungen der allgemeinen Verwaltung handelte.

Diese Entwicklung wurde gefördert durch die Einschränkung der Polizeigewalt auf die Gefahrenabwehr[91]. Während das Preußische Oberverwaltungsgericht für weite Bereiche des gesellschaftlichen Lebens klarstellte, daß die umfassende Aufsichtsgewalt einer eingeschränkten Polizeigewalt gewichen sei (z. B. im Hinblick auf Ärzte und Apotheker[92]), nahm es die Gemeinden niemals ausdrücklich von dieser Aufsichtgewalt aus. Es schränkte zwar die Möglichkeit polizeilichen Vorgehens gegen die Gemeinden dahingehend ein, daß die polizeiliche Aufsicht nur gegenüber vorhandenen Anstalten der Gemeinden bestehe, die Einrichtung von „Wohlfahrtseinrichtungen" hingegen nicht mittels Polizeiverfügung verlangt werden dürfe[93]. Ungeachtet dieses Grundsatzes billigte es aber polizeiliche Verfügungen, mit denen die Gemeinden zu den verschiedensten Maßnahmen herangezogen wurden, so z. B. zur Anstellung eines Nachtwächters[94], zur Bereitstellung guten Trinkwassers[95], zur Anlage eines Begräbnisplatzes[96], zur Herstellung einer

---

[87] Zitiert nach *Schücking*, Quellensammlung zum Preußischen Staatsrecht, S. 60 ff.

[88] *Thoma*, Polizeibefehl, S. 187 f. (insbes. S. 188).

[89] *v. Unruh*, Gemeinderecht, S. 89.

[90] Dazu *Häberle*, Öffentliches Interesse, S. 139.

[91] Dazu B II 3 c).

[92] PrOVGE 31, 270 (274 ff.); 33, 356 ff.; 44, 354 (356); 53, 357 (358); 80, 333 (334); vgl. auch Sächs.OVGE 20, 197 (198 f.).

[93] PrOVGE 12, 382; 23, 103.

[94] PrOVGE 50, 42.

[95] PrOVGE 52, 279.

[96] PrOVGE 36, 440.

Straße[97] oder zur Errichtung einer Urinieranstalt[98]. Die polizeiliche Aufsicht über die Gemeinden, in der die Zuordnung zum gesellschaftlichen Bereich nachwirkte, hielt sich also nicht innerhalb der Grenzen der Polizeigewalt, die für den gesellschaftlichen Bereich galten.

Neben dieser „erweiterten" Polizeigewalt blieb außerdem eine allgemeine Aufsicht erhalten, die den Aufsichtsbehörden ein Einschreiten gegenüber den Gemeinden im öffentlichen Interesse erlaubte[99], zumindest als allgemeine Rechtsaufsicht. Schon *Thoma* war angesichts dieser Rechtslage der Auffassung, daß „die Scheidung zwischen aufsichtsrechtlichen und polizeirechtlichen Verpflichtungen nicht leicht" durchzuführen sei[100]. So erklärt es sich, daß in dem aus anderen Gründen — es handelt sich um eine grundlegende Entscheidung zur polizeirechtlichen Verursachungslehre — bekannten „Borkumlied"-Fall in der gleichen Angelegenheit sowohl die Polizeibehörden, als auch die Behörden der Kommunalaufsicht tätig wurden, was das Gericht jedenfalls grundsätzlich nicht in Frage stellte[101].

Gegenüber dem Nebeneinander von Kommunalaufsicht und Polizeiaufsicht stellte *Otto Mayer* den Gedanken heraus, daß es sich auch bei der polizeilichen Aufsicht um das Rechtsinstitut der Aufsichtsgewalt handele; die Benennung als „Polizei" erschwere nur das Verständnis dessen. Es sei bei den betreffenden Maßnahmen nicht die allgemeine Nichtstörungspflicht der Bürger in Frage, sondern die besondere Leistungspflicht der Gemeinden für die ihnen anvertraute öffentliche Verwaltung[102]. Folgerungen der Art, daß demnach auch nicht die Polizeibehörden, sondern grundsätzlich nur die Kommunalaufsichtsbehörden für die Anordnung dieser Maßnahmen zuständig sein müßten oder daß jede Anordnung gegenüber einer Gemeinde von den Aufsichtsbehörden zu erlassen sei, zog Otto Mayer aus dieser Feststellung allerdings nicht.

Nach den Ausführungen über die Tauglichkeit der Unterscheidung von hoheitlichem und fiskalischem Handeln für die Abgrenzung des Umfangs der Polizeigewalt[103] kann hier kein Zweifel darüber bestehen, daß dieser Gesichtspunkt für das geltende Recht nicht geeignet ist, den Eingriffsbereich der Polizei von demjenigen der Kommunalaufsichtsbehörden abzugrenzen. Als einziges Kriterium dafür bietet sich die Rechtsgrundlage an, auf der die jeweilige Maßnahme beruht; mit anderen Worten: die Zuständigkeit von Polizeibehörden würde beispielsweise

---

97 PrOVGE 35, 73.

98 PrOVGE 12, 389.

99 *Häberle*, Öffentliches Interesse, S. 253 ff., insbes. Fußn. 30 bis 41 m. w. N.

100 Polizeibefehl, S. 16.

101 PrOVGE 80, 176 (183 f.); vgl. auch PrOVGE 28, 89 (96).

102 Verwaltungsrecht I, S. 225, Fußn. 21 (noch S. 226).

103 C, insbes. C III.

immer dann bestehen, wenn eine Anordnung in Ausführung der polizeilichen Generalklausel erfolgt. Das würde bedeuten, daß die Polizeibehörden im Rahmen der Gefahrenabwehr Verfügungen auch dann erlassen könnten, wenn die Gemeinden unzweifelhaft als Träger öffentlicher Verwaltung tätig werden. Ein solches polizeiliches Verfügungsrecht würde im weiten Umfang mit der Kommunalaufsicht konkurrieren, die als Rechtsaufsicht angesichts des öffentlich-rechtlichen Gesamtstatus über die Tätigkeit der Kommunen im Ganzen besteht[104]. Damit ergäbe sich für die Kommunen, daß sie potentiell verbindliche Anweisungen in Bezug auf den gleichen Gegenstand von zwei verschiedenen, gleichermaßen zuständigen Behörden erhalten könnten.

Das bringt die Gefahr mit sich, daß einander widersprechende, nach Ablauf der Anfechtungsfrist verbindliche Regelungen gleichzeitig durch verschiedene Behörden ergehen können. Diese Gefahr besteht im allgemeinen Rechtsverkehr deshalb kaum, weil zur Wahrnehmung einer Aufgabe grundsätzlich nur die Zuständigkeit *einer* Behörde besteht[105], und der Zuständigkeitsmangel einer anderen, gleichzeitig verfügenden Stelle ein Nichtigkeitsgrund ist[106]. Diese Überlegung führt dazu, der Kommunalaufsicht und der Polizei getrennte Bereiche zuzuweisen, soweit die Hervorbringung potentiell verbindlicher Regelungen — also der Erlaß von Verfügungen — in Frage steht. Wird der Polizei im Einzelfall ausdrücklich die Aufgabe zugewiesen, Verfügungen gegen die Gemeinde zu erlassen, so ist demgemäß die Kommunalaufsichtsbehörde zur Regelung des entsprechenden Gegenstandes nicht zuständig. Die Vollstreckung der polizeilichen Verfügung erfolgt dann auch nicht auf dem für die Vollstreckung kommunalaufsichtlicher Verfügungen vor-

---

104 Ausscheidbar aus dem Bereich der Rechtsaufsicht ist allenfalls die Frage der Rechtmäßigkeit oder Rechtswidrigkeit bei der Abwicklung eines konkreten privatrechtlichen Rechtsverhältnisses. Erfüllt eine Gemeinde in einem solchen Rechtsverhältnis ihre Verpflichtungen nicht, begleicht sie also etwa eine Werklohnforderung nicht, so kommt in bezug darauf eine Aufsichtsmaßnahme nicht in Betracht — z. B. PrOVGE 14, 1 (9); 16, 218 (221); 28, 89 (95); OVG Münster in DVBl. 1963, 862 f.; *Oertel*, Städteordnung, S. 628; *Forsthoff*, Verwaltungsrecht, S. 535; *Otto Mayer*, Verwaltungsrecht II, S. 397. Dies nicht etwa deshalb, weil die Gemeinde hier im „fiskalischen Bereich" handelt und damit außerhalb der öffentlich-rechtlichen Organisation, sondern weil innerhalb des konkreten Rechtsverhältnisses nur Obligationen zwischen Gläubiger und Schuldner bestehen und nicht zwischen der Gemeinde (als Schuldner) und dem Staat. Führen jedoch Umstände, die für das privatrechtliche Rechtsverhältnis von Bedeutung sind, zu einer Verletzung anderer Pflichten der Gemeinde, so weist dieser Umstand über das Rechtsverhältnis hinaus und kann deshalb zu aufsichtsrechtlichen Maßnahmen führen — ähnlich OVG Münster, a.a.O., S. 863 a. E.

105 *Forsthoff*, Verwaltungsrecht, S. 419; *Schönfelder*, Polizeiliche Eingriffe gegen Hoheitsträger, S. 51 m. w. N., vgl. auch S. 60 f.

106 Im einzelnen werden verschiedene Zuständigkeitsmängel zwar unterschiedlich beurteilt; schwere Zuständigkeitsmängel führen aber nach allgemeiner Meinung zur Nichtigkeit — *H. J. Wolff*, Verwaltungsrecht I, § 51 III b 3 (S. 339).

gesehenen Weg, sondern in der gleichen Weise, in der jede andere polizeiliche Verfügung vollstreckt wird[107]. Soweit aber keine solche ausdrückliche Regelung vorhanden ist (es kommen auch polizeiliche Zuständigkeiten kraft Tradition in Betracht), kann nur *die* Behörde Verfügungen erlassen, die für das Vorgehen gegen die Gemeinde grundsätzlich zuständig ist. Die dafür zuständige Behörde ist aber nicht diejenige, die auch im Verhältnis zum Bürger mit einem entsprechenden Gegenstand befaßt ist (die Polizeibehörde), sondern die Behörde der Kommunalaufsicht[108].

Diese Annahme einer grundsätzlich alleinigen Zuständigkeit der Kommunalaufsichtsbehörden für den Erlaß potentiell verbindlicher Regelungen gegenüber den Kommunen ist nur ein Weiterdenken der Entwicklung, die hinsichtlich der formalen Seite der Kommunalaufsicht in neuerer Zeit eingeschlagen wurde. Nach der Deutschen Gemeindeordnung war die Zuständigkeit verschiedener Fachaufsichtsbehörden im Grundsatz durch die Einheit der Aufsicht abgelöst worden[109]. Diesen Gedanken haben die Gemeindeordnungen der Länder, jedenfalls soweit es um die Durchsetzung von Anordnungen mit Hilfe der speziellen kommunalrechtlichen Vollstreckungsmöglichkeiten (Aufsichtmittel) geht, aufgenommen[110]. Angesichts dieser Konzentrierung der staatlichen Aufsicht auf eine bestimmte Behörde wäre es wenig verständlich, wollte man ein Vorgehen durch Polizeibehörden aufgrund der Generalklausel weiterhin zulassen.

Letzten Endes kann die verfassungsrechtlich garantierte Selbstverwaltung gegenüber der stets notwendig verbleibenden Staatsaufsicht auch nur dann effektiv bestehen, wenn nicht eine Vielzahl staatlicher Behörden in den Bereich kommunaler Tätigkeit durch Verfügungen eingreifen und diese dann mit ganz anderen als den speziell auf die Situation einer Selbstverwaltungskörperschaft zugeschnittenen Vollstreckungsmitteln vollziehen. Eine sachgerechte Ausgestaltung der Be-

---

107 D II 2 a) mit Fußn. 53; vgl. auch PrOVGE 28, 89 (96).

108 Eine ausdrückliche Bestätigung der hier begründeten Ansicht ist in Rechtsprechung und Literatur nicht nachzuweisen. Die Tendenz in dieser Richtung ist jedoch unverkennbar. So lag beispielsweise die Aufhebung einer gemeinschaftlichen Strom- und Wassersperre nach der ständigen Rechtsprechung des Preußischen Oberverwaltungsgerichts in der Zuständigkeit der „Polizei“ — PrOVGE 7, 354 (358 ff.); 27, 422 (424 ff.); PrOVGE PrVBl. 44, 384 f.; 46, 54 (55); 52, 317 f. —, während heute die Zuständigkeit der Kommunalaufsichtsbehörde angenommen wird; teils ohne Auseinandersetzung mit dieser Rechtsprechung — z. B. *H. J. Wolff*, Verwaltungsrecht III, § 127 I a 3, S. 59; teils unter ausdrücklicher Ablehnung dieser Entscheidungen — z. B. *Ule-Rasch*, Polizeirecht, § 14 PrPVG, Rdnr. 54, s. auch oben D II 4 a) mit Fußn. 84 und 85.

109 § 144 DGO.

110 Nordrhein-Westfalen, § 113; Rheinland-Pfalz § 128; Baden-Württemberg § 129 II; Bayern Art. 116 I; Niedersachsen § 135 II; Hessen § 145.

ziehung zwischen autonomer Gemeinde und aufsichtsführendem Staat erfordert, daß die Aufsicht durch eine Behörde wahrgenommen wird, die mit der kommunalen Selbstverwaltung vertraut ist und daß gegen Rechtsverletzungen durch die Gemeinde grundsätzlich diejenigen Mittel angewandt werden, die der Gesetzgeber speziell für das Vorgehen gegen Gemeinden zur Verfügung gestellt hat. Verfügungen gegen Gemeinden können also — von spezialgesetzlichen Ausnahmen abgesehen — nur durch die Kommunalaufsichtsbehörden ergehen[111].

b) Landespolizeibehörden gegen andere rechtsfähige landesrechtliche Hoheitsträger

Ähnliche Überlegungen, wie sie für den Ausschluß der Möglichkeit polizeilicher Verfügungen gegen kommunale Selbstverwaltungskörperschaften gelten, schließen auch gegenüber anderen rechtsfähigen Körperschaften und Anstalten des öffentlichen Rechts die Zulässigkeit polizeilicher Verfügungen aus. Zwar kommt insoweit eine verfassungsrechtliche Verbürgung der Autonomie und die damit in besonderer Weise erforderliche Konzentrierung der Verfügungsmöglichkeit bei einer Aufsichtsbehörde nicht in Betracht. Auch gegenüber diesen juristischen Personen des öffentlichen Rechts besteht aber (zumindest) eine Rechtsaufsicht, die den gesamten Tätigkeitskreis umfaßt. Dieses Aufsichtsrecht, das den Ersatz für die eigene Leitung des ausgegliederten Bereichs öffentlicher Verwaltung durch die Organe staatlicher Verwaltung darstellt, ist das Korrelat der gewährten rechtlichen Selbständigkeit[112]. Es muß um seiner Effektivität willen und zur Vermeidung der bereits im Hinblick auf die kommunale Selbstverwaltung geschilderten Ge-

---

[111] Vereinzelt werden auch heute noch polizeiliche Verfügungen in einem Bereich hingenommen, den schon *Otto Mayer* wenigstens materiell der Aufsichtsgewalt zugeordnet hatte (s. oben zu Fußn. 102). So erklärte der VGH Baden-Württemberg eine Verfügung für rechtmäßig, in der die Polizeibehörde einer Gemeinde die Einrichtung einer Beobachtungsstation für den gemeindlichen Fährverkehr aufgegeben hatte — VerwRspr. 11, 64 ff.; dies, obwohl sich die zuständige Aufsichtsbehörde bei der Genehmigung des Fährverkehrs die Möglichkeit nachträglicher Auflagen vorbehalten hatte — a.a.O., S. 68. Keine Ausnahme von dem hier herausgearbeiteten Grundsatz stellt hingegen eine bereits mehrfach erwähnte Entscheidung des Bundesverwaltungsgerichts dar, bei der es um eine seuchenpolizeiliche Anordnung gegen eine Gemeinde ging — BVerwGE 2, 192 f. Hier kam eine landesrechtliche Zuständigkeit der Polizeibehörde in Betracht, die das Bundesverwaltungsgericht im Rahmen seiner Zuständigkeit (§ 137 Abs. 1 VwGO) nicht nachprüfen konnte; diese Beschränkung kommt in der Entscheidung auch deutlich zum Ausdruck. Eine spezialgesetzliche Zuständigkeit der Polizei zum Vorgehen gegen eine Gemeinde, von der das Gericht demzufolge ausgehen mußte, ist aber selbstverständlich möglich — D II 2 a) mit Fußn. 53, vgl. auch oben nach Fußn. 106; zu Unrecht, weil ohne Berücksichtigung dieser Gründe, gegen die Entscheidung des Bundesverwaltungsgerichts: *Ule-Rasch*, Polizeirecht, § 14 PrPVG, Rdnr. 54.

[112] *Otto Mayer*, Verwaltungsrecht I, S. 113.

fahr der Doppelzuständigkeit umfassend und ausschließlich sein, so daß auch gegenüber diesen juristischen Personen des öffentlichen Rechts die Möglichkeit polizeilicher Verfügungen — wiederum abgesehen von spezialgesetzlichen Ausnahmen — nicht in Betracht kommt. Es bedarf keiner besonderen Ausführungen, daß diese Grundsätze auch für das Verhältnis kommunaler Polizeibehörden zu den nach Landesrecht rechtsfähigen Hoheitsträgern gelten.

c) Kommunale Polizeibehörden gegen das Land

Soweit die Gemeinden und Landkreise die Polizeigewalt ausüben (also nicht nur im Falle des Bestehens kommunaler Vollzugspolizeibehörden, sondern vor allem dann, wenn den kommunalen Behörden grundsätzlich die Aufgabe der Gefahrenabwehr zukommt wie nach §§ 1 III, 56, 57 HessSOG[113]), wäre daran zu denken, daß Polizeiverfügungen gegen das Land ergehen können. Hier liegt weder Identität der Rechtsperson von verfügender und betroffener Behörde vor[114], noch stehen die Länder ihrerseits unter einer allgemeinen Rechtsaufsicht, die als spezielle Regelung den Erlaß von Polizeiverfügungen ausschließen könnte[115]. Der Ausschluß der Verfügungsmöglichkeit ergibt sich hier jedoch daraus, daß die Gefahrenabwehr, auch wenn sie von kommunalen Behörden wahrgenommen wird, „Angelegenheit des Landes“[116] ist, also Angelegenheit jener Rechtsperson, gegen welche der Erlaß einer Verfügung in Frage steht. Damit ist — unabhängig von der rechtstechnischen Ausgestaltung der Wahrnehmung durch verschiedene Rechtspersonen — klargestellt, daß das Land sich eine Disposition über diesen Bereich vorbehält.

Die potentiell verbindliche (d. h. das Land gegen den Willen seiner Organe verpflichtende) Regelung eines Einzelfalles im Bereich der Gefahrenabwehr, die von den Kommunen wahrgenommen wird, scheitert auch an den Weisungsbefugnissen der Länder, mit deren Hilfe sie Verfügungen, von denen sie selbst betroffen wären, überspielen könnten. Selbst dort, wo die Weisungsbefugnisse (wie in Hessen gemäß §§ 56, 57 HessSOG) auch in polizeilichen Angelegenheiten nach den Grundsätzen des „Weinheimer Entwurfs“ eingeschränkt sind, ist dies möglich: Das Land kann durch seine zuständigen Behörden gegen eine Inanspruchnahme eine Einzelweisung mit der Begründung erlassen, die Verfügung sei „nicht im Einklang mit den Gesetzen“ (vgl. § 57 I 3

---

113 Vgl. auch §§ 3 I, 9 Nordrh.-Westf. OBG.

114 Gedacht ist also nur an die Fälle, in denen eine Kommunalbehörde *nicht* als Landesbehörde (z. B. der Landrat als Kreispolizeibehörde) tätig wird.

115 Dazu oben D II 4 b).

116 z. B. § 55 Hess.SOG; § 52 Nds.SOG; § 72 Rh.-Pf.PVG; § 163 II LVwG.-Schl.-H.; § 53 Bd.-Württ.PolG; § 56 Brem.PolG.

HessSOG) und damit auch nach Ablauf einer sonst gegebenen Anfechtungsfrist eine angeblich rechtswidrige Verfügung gegenstandslos machen. Diese Weisung der Landesbehörde wird ihrerseits nach Ablauf der Anfechtungsfrist verbindlich (§ 142 HessGO verweist auf die VwGO), ohne daß die Gemeinde dem etwas entgegensetzen könnte; nur diese Weisung, nicht aber die Anordnung einer kommunalen Behörde gegen das Land, besitzt also die Eigenschaft der potentiellen Verbindlichkeit.

Nicht anders ist insoweit auch die Rechtslage in Bayern. Zwar gehört nach Art. 83 I BayVerf. die örtliche Polizei zum *eigenen* Wirkungskreis der Gemeinden. Eine Rechtsaufsicht der Staatsbehörden besteht jedoch über die gesamte Gemeindetätigkeit (Art. 83 IV 2 BayVerf.), also auch über die örtliche Polizei, so daß auch hier eine gegen das Land wirkende Bestandskraft von Polizeiverfügungen an der Möglichkeit der rechtsaufsichtsbehördlichen Aufhebung solcher Verfügungen durch das betroffene Land selbst scheitern würde.

d) Bundespolizeibehörden gegen andere rechtsfähige bundesrechtliche Hoheitsträger

Hier gelten die Grundsätze entsprechend, die für das Verhältnis von Landespolizeibehörden zu anderen rechtsfähigen landesrechtlichen Hoheitsträgern ermittelt wurden[117, 118].

5. Die Möglichkeit von Verfügungen zwischen den einzelnen staatlichen Rechtssubjekten der Bundesrepublik

Die Frage, ob zwischen rechtlich selbständigen Hoheitsträgern Verfügungen ergehen können, erhält in der föderalistischen Ordnung der Bundesrepublik dadurch einen zusätzlichen Aspekt, daß als Folge solcher Verfügungen Hoheitsträger einander mit ihrer Exekutivgewalt in Anspruch nehmen können, die verschiedenen staatlichen Ordnungseinheiten mit jeweils eigener Exekutive zugehören[119]. Die denkbaren Konstellationen sind dabei Verfügungen von Landesorganen gegenüber dem Bund, von Bundesorganen gegenüber einem Land und von

---

117 D II 4 b).

118 Der Erlaß von Polizeiverfügungen ist nach alledem sowohl gegenüber anderen Behörden des gleichen Rechtsträgers als auch gegenüber anderen rechtlich selbständigen Hoheitsträgern grundsätzlich ausgeschlossen — dies zu D II 3 a) a. E.

119 Diese Besonderheit haben das PrOVG — E 80, 253 ff. —, das OVG Lüneburg — AS 12, 340 ff. — und das Bundesverwaltungsgericht — BVerwGE 29, 52 (59 f.) — nicht erkannt; das Bundesverwaltungsgericht sieht die Bundesstaatsproblematik nur im Zusammenhang mit der materiellen Bindung des Bundes an Landesrecht. Hinweise finden sich aber bei *Rudolf*, Polizei gegen Hoheitsträger, S. 22 und S. 7 mit Fußn. 7 und den dort Genannten, sowie bei *Kölble* in DÖV 1962, 661 ff.

Organen eines Landes gegenüber denen eines anderen Landes. Verfügungen des Bundes oder eines anderen Landes gegen eine Gemeinde oder gegen eine andere nach Landesrecht bestehende juristische Person wären als Verfügungen gegenüber dem Land anzusehen; denn gegenüber den außerhalb des Landes stehenden Exekutivgewalten ist das Land stets eine geschlossene Einheit, die durch die Landesregierung repräsentiert wird, ähnlich wie sich im völkerrechtlichen Verkehr der außenstehende Staat nur an die den inländischen Staat repräsentierende Regierung wenden kann[120]. Entsprechendes gilt für Anordnungen der Länder gegenüber den rechtsfähigen Einrichtungen, die nach Bundesrecht bestehen.

a) Bund gegen Land

Die Möglichkeit von Exekutivmaßnahmen des Bundes[121] gegenüber einem Land ist in den Artikeln 37, 83 ff., 108 und 115 f II Ziff. 2 des Grundgesetzes geregelt. Diese Vorschriften sind hinsichtlich der Exekutivbefugnisse des Bundes gegenüber den Ländern erkennbar abschließend; Bundesbehörden haben deshalb nur in dem durch die Verfassung gesteckten Rahmen die Möglichkeit, Anordnungen gegen ein Land bzw. einen nach Landesrecht bestehenden selbständigen Hoheitsträger zu erlassen.

b) Land gegen Bund

Weit schwieriger ist die Frage zu beantworten, ob der Bund ein tauglicher Adressat für Verfügungen der Länder ist. Da die Polizeipflicht nach der hier vertretenen Auffassung als eigenständige, u. U. neben anderen bestehende Pflicht[122] auf Landesrecht beruht (selbst dann, wenn die durch das Schutzgut der öffentlichen Sicherheit im Einzelfall mitumfaßte Norm zum Bundesrecht gehört), kommt die Möglichkeit polizeilicher Verfügungen gegen den Bund jedenfalls dann nicht in Betracht, wenn Landesrecht die Bundesverwaltung nicht binden kann.

aa) Bindung des Bundes an Landesrecht

Ob der Bund bei seiner (hoheitlichen) Tätigkeit das jeweilige Landesrecht beachten muß, ist umstritten. Ein Teil der Literatur und Rechtsprechung zu dieser Frage behandelt das Problem der Rechtsunterworfenheit des Bundes unter das Landesrecht allein unter dem Aspekt des Verhältnisses zwischen rechtlich selbständigen Hoheitsträgern. So sind im Zusammenhang mit dem „Hannoverschen Lärmprozeß“, bei

---

120 *Maunz* in Maunz-Dürig-Herzog, Grundgesetz, Rdnr. 51 zu Art. 84 GG.

121 Vgl. zur Polizeigewalt des Bundes *Drews-Wacke*, Polizeirecht, S. 515 f. und 535 ff.

122 B IV 5 b).

dem es darum ging, ob die Polizei gegen die Bundespost einschreiten kann[123], sowie in einigen Entscheidungen zur Bindung der Bundespost an Landesrecht[124] und teilweise auch in der Auseinandersetzung um die Bindung der Bundeswehrverwaltung an das Baurecht der Länder[125] die staatsrechtlichen Gesichtspunkte nicht erörtert worden.

Bereits 1950 hatte allerdings der Hessische Verwaltungsgerichtshof in Auseinandersetzung mit dieser Problematik die Unterworfenheit des Bundes unter die Gerichtshoheit der Länder bejaht, in einem obiter dictum aber erklärt, daß die Länder nicht „gesetzgeberisch ... in die Tätigkeit der Behörde (sc. des Bundes) eingreifen können“[126]. Erstmals setzte sich das Bayerische Oberste Landesgericht in einer lange Zeit unbeachtet gebliebenen Entscheidung ausführlicher mit den staatsrechtlichen Fragen einer Rechtsunterworfenheit des Bundes unter Landesrecht auseinander[127]. In Angleichung an die Auffassung, die allgemein zur Polizeipflicht von Hoheitsträgern vertreten wurde, kam das Gericht dabei zu dem Ergebnis, daß der Bund lediglich im Fiskalbereich dem Landesrecht unterworfen sei. Diese Auffassung hat *Kölble*[128] weiter vertieft und damit begründet, daß der Bund — auch nach Ansicht des Bundesverfassungsgerichts[129] — als „Oberstaat“ den Ländern prinzipiell übergeordnet sei[130]. Eine Unterworfenheit der Organe des Bundes unter Landesrecht scheitere weiterhin daran, daß der Bund niemals zum hoheitlichen Vollzug von Landesgesetzen zustän-

---

123 OVG Lüneburg, AS 12, 340 ff.; Gutachten von *Werner Weber* in APF 1958, 65 ff.; Anmerkung zum Urteil von *R. Schmidt* in APF 1958, 70 ff.

124 BVerwG in DÖV 1962, 142 (144); VGH Bad.-Württ. in DÖV 1964, 854 (855); vgl. zur Frage einer Inanspruchnahme von Bundeswasserstraßen auch OVG Münster in DÖV 1960, 314.

125 *Dörge* in DÖV 1961, 527; *Böhm* in DÖV 1962, 257.

126 In DÖV 1950, 654.

127 In BayVBl. 1957, 295 (296 f.).

128 In DÖV 1962, 661 ff.; *Scheuner*, Unterwerfung der Bundesverwaltung unter Landesrecht, S. 44, 47, 81 u. 82, hat sich dieser Auffassung angeschlossen; im Ergebnis wie Kölble unter Betonung der gegenseitigen Immunität von Bund und Ländern bei hoheitlichem Handeln bereits *Herbert Krüger*, Der Rundfunk, S. 99 f.; *ders.*, Völkerrecht im Bundesstaat, S. 243 f.

129 Er bezieht sich auf BVerfGE 13, 54 (78 f.).

130 Soweit sich Kölble dabei auch auf eine Entscheidung des Bundesverwaltungsgerichts stützt, nach der eine Einwirkung der Landesgesetzgebung auf die Schienenwege der Bundesbahn ausgeschlossen sei — *Kölble* in DÖV 1962, 661 (663 mit Fußn. 16 und 18) —, ist diese Bezugnahme verfehlt, weil das Bundesverwaltungsgericht im unmittelbaren Anschluß an einen in der Tat für die Auffassung Kölbles sprechenden Satz ausführt, es gehe „um das Verhältnis der Eisenbahnhoheit zur Polizeihoheit im hergebrachten Sinn ... Daß es zugleich um das Bund-Länder-Verhältnis geht, hat keine Bedeutung“ — BVerwG in DÖV 1962, 142 (144) —. Gegen die Auslegung Kölbles, hier sei einer grundsätzlichen Exemtion der Bundesbahn vom Landesrecht das Wort geredet worden, hat der erkennende Senat selbst später Stellung bezogen — BVerwGE 29, 52 (58).

dig sein könne[131]. Jede andere Möglichkeit eines Vollzugs gegenüber dem Bund sei ebenfalls ausgeschlossen: „Wäre der Landesgesetzgeber zum Erlaß solcher Normen befugt, die das hoheitliche Handeln des Bundes binden, so hätte dies somit zur notwendigen Folge, daß die betreffende Norm auch gegenüber den Verwaltungseinrichtungen des Bundes nur von Landesbehörden vollzogen werden könnte. Dies würde aber einen Verstoß gegen Art. 30 GG darstellen, wonach die Ausübung staatlicher Befugnisse nur insoweit Sache der Länder ist, als das Grundgesetz keine andere Regelung trifft oder zuläßt. Mit der Zuweisung eines bestimmten Verwaltungsbereiches ... an den Bund hat das Grundgesetz eine solche ‚andere Regelung' getroffen[132]."

Die Argumentation Kölbles geht, soweit sie aus der Qualifizierung des Bundes als „Oberstaat" durch das Bundesverfassungsgericht derart weitreichende Folgerungen zieht, über das hinaus, was das Bundesverfassungsgericht damit aussagen wollte. Im unmittelbaren Zusammenhang mit der Bemerkung, auf die Kölble sich stützt, führt das Gericht nämlich aus, daß zwischen Bund und Ländern grundsätzlich Gleichordnung bestehe, soweit nicht die Bundesverfassung das Verhältnis anders geregelt habe. Aus der Aufteilung der staatlichen Aufgaben im Bundesstaat ergibt sich also auch nach Auffassung des Bundesverfassungsgerichts ein Nebeneinander mehrerer selbständiger Staatsgewalten, nicht aber ein allgemeines Unterwerfungsverhältnis der Länder unter den Bund[133]. Vielmehr hat innerhalb der vom Grundgesetz vorgenommenen Aufgabenverteilung jeder Teil die höchste Staatsgewalt im Bereich seiner Zuständigkeit[134]. Die Auffassung Kölbles widerspricht auch der Regelung der Kompetenzen im Grundgesetz. Würde man Kölble folgen, so ergäbe sich nämlich über die Kompetenzabgrenzung hinaus, wie sie zwischen Bund und Ländern nach dem Grundgesetz besteht, eine zusätzliche Kompetenz des Bundes. Denn hinsichtlich der Gebiete der Landesgesetzgebung müßte der Bund eigene Normen für das Verhalten seiner Verwaltungsorgane aufstellen, also etwa ein eigenes Baupolizeirecht, Naturschutzrecht oder Wasserrecht schaffen[135].

Soweit Kölble eine Bindung des Bundes an Landesrecht ablehnt, weil den Bund verpflichtendes Landesrecht von ihm selbst nicht voll-

---

[131] Das entspricht übrigens nicht den tatsächlichen Verhältnissen; der Bund vollzieht in beschränktem Umfang auch Landesrecht — vgl. *Model-Müller*, Grundgesetz, Vorbem. vor Art. 83.

[132] In DÖV 1962, 661 (665 unter II 3).

[133] Auch *Walter Schmidt* weist darauf hin, daß aus der Überordnung des Bundes in einzelnen Punkten (z. B. Art. 85 GG) nicht auf das regelmäßige Verhältnis des Bundes zu den Ländern geschlossen werden könne — in AöR 87, 254 (294).

[134] Vgl. *Maunz*, Bundesverfassungsgerichtsgesetz, Rdnr. 43 zu § 13; *Reigl* in DÖV 1967, 397 (399 l. Sp.).

[135] *Reigl* in DÖV 1967, 397 (399 r. Sp.).

zogen werden dürfe, ein Vollzug der Länder gegenüber dem Bund aber nach der Verfassungsordnung des Grundgesetzes nicht in Frage komme, vermischt er die Frage der materiellen Bindung mit der des Vollzugs. Der „Vollzug" muß aber unterschieden werden von der „Beachtung" eines Gesetzes[136, 137]. Der „Vollzug" ist eine besondere Art der „Beachtung". Während als „Beachtung" *jede* Realisierung der Normbindung in einem Einzelfall anzusehen ist, kennzeichnet der „Vollzug" die spezifische Zuordnung einer Verwaltungsbehörde zu einem Sachbereich von Staatsaufgaben: mit dem Begriff des Vollzugs ist die Funktion einer Behörde, ist ihre Zuständigkeit angesprochen. Es ist also nicht möglich, die Pflicht zur Beachtung einer landesrechtlichen Norm durch den Bund mit der Begründung abzulehnen, der Bund könne zum Vollzug dieser Norm nicht zuständig sein. Die weitere Behauptung Kölbles, daß ein Vollzug der Länder gegenüber dem Bund nicht in Betracht komme, trifft ebenfalls nicht die Beachtungspflicht des Bundes. Soweit schließlich Kölble davon ausgeht, daß es ohne *irgend*einen Vollzug keine Beachtung einer Norm geben könne, kann hier zur Widerlegung dessen auf die Ausführungen zur Möglichkeit von unmittelbar auf Normen beruhenden Pflichten verwiesen werden[138].

Der Auffassung Kölbles ist nach alledem nicht zu folgen. Der Bund ist vielmehr den kompetenzgerecht erlassenen Gesetzen der Länder unterworfen[139]. Dabei kommt es auf die — nach der hier vertretenen Ansicht ohnehin nicht durchführbare — Unterscheidung zwischen einem fiskalischen und einem hoheitlichen Bereich nicht an. Diese von *Reigl*[140] mit ausdrücklichem Bezug auf das Bund-Länder-Verhältnis und in Auseinandersetzung mit Kölble ausführlich begründete Ansicht vertritt inzwischen auch das Bundesverwaltungsgericht[141]. Die vorausgegangenen Entscheidungen zur Bindung der fiskalisch handelnden Bundesbahn an Landesrecht sieht das Gericht dabei als Unterfälle der

---

136 BVerwGE 29, 52 (58), zustimmende Anmerkung von *Menger* und *Erichsen* in VerwArch 60, 92 (95 f.); *Maunz* in Maunz-Dürig-Herzog, Grundgesetz, Rdnr. 21 (bb) zu Art. 83 GG; *Reigl* in DÖV 1967, 397 (399 r. Sp.); *Scholz* in DVBl. 1969, 116; diese Trennung spiegelt sich in bezug auf die Polizeipflicht in Werner Webers Unterscheidung zwischen der materiellen Polizeipflicht und der Bindung an polizeiliche Verfügungen wider — s. oben A II und B I —; inwieweit gerade im Bereich der Polizeipflicht eine solche Trennung angesichts der hier vertretenen Ablehnung einer „materiellen Polizeipflicht" möglich ist, kann erst weiter unten beantwortet werden.

137 *Schönfelder* unterscheidet zwischen „Zuständigkeit" und „Verantwortlichkeit" — Polizeiliche Eingriffe gegen Hoheitsträger, S. 56 ff.

138 B IV 4.

139 Ebenso *Köttgen* in JöR 1962, 173 (214).

140 In DÖV 1967, 397 (398).

141 BVerwGE 29, 52 (58); zustimmend *Menger* und *Erichsen* in VerwArch 60, 92 (95 f.); *Scholz* in DVBl. 1969, 169; *Schönfelder*, Polizeiliche Eingriffe gegen Hoheitsträger, S. 92.

generell bestehenden Bindung des Bundes an kompetenzgerechtes Landesrecht an[142].

bb) Exekutivmaßnahmen eines Landes gegen den Bund

Die Frage der Zulässigkeit von Exekutivmaßnahmen (Verfügungen) der Länder gegenüber dem Bund ist mit der Feststellung, daß der Bund verpflichtet ist, materielles Landesrecht zu beachten, noch nicht entschieden. In der oben erwähnten Entscheidung lehnt das Bundesverwaltungsgericht nach Anerkennung der materiellen Rechtsunterworfenheit die Möglichkeit von Verfügungen der Länderbehörden gegenüber dem Bund grundsätzlich ab[143]. Das Gericht greift insofern auf die allgemeinen Grundsätze der Rechtsprechung des Preußischen Oberverwaltungsgerichts zum Verhältnis von Hoheitsträgern untereinander zurück[144]. Die Begründung setzt sich nicht damit auseinander, worin die Ursache dafür liegt, daß trotz der bejahten vollinhaltlichen Bindung des Bundes an das Recht der Länder eine nur beschränkte Verfügungsmöglichkeit besteht. Das wäre angesichts des Bezugs auf die Rechtsprechung des Preußischen Oberverwaltungsgerichts erforderlich gewesen; denn für das Oberverwaltungsgericht war — anders als für das Bundesverwaltungsgericht — das Bestehen einer polizeirechtlichen Verpflichtung identisch mit der Möglichkeit zum Erlaß polizeilicher Verfügungen[145]. In der Entscheidung wird weiterhin nicht beachtet, daß der Gesichtspunkt der bundesstaatlichen Ordnung nicht nur für die Geltung des materiellen Rechts, sondern auch für die Verfügungsmöglichkeit zwischen Hoheitsträgern besondere Überlegungen erfordern könnte[146].

Die Möglichkeit von Exekutivmaßnahmen (Verfügungen) der Länder gegenüber dem Bund scheitert an keinem der Einwände, die für die Beurteilung von Verfügungen zwischen anderen Hoheitsträgern ausschlaggebend waren. Es liegt weder die gleiche Rechtsperson vor, noch gibt es erkennbar abschließende Aufsichtsregelungen oder ausdrückliche verfassungsrechtliche Bestimmungen, die dem Erlaß von Verfügungen der Länder gegen den Bund entgegenstünden. Nach der bereits erwähnten Ansicht des Bayerischen Obersten Landesgerichts,

---

142 Ausdrücklich unter Bezug auf BVerwG in DÖV 1962, 142 ff. Vgl. auch BVerwG in DVBl. 1968, 307; dort ging es um landesrechtliche Bindungen der Bundesbahn als Grundstückseigentümerin (Anschluß- und Benutzungszwang an die städtische Kanalisation); bereits in dieser Entscheidung setzte sich das Bundesverwaltungsgericht, wenn auch nur am Rande, mit der bundesstaatlichen Problematik auseinander.

143 BVerwGE 29, 52 (59) f.).

144 Vgl. A II ab Fußn. 22.

145 Vgl. D pr.

146 D II 5 pr. mit Fußn. 119; zur Notwendigkeit einer gesonderten Betrachtung beider Fragenkreise *Köttgen* in JöR 1954, 67 (84) und in JöR 1962, 173 (215).

der Kölble beigetreten ist[147], stellt die Zuweisung bestimmter Verwaltungsbereiche allerdings eine „andere Regelung“ im Sinne von Art. 30 GG dar; die Möglichkeit eines Tätigwerdens der Länderexekutive sei deshalb in bezug auf diesen Bereich ausgeschlossen. Diese Überlegung hat einen richtigen Kern, wenn sie darauf hinweist, daß die Polizeibehörden der Länder nicht sub titulo „Polizeipflicht“ in den Gesetzesvollzug durch Bundesbehörden eingreifen dürfen; darin erschöpft sich aber auch die „andere Regelung“. Soweit die Bundesbehörden anläßlich der Wahrnehmung ihrer Kompetenz Bundes- oder Landesrecht *beachten* müssen, dessen Vollzug den Ländern obliegt[148], greifen die Länder nicht in die Vollzugszuständigkeit des Bundes ein, wenn sie die Bundesverwaltung durch Erlaß einer Polizeiverfügung zu einem Vollzugsmodus verpflichten, der diesen Normen entspricht. Sind die betroffenen Bundesbehörden der Ansicht, daß sie entgegen der Verfügung im Einklang mit diesen Normen handeln, so ist der Bund auf die Geltendmachung seiner Auffassung durch Widerspruch und Anfechtungsklage angewiesen. Nach Fristablauf ist er an eine nicht-nichtige Verfügung ebenso gebunden wie jeder Bürger. Wenn *Kölble* demgegenüber aus der Zuweisung eines Verwaltungsbereichs an Bundesbehörden auf einen gänzlichen Ausschluß der Vollzugskompetenz der Länder schließt, ist dies das Ergebnis dessen, daß er „Vollzug“ und „Beachtung“ nicht unterscheidet[149]; denn nur dann, wenn die Vollzugszuständigkeit einer Behörde auch die Zuständigkeit umfassen würde, die allgemeinen Beachtungspflichten selbst zu vollziehen, läge eine „andere Regelung“ im Sinne des Art. 30 GG vor, die eine Zuständigkeit der Länder ausschließen könnte. Da dies aus den gesetzlichen Normen nicht abzuleiten ist, spricht Art. 30 GG im Gegenteil dafür, daß den Ländern mangels einer anderen Regelung auch gegenüber dem Bund Exekutivbefugnisse zustehen.

Ein anderer Gesichtspunkt, der die Bewirkung einer „potentiellen Verbindlichkeit“ durch dem Land zugehörige[150] Hoheitsträger ausschlösse, ist nicht ersichtlich. Insbesondere fehlt es an einer Möglichkeit des Bundes — entsprechend dem Verhältnis zwischen kommunalen

[147] B II 5 b) aa).

[148] Zum Teil wird den Ländern durch einfaches Bundesgesetz die Vollzugszuständigkeit von Bundesrecht gerade gegenüber Bundesbehörden entzogen und die Verwaltungsaufgabe den betroffenen Bundesbehörden selbst übertragen; eine Zusammenstellung dieser Regelungen findet sich bei *Köttgen* in JöR 1954, 67 (84 f.) und in JöR 1962, 173 (214). Die Zulässigkeit einer solchen Zuweisung von Verwaltungsaufgaben ist an Art. 83, 84 und 87 GG zu messen. Im Rahmen ihrer eigenen Gesetzgebungszuständigkeit steht es nach Ansicht von Köttgen im Belieben der Länder, ob sie Bundeseinrichtungen von der Vollzugszuständigkeit der Landesbehörden ausnehmen wollen.

[149] B II 5 b) aa) nach Fußn. 135.

[150] Dazu D II 5 pr. mit Fußn. 120.

Polizeibehörden und den Ländern[151] — Einzelfallentscheidungen durch rechtsaufsichtliche Maßnahmen zu überspielen. Die Polizeibehörden der Länder können also Verfügungen gegen Bundesbehörden erlassen und sie auch vollstrecken, soweit nicht die einschlägigen Normen ausdrücklich die Möglichkeit einer Vollstreckung ausschließen[152].

cc) Umfang der Polizeipflicht des Bundes

Selbstverständlich können Hoheitsträger nur polizeipflichtig werden, wenn sie an die Beachtung der möglicherweise verletzten Norm gebunden sind. Andernfalls würden sie auf dem Weg über die Polizeipflicht rechtlichen Bindungen unterworfen, die für sie gerade nicht gelten sollen. Während ein eventueller Normenkonflikt (etwa zwischen allgemein geltendem fachfremdem Recht und besonderem Eigenbereichsrecht) sonst nach den Grundsätzen für Normenkollisionen zu lösen ist (z. B. lex specialis derogat legi generali)[153], muß zwischen Bund und Land zusätzlich nach den Gesetzgebungskompetenzen abgegrenzt werden. Daß dies im Einzelfall durchaus schwierig ist, wird nicht verkannt; auf die Abgrenzung der Gesetzgebungskompetenzen kann hier aber nicht näher eingegangen werden[154]. Den kompetenzgerecht erlassenen Normen sind alle Hoheitsträger unterworfen. Im Rahmen der jeweiligen Kompetenz ist es deshalb allein Sache des zuständigen Gesetzgebers, ob Sonderregelungen für Hoheitsträger getroffen werden[155]. Polizeiverfügungen, die unter Verletzung der Kompetenzgrenzen ergehen, sind nichtig; bei Annahme einer „potentiellen Verbindlichkeit" würde eine Polizeiverfügung das Verhältnis von Bund und Ländern entgegen den Kompetenzregelungen der Verfassung im Einzelfall verschieben können.

c) Land gegen Land

Im Verhältnis eines Landes zu einem anderen Land sind nur sehr beschränkt Konstellationen möglich, in denen Polizeiverfügungen in Betracht kommen. Zu denken ist einmal an Konflikte im Grenzbereich

---

151 D II 4 c).

152 D II 2 a) nach Fußn. 50.

153 Die Rechtsprechung hat bisher stets die Ansicht vertreten, die Verwaltung sei nur mit dem Vorbehalt an bestehende Gesetze gebunden, daß die im Einzelfall kollidierenden Interessen gegeneinander abzuwägen sind — so bereits PrOVGE 2, 399 (408 f.). Eine derartige Kollisionsnorm gibt es jedoch nicht. Sie würde, wie *Menger* und *Erichsen* zu Recht ausführen, „die Rechtsbindung der Verwaltung ... in umfassender Weise relativieren und sie in die Lage versetzen, legislativ getroffene Interessenbewertung zu umgehen". Diese Auffassung scheine „von einem Eigenwert der Verwaltung auszugehen, der unter der Herrschaft des GG nicht mehr zu rechtfertigen ist" — in VerwArch 60, 89 (95).

154 Eine eingehende Erörterung findet sich bei *v. Mangoldt-Klein*, Grundgesetz, Vorbem. III 7 (S. 1350 ff.) vor Art. 70 ff. GG.

155 *Köttgen* in JöR 1962, 173 (215).

(Übungsschießen der Bereitschaftspolizei über die Grenze hinweg) sowie an polizeiwidrige Zustände von Gegenständen, die im Eigentum eines Landes stehen, aber in einem anderen Land belegen sind. In keinem Fall können Kompetenzen miteinander kollidieren, weil die Kompetenzen eines jeden Landes territorial begrenzt sind. Da auch keiner der Gründe vorliegt, der sonst dem Erlaß polizeilicher Verfügungen entgegensteht, ist im Verhältnis eines Landes zu einem anderen die Begründung einer Polizeipflicht möglich. Die Verwaltungsvollstreckung einer polizeilichen Verfügung ist allerdings nur im Gebiet des verfügenden Landes möglich.

6. Verfügungen gegen Hoheitsträger, die nicht in jeder Beziehung dem öffentlichen Recht angehören

Hoheitsträger, die nicht in jeder Beziehung dem öffentlichen Recht angehören, sind die mit Hoheitsbefugnissen beliehenen Unternehmer[156] und die Kirchen als Körperschaften des öffentlichen Rechts[157]. Ist dies auch hinsichtlich der letzteren nicht unbestritten, so steht doch außer Frage, daß sie keiner staatlichen Aufsicht über den gesamten Bereich ihrer Tätigkeit unterliegen[158], sondern nur, soweit sie staatlich verliehene Hoheitsrechte wahrnehmen[159]. Damit ist der Streit um die Frage eines öffentlich-rechtlichen Gesamtstatus der Kirchen im Zusammenhang der vorliegenden Problematik jedenfalls insoweit gegenstandslos, als es sich um keine öffentlich-rechtlichen Körperschaften im üblichen Sinn handelt; denn eine solche Körperschaft ist als rechtlich verselbständigter Teil der Staatsgewalt ohne das Korrelat zumindest einer umfassenden Rechtsaufsicht nicht denkbar[160].

Entscheidend für den Ausschluß von Verfügungen gegen die übrigen rechtlich selbständigen Hoheitsträger war gerade das Bestehen einer solchen umfassenden Rechtsaufsicht, die zur Vermeidung von Doppelzuständigkeiten als ausschließlich angesehen werden mußte[161]. Diese Überlegung ist für die Hoheitsträger ohne öffentlich-rechtlichen Gesamtstatus nicht von Bedeutung, so daß gegenüber diesen der Erlaß polizeilicher Verfügungen grundsätzlich zulässig ist. Sofern diese Verfügungen den Vollzug der übertragenen Hoheitsgewalt regeln, fehlt den verfügen-

---

[156] Grundlegend *Otto Mayer*, Verwaltungsrecht II, S. 243 ff.

[157] *Wolfgang Martens*, Öffentlich als Rechtsbegriff, S. 144; *Mikat*, Kirchliche Streitsachen, S. 327, S. 333 mit Fußn. 63; *Hermann Weber*, Religionsgemeinschaften als Körperschaften des öffentlichen Rechts, S. 85 ff.

[158] *Peters* in VVDStRL 11, 177 (187 f.); *Hesse*, Rechtsschutz durch staatliche Gerichte im kirchlichen Bereich, S. 77 f.

[159] *Peters* in VVDStRL 11, 177 (188); zu weitgehend *Hermann Weber*, Religionsgemeinschaften als Körperschaften des öffentlichen Rechts. S. 159, der insoweit eine staatliche Aufsicht ablehnt.

[160] Vgl. *Otto Mayer*, Verwaltungsrecht I, S. 113.

[161] D II 4 b) ab Fußn. 103.

den Polizeibehörden die Zuständigkeit, weil für die Gewährleistung der Rechtmäßigkeit insoweit die Aufsichtsbehörden ausschließlich zuständig sind. Polizeiliche Verfügungen in diesem Bereich sind also nichtig[162].

III. Polizeiliche Anordnungen gegen Organwalter

Als Adressaten von Polzeiverfügungen kommen statt der Hoheitsträger selbst, gegen die nur in dem oben aufgezeigten Umfang Polizeiverfügungen ergehen können, auch die Organwalter dieser Hoheitsträger in Betracht. Die Möglichkeit einer polizeilichen Inanspruchnahme dieser Personen steht außer Frage, soweit sie nicht in Ausübung ihres Amtes handeln. Schon die grundlegende Entscheidung des Preußischen Oberverwaltungsgerichts zur Polizeipflicht von Hoheitsträgern geht davon aus, daß „die Staatsbeamten und Militärpersonen" den polizeilichen Anordnungen nachkommen müssen[163]. Die eigentliche Schwierigkeit liegt dabei in der Abgrenzung zwischen dienstlichem und nichtdienstlichem Handeln. Darauf soll hier nur hingewiesen werden. Entsprechend den zu § 839 BGB entwickelten Grundsätzen[164] ist diese Abgrenzung sinnvollerweise danach vorzunehmen, ob ein „innerer Zusammenhang" zwischen der polizeilichen Inanspruchnahme und der dienstlichen Tätigkeit des Organwalters besteht.

Folgt man der Auffassung von *Schönfelder*, so wird diese Unterscheidung hinfällig. Schönfelder hält ein polizeiliches Vorgehen gegen Organwalter auch dann für möglich, wenn es sie in Ausübung ihres Amtes trifft. Die Organwalter seien als Inhaber der tatsächlichen Gewalt bzw. als Verantwortliche für das Verhalten anderer nach den Störerregelungen polizeilich verantwortlich. Insoweit könne kein Unterschied zu den juristischen Personen des Privatrechts bestehen[165].

---

162 Hier soll nicht unter anderen Vorzeichen wieder auf die Trennung zwischen hoheitlichem und fiskalischem Bereich zurückgegriffen werden. Polizeiverfügungen gegen beliehene Unternehmer und Kirchen sind nur dann aus den hier in Frage stehenden Gründen nichtig, wenn in den Einsatz des verliehenen hoheitlichen Mittels eingegriffen wird. So ist beispielsweise eine Polizeiverfügung gegen die rechtswidrige Nichtversetzung durch eine anerkannte Privatschule ausgeschlossen, nicht aber gegen übermäßigen Pausenlärm. Gegenüber einer staatlichen Schule hingegen kann auch wegen des Pausenlärms keine Verfügung ergehen — vgl. *Wiethaup* in JR 1962, 415 (416 unter III a).

163 PrOVGE 2, 399 (406 f.); s. bereits oben B I ab Fußn. 5.

164 *H. J. Wolff*, Verwaltungsrecht I, § 64 II d, S. 445 f.; BGHZ 11, 181 (185 ff.); 29, 38 (41); 42, 176 ff.; allerdings kommt es bei der Frage der polizeilichen Inanspruchnahme nicht darauf an, ob es sich um hoheitliche Diensttätigkeit handelt — s. oben C II 2.

165 Polizeiliche Eingriffe gegen Hoheitsträger, S. 39 ff.; Schönfelder spricht von „Organen", aus dem Zusammenhang ergibt sich aber eindeutig, daß er die Organwalter meint.

Diese Auffassung ist abzulehnen. Welche Regelungen des Polizeirechts auf Hoheitsträger anwendbar sind, läßt sich nicht durch einen Vergleich mit juristischen Personen des Privatrechts feststellen. Der Organwalter eines Hoheitsträgers kann polizeiliche Anforderungen, die seine Dienstausübung betreffen, nicht „als Privatperson" erfüllen, sondern er muß in diesem Fall die Modalitäten seiner Dienstausübung ändern. Polizeiliche Inanspruchnahme eines Organwalters in Ausübung seiner Amtstätigkeit ist also immer polizeiliche Inanspruchnahme des Hoheitsträgers. Diese Betrachtungsweise entspricht im Grundgedanken der Auffassung, die der Bundesgerichtshof zur Möglichkeit einer Naturalrestitution im Rahmen der Amtshaftung entwickelt hat. Danach muß sich, „wer ein bestimmtes Verwaltungshandeln öffentlich-rechtlicher Körperschaften durch ihre Beamten erreichen will ... grundsätzlich an die zuständige Körperschaft halten und nicht an den einzelnen Beamten, dessen Amtsführung er beanstandet. Als Einzelperson ist dieser gar nicht in der Lage, verbindlich über seine weitere Amtsführung zu entscheiden"[166]. Gegen eine Übernahme dieser Grundsätze ins Polizeirecht wendet Schönfelder ein, daß die Möglichkeit polizeilichen Einschreitens gegen Hoheitsträger von der Art der Beziehungen des Verantwortlichen zu Dritten abhängig gemacht werde, wenn man ein solches Einschreiten gegen Organwalter in Ausübung ihres Amtes ausschließe. Das sei im Interesse eines schnellen Zugriffs abzulehnen[167]. Schönfelder beachtet bei dieser Argumentation nicht, daß die Art der Beziehungen des Verantwortlichen zu Dritten (zum Hoheitsträger) hier zugleich die rechtlichen Möglichkeiten des Verantwortlichen beeinflußt, sich wie gefordert zu verhalten[168]. Dem Interesse des schnellen Zugriffs wird damit Genüge getan, daß für die Rechtmäßigkeit des Eingriffs nur die in der Situation erkennbaren Umstände von Bedeutung sind[169]. Allerdings dürften die Fälle selten sein, in denen es für die Polizeibehörde nicht erkennbar ist, daß ein Störer als Organwalter gehandelt hat.

IV. Die rechtliche Qualifizierung ausnahmsweise zulässiger polizeilicher Anordnungen gegen Hoheitsträger

Bereits bei der Auseinandersetzung mit der Ansicht von *Rudolf* wurde darauf hingewiesen, daß die ausnahmsweise zulässigen polizeilichen Anordnungen gegen Hoheitsträger nicht ohne weiteres als Ver-

---

166 BGHZ 34, 99 (106).

167 Polizeiliche Eingriffe gegen Hoheitsträger, S. 38 f.

168 Vgl. die Rechtsprechung zur „rechtlichen Unmöglichkeit", bei der zumeist die Rechtsbeziehungen zu Dritten mittelbar von Bedeutung sind.

169 Dazu B IV 5 b) mit Fußn. 269.

fügungen im technischen Sinn angesehen werden können[170]. Die bei Rudolf als zulässig erwähnten polizeilichen Anordnungen gegen Hoheitsträger umfassen zum einen die Gruppe der normativ ausdrücklich geregelten Fälle, zum anderen betreffen sie die Möglichkeit der Polizeibehörden, in Eil- und Notfällen gegen andere Hoheitsträger einzuschreiten.

1. Anordnungen nach § 35 II StVO (§ 48 StVO a. F.)

Der praktisch wichtigste Fall zulässiger polizeilicher Anordnungen gegen Hoheitsträger ergibt sich aus den Regelungen des Straßenverkehrsrechts. Daraus, daß einzelne Hoheitsträger gemäß §§ 35 I, 36 StVO unter eng umgrenzten Voraussetzungen ausdrücklich davon entbunden sind, polizeilichen Anordnungen Folge zu leisten, läßt sich der Gegenschluß ziehen, daß sie sonst den Anordnungen im Rahmen des Straßenverkehrsrechts unterworfen sind[171]. An der Verbindlichkeit solcher Anordnungen auch im Falle ihrer Rechtswidrigkeit besteht kein Zweifel.

Diese Verbindlichkeit ergibt sich aber nicht in allen Konstellationen zwischen anordnender und betroffener Behörde in gleicher Weise daraus, daß diese Anordnungen Verwaltungsakte sind. Soweit allerdings die Anordnungen gegenüber Organwaltern eines am Straßenverkehr beteiligten Hoheitsträgers ergehen, der im Verhältnis zum anordnenden Hoheitsträger rechtlich selbständig ist, liegt eine der Ausnahmen vor, in denen Verfügungen gegen einen Hoheitsträger durch andere Behörden als die zuständigen Aufsichtsbehörden ergehen können[172]. Gehört die anordnende Polizeibehörde jedoch dem gleichen rechtsfähigen Hoheitsträger an wie die betroffene Behörde, so kann aus den oben erwähnten Gründen[173] kein Verwaltungsakt vorliegen. In diesem Fall ist die Verbindlichkeit der Anordnungen nur zu erklären, wenn man in ihnen innerdienstliche Weisungen sieht[174]. Das bedeutet, daß für diesen konkreten Fall der anordnende Polizeibeamte der betroffenen Behörde (bzw. dem Organwalter) in gleicher Weise gegenübersteht wie die sonst in der Verwaltungshierarchie übergeordnete Stelle.

---

[170] D II 3 nach Fußn. 54.

[171] *Rudolf*, Polizei gegen Hoheitsträger, S. 26; *Weimar* in DÖV 1960, 114 (116); *Scholz* in DVBl. 1968, 732 (735); *Schönfelder*, Polizeiliche Eingriffe gegen Hoheitsträger, S. 109; weitere Beispiele bei *Scholz*, a.a.O., S. 733, Fußn. 24 sowie bei *Schönfelder*, a.a.O., S. 111 ff.

[172] D II 4 b) nach Fußn. 106.

[173] D II 3.

[174] D II 3 b); im Ergebnis ebenso *Kisker*, Insichprozeß, S. 49.

2. Anordnungen in Not- und Eilfällen

Auch bei Wahrnehmung der Notzuständigkeit der Polizeibehörden im Bereich anderer Hoheitsträger[175] ergehen nicht unbedingt Verfügungen im technischen Sinn. Soweit die Polizei in einer Notstandssituation eine Gefahr bekämpft, die von einem anderen Hoheitsträger verursacht wird, ist vor allem an Fälle der sogenannten unmittelbaren Ausführung zu denken, d. h. an ein Einschreiten zur Gefahrenbekämpfung ohne vorherigen Erlaß einer polizeilichen Verfügung. Von einer Polizeipflicht des Hoheitsträgers, in dessen Bereich die Gefahr verursacht wird, kann dann mangels einer Verfügung nach der hier vertretenen Auffassung nicht die Rede sein. Die Regelung des § 44 I 2 PrPVG fingierte zwar insoweit eine Verfügung. Die nachträgliche Begründung einer Polizeipflicht durch Fiktion einer Verfügung ist jedoch aus Gründen der Rechtsstruktur ausgeschlossen[176]. Das Eingreifen von Polizeibehörden in Eilfällen im Wege der unmittelbaren Ausführung kann somit nicht an das Bestehen einer Polizeipflicht geknüpft sein.

Der Zuständigkeitsbereich des jeweils betroffenen Hoheitsträgers und seine Funktion in der staatlichen Ordnung beschränken allerdings die Möglichkeit einer unmittelbaren Ausführung in entsprechender Weise, wie sonst die Rechte des Bürgers der unmittelbaren Ausführung entgegenstehen. Das allein auf die Generalklausel gestützte Vorgehen im Wege der unmittelbaren Ausführung muß gegenüber dem Bürger und gegenüber Hoheitsträgern, gegen die Verwaltungsakte erlassen werden können, in eine Inanspruchnahme des Störers durch Erlaß einer Verfügung einmünden, sobald die polizeirechtlich verantwortlichen Personen ermittelt und ansprechbar sind[177]. Auf die Polizeipflicht von Hoheitsträgern, gegen die keine Verwaltungsakte ergehen können, angewandt, bedeutet dies, daß eine Gefahrenbekämpfung ohne Willen eines verantwortlichen Organwalters des störenden Hoheitsträgers nicht mehr zulässig ist, sobald eine Anordnung ergehen könnte.

---

[175] Vgl. *Rudolf*, Polizei gegen Hoheitsträger, S. 25 f.; *Scholz* in DVBl. 1968, 732 (733 mit Fußn. 16) m. w. N.; ablehnend gegenüber einer solchen Zuständigkeit *Wiethaup* in JR 1962, 415 (417 unter III b).

[176] B Fußn. 272.

[177] Das ist die Folgerung daraus, daß nach der Regelung der Polizeigesetze Erlaß und Vollstreckung einer Verfügung generell den Vorrang vor jeder anderen Art polizeilichen Vorgehens haben (sehr weitgehend OVG Münster in MDR 1964, 180).

E. Die Polizeipflicht ohne Polizeiverfügung

Die Ablehnung der unmittelbar durch Gesetz begründeten Polizeipflicht und der teilweise Ausschluß von Verfügungen der Polizeibehörden gegen andere Hoheitsträger scheint die Exemtion von Hoheitsträgern aus einem weiten Bereich des Rechts unabweisbar zu machen. Auch der Erlaß aufsichtsbehördlicher Weisungen vermag diese Lücke nicht zu schließen. Soweit Weisungen nur im Wege der Rechtsaufsicht ergehen können, setzen sie die Verletzung des Rechts voraus. An einer Rechtsverletzung fehlt es aber mangels einer „materiellen Polizeipflicht", wenn Hoheitsträger eine polizeiliche Gefahr verursachen[1]. Soweit weitergehende Aufsichtsbefugnisse bestehen, kommt es zwar für die Zulässigkeit einer aufsichtsbehördlichen Anordnung nicht darauf an, ob der weisungsgebundene Hoheitsträger zuvor das Recht verletzt hat. Solche Anordnungen würden aber immer nur ein aufsichtsrechtliches Rechtsverhältnis entstehen lassen und keine Polizeipflicht; denn zur Begründung von polizeilichen Pflichten fehlt den Aufsichtsbehörden die sachliche Zuständigkeit. Es wäre einer effektiven Gefahrenabwehr auch nicht damit gedient, wenn man je nach dem Verursacher der Gefahr anderen Behörden die polizeiliche Gefahrenabwehr übertragen würde.

I. Die Möglichkeit einer besonderen Polizeipflicht der Hoheitsträger

Um eine rechtliche Freistellung von Hoheitsträgern im Bereich der polizeilichen Gefahrenabwehr zu vermeiden, könnte man versucht sein, von einer besonderen, mit der Polizeipflicht des Bürgers nicht gleichzusetzenden Pflicht der Hoheitsträger zur Abwehr und Beseitigung der von ihnen herbeigeführten Gefahrensituationen auszugehen. Auf solche Gedankengänge mag die vielfach anzutreffende Überlegung zurückzuführen sein, daß jeder Hoheitsträger in seinem eigenen Bereich selbst die Verpflichtung habe, die möglichen Gefahren zu beseitigen[2]. Diese Lösung verbietet sich nach der hier vertretenen Auffassung schon

---

[1] Daß in einzelnen Fällen aus anderen Gesichtspunkten als denen des Polizeirechts eine Rechtsverletzung vorliegen mag, kann hierbei unberücksichtigt bleiben, weil sich daraus für die Polizeipflicht unmittelbar nichts ergibt — s. oben B IV 3 c) nach Fußn. 241, B IV 5 b).

[2] z. B. *Drews-Wacke*, Polizeirecht, S. 210 f.

deshalb, weil die Polizeipflicht grundsätzlich im Zusammenhang mit der Zuständigkeit einer Behörde gesehen wird, deren Aufgabe es ist, bestimmte Gefahren abzuwenden, wer auch immer sie verursacht. Die Aufgabe der Gefahrenabwehr ist auch nicht befriedigend zu lösen, wenn man die Beurteilung der „Verpflichtung" dem Verpflichteten selbst überläßt[3]. Schließlich macht die Entwicklung hin zu einem immer mehr nach Sachgebieten auf verschiedene fachkundige Behörden verteilten Gefahrenabwehrrecht deutlich, daß die Beurteilung einer Gefahrensituation und die Möglichkeiten ihrer Abwehr nicht einfach der eigenen Entscheidung des jeweiligen Hoheitsträgers anheim gegeben werden können.

Selbst wenn man entgegen der hier vertretenen Auffassung vom Bestehen einer „materiellen Polizeipflicht" ausgeht, kann diese Annahme nicht die Behauptung stützen, daß die polizeilich verpflichteten Behörden selbst zum Vollzug der polizeilichen Normen zuständig seien, und das Vorgehen einer Polizeibehörde dadurch ausgeschlossen oder überflüssig gemacht werde. Denn das Bestehen einer „materiellen Polizeipflicht", einer Beachtungspflicht, die auch den Bürger trifft, besagt noch nichts über die Kompetenz zum Vollzug der Norm, auf der die Beachtungspflicht beruht; beides liegt, wie bereits ausgeführt wurde[4], auf verschiedenen Ebenen. Durch die „materielle Polizeipflicht" von Behörden wird demgemäß die Vollzugskompetenz einer anderen Behörde ebensowenig ausgeschlossen oder überflüssig wie durch eine „materielle Polizeipflicht" der Bürger.

Selbstverständlich ist es rechtlich *möglich,* durch Ausnahmen und Spezialvorschriften bestimmte Hoheitsträger von der Vollzugszuständigkeit der Polizeibehörden auszunehmen — es gibt in unserer Rechtsordnung eine ganze Anzahl derartiger Regelungen[5] —; soweit aber eine Ausnahmevorschrift fehlt, bleibt es bei der Zuständigkeit der auch sonst zum Vollzug berufenen Behörden. Das Vorhandensein der Ausnahmeregelungen ist gerade ein Anhaltspunkt dafür, daß auch der Gesetzgeber von dieser Auffassung ausgeht[6].

---

[3] B IV 2 a) a. E.

[4] D II 5 b) aa) nach Fußn. 135; eingehend *Schönfelder,* Polizeiliche Eingriffe gegen Hoheitsträger, S. 56 ff.

[5] D II 5 b) aa), Fußn. 148; umfassender Nachweis bei *Schönfelder,* Polizeiliche Eingriffe gegen Hoheitsträger, S. 103 ff.; insbes. S. 111 ff.

[6] A I 2 mit Fußn. 9.

II. Polizeipflicht von Hoheitsträgern als Folge konstitutiver Rechtsbehauptungen

Die bisher erörterten Argumente, die zum Ausschluß des Erlasses polizeilicher Verfügungen gegen Hoheitsträger führten[7], bezogen sich ausschließlich auf die Wirkung der „potentiellen Verbindlichkeit". Wie festgestellt wurde, beruht die potentielle Verbindlichkeit eines Verwaltungsaktes nicht auf der konkret angewandten Norm. Wenn gleichwohl erst der Erlaß einer Polizeiverfügung die gesetzliche, auf der angewandten Norm beruhende Polizeipflicht zum Entstehen bringt, kommt der Polizeiverfügung offenbar noch eine andere Wirkung zu. Möglicherweise kann diese im Hinblick auf die gesetzliche Pflicht „konstitutive" Wirkung von Polizeiverfügungen auch gegenüber Hoheitsträgern eintreten.

1. Der konstitutive Verwaltungsakt

Angesichts des Gesetzesvorbehalts, der unstreitig zumindest den Bereich der belastenden Verwaltung beherrscht, kann die als „konstitutiv" umschriebene Wirkung von Verwaltungsakten nicht darin bestehen, daß diese rechtmäßig und damit unaufhebbar eine Pflicht aus dem leeren Raum heraus hervorbringen; soweit eine derartige Vorstellung die Qualifizierung eines Verwaltungsakts als „konstitutiv" beherrscht, gibt es keinen konstitutiven Verwaltungsakt. Wenn man hingegen die Wirkung des konstitutiven mit der Wirkung des deklaratorischen Verwaltungsakts vergleicht[8] und den Unterschied so umschreibt, daß der deklaratorische Verwaltungsakt eine ohnehin bestehende gesetzliche Verpflichtung nur wiederholt, der konstitutive Verwaltungsakt aber die gesetzliche Pflicht erst zum Entstehen bringt, so bedeutet dies, daß dem konstitutiven Verwaltungsakt im Hinblick auf die Entstehung einer gesetzlichen Pflicht eine besondere Wirkungsweise zukommt, die nicht in dem Verwaltungsakt selbst, sondern in der jeweils angewandten Norm ihren Grund hat: Die Norm stellt zur Entstehung der in ihr vorgeprägten Pflicht (oder auch eines Rechts) darauf ab, daß die Verwaltung das pflichtgemäße Verhalten fordert (bzw. das Recht gewährt). Der Verwaltungsakt wirkt dann als eines von mehreren Merkmalen, bei deren Vorliegen vermittels der Gesetzesnorm die gesetzliche Pflicht oder das Recht entsteht. Dieses Merkmal „Verwaltungsakt" bezeichnet also ein willensgetragenes Verhalten der Behörde, das — zusammen mit anderen Voraussetzungen —

---

[7] D II.

[8] Zu der Unterscheidung von „konstitutiven" und „deklaratorischen" Verwaltungsakten z. B. *Ipsen*, Verwaltungsakte, S. 8; vgl. auch HessVGH in NJW 1966, 2183 f.; in DÖV 1964, 783 f.; *Weidemann* in NJW 1967, 124 f.

die in der Norm oder aufgrund der Norm im Verwaltungsakt selbst bezeichnete Rechtsfolge entstehen läßt.

Damit wird deutlich, daß die Besonderheit des konstitutiven Verwaltungsakts in einer gesetzlich vorgesehenen Gestaltungswirkung liegt. Das Erfordernis dieser Gestaltungswirkung besagt aber nichts darüber, ob Tatbestand und Rechtsfolge durch die übrigen normativ umschriebenen Merkmale vollinhaltlich fixiert sind oder ob die Verwaltung inhaltliche Gestaltungsfreiheit besitzt[9]. Die Gestaltungswirkung ist vielmehr ausschließlich ein Vorgang rechtstechnischer Natur. Es ist also durchaus denkbar, daß die Verwaltung beim Erlaß des konstitutiven Verwaltungsakts nichts anderes zu tun hat, als das Vorliegen der übrigen gesetzlich umschriebenen Merkmale festzustellen. Während diese Feststellung in anderen Fällen dem betroffenen Bürger selbst überlassen ist, muß beim konstitutiven Verwaltungsakt die zuständige Behörde im konkreten Fall behaupten, daß die Merkmale vorliegen, um eine Rechtsfolge auszulösen. Die gesetzliche Folge entsteht allerdings nur dann, wenn auch die anderen, von der Behörde durch Subsumtion festzustellenden Voraussetzungen tatsächlich vorliegen; denn der rechtsfolgeauslösenden Rechtsbehauptung kann in ihrer Funktion als eines der Tatbestands- oder Rechtsfolgemerkmale der Norm kein eigener Rechtswert zukommen, der das Nichtvorliegen anderer Merkmale überspielen könnte.

2. Gesetzliche Pflicht und Pflicht aus dem Verwaltungsakt

Die Annahme einer gesetzlichen Pflicht, die als Folge einer im konstitutiven Verwaltungsakt enthaltenen Rechtsbehauptung entsteht, bedarf der weiteren Klärung in ihrem Verhältnis zur Wirkung der potentiellen Verbindlichkeit von Verwaltungsakten. Die potentielle Verbindlichkeit tritt gerade dann ins Blickfeld, wenn zwar ein Verwaltungsakt vorliegt, die übrigen Voraussetzungen der gesetzlichen Pflicht[10] aber fehlen (Rechtswidrigkeit des Verwaltungsakts). Es wäre freilich voreilig, wollte man daraus schließen, daß es die Wirkung der potentiellen Verbindlichkeit auch nur im Falle der Rechtswidrigkeit des Verwaltungsaktes gibt.

Es ist keine rechtliche Konstruktion zu finden, welche die Beschränkung der potentiellen Verbindlichkeit auf den Fall der Nichtübereinstimmung des Verwaltungsakts mit der gesetzlichen Grundlage befriedigend zu erklären vermöchte. Man könnte daran denken, die Verbindlichkeit eines Verwaltungsakts gerade von seiner Rechts-

[9] *Rupp*, Grundfragen, S. 202, Fußn. 326.

[10] Zu diesen Voraussetzungen gehören, wenn der Verwaltungsakt gesetzlich vorgesehen ist, auch die Anforderungen an einen rechtmäßigen Verwaltungsakt als solchen (z. B. Form und ordnungsgemäße Zustellung).

widrigkeit abzuleiten. Die Rechtswidrigkeit aber ist nicht der Grund ihrer Entstehung, sondern nach den Regelungen der Verwaltungsgerichtsordnung der Grund ihrer Aufhebbarkeit. Es ist nun nicht denkbar, daß die gleiche Ursache (die Rechtswidrigkeit) eine bestimmte Folge (die potentielle Verbindlichkeit) bewirkt und zugleich Voraussetzung dafür ist, daß diese Folge wieder beseitigt wird. Wollte man die potentielle Verbindlichkeit der Verwaltungsakte als eine Folge mangelnder Übereinstimmung mit der angewandten Rechtsnorm ansehen, so würde damit im übrigen gerade die Verletzung des Gesetzesvorbehalts zur Ursache für die Entstehung einer rechtlichen Belastung.

Eine Beschränkung der potentiellen Verbindlichkeit auf den rechtswidrigen Verwaltungsakt könnte man damit zu erklären versuchen, daß die jeweils angewandte Norm subsidiär, d. h. für den Fall der Nichtentstehung der primären Rechtswirkung, eine „Ersatzrechtswirkung“ mit geringerer Bestandskraft (: „wenn schon die Rechtsfolge x nicht eintritt, so soll doch wenigstens die Rechtsfolge x minus Vernichtbarkeit durch Anfechtung eintreten“) sanktioniert. Diese Erklärung der potentiellen Verbindlichkeit könnte aber nur für die Fälle gelten, in denen eine Rechtsfolge angeordnet wird, die tatsächlich in der angewandten Norm vorgesehen ist, und die Rechtswidrigkeit darauf beruht, daß die gesetzlich umschriebenen Voraussetzungen dieser Rechtsfolge nicht vorliegen oder Verfahrensvorschriften nicht beachtet wurden. Sie versagt, wenn der Verwaltungsakt deshalb rechtswidrig ist, weil unter den Anwendungsvoraussetzungen der Norm eine gesetzlich nicht vorgesehene Rechtsfolge angeordnet wird; denn in diesem Fall liegt nicht die Rechtsfolge x minus Vernichtbarkeit vor, sondern die Rechtsfolge y (vernichtbar). Es ist auch zu bedenken, daß die Anordnung einer subsidiären Rechtsfolge eine selbständige Normwirkung wäre; die Norm, auf der diese Rechtsfolge beruht, kann also mangels Identität der Rechtswirkungen nicht die gleiche sein wie die „primäre“ Norm. Man müßte also annehmen, daß jede Norm schattengleich von einer individuell ausgestalteten und subsidiär geltenden Ersatznorm begleitet sei; dafür fehlt aber im geltenden Recht jeder Anhaltspunkt. Die potentielle Verbindlichkeit von Verwaltungsakten ist vielmehr nur allgemein aus dem Begriff des Verwaltungsaktes und dessen gesetzlicher Sanktionierung ableitbar.

Die Notwendigkeit, dem Verwaltungsakt die Wirkung der potentiellen Verbindlichkeit auch im Falle seiner Rechtmäßigkeit beizumessen, folgt aus seiner Funktion als Akt der Rechtsanwendung[11] und, gegebenenfalls, der Vollstreckung[12]. Sie ergibt sich weiterhin daraus, daß man

[11] D I 2.
[12] B IV 5 d).

bei einer Beschränkung der potentiellen Verbindlichkeit auf den Fall der Rechtswidrigkeit zu zwei hinsichtlich der Rechtsfolge unterschiedenen Begriffen des Verwaltungsakts käme[13]. Ist einmal erkannt, daß dem Verwaltungsakt als solchem die Wirkung der potentiellen Verbindlichkeit zukommt, so wird deutlich, daß er stets, also auch im Falle der Rechtmäßigkeit, eine eigenständige Pflicht hervorbringt[14]. Der konstitutive Verwaltungsakt, von dessen Besonderheiten die vorliegenden Überlegungen ausgehen, bringt also einerseits als Tatbestandsvoraussetzung der gesetzlichen Pflicht diese zum Entstehen und erzeugt zugleich die Pflicht, die auf seiner Eigenschaft als Verwaltungsakt beruht[15]. Im Falle der Rechtmäßigkeit des Verwaltungsakts entstehen auf diese Weise zwei inhaltlich — nicht hinsichtlich des Wirkungsmodus — in der Rechtsfolge übereinstimmende Pflichten. Im Falle der Rechtswidrigkeit hingegen kann der „konstitutive" Verwaltungsakt mangels Vorliegens der übrigen gesetzlichen Voraussetzungen die gesetzliche Pflicht nicht zum Entstehen bringen. Aber die Pflicht zu dem Verhalten, das im Verwaltungsakt selbst bezeichnet wurde, entsteht aufgrund seiner Eigenschaft als nicht-nichtiger Verwaltungsakt. Damit wird deutlich, daß insofern kein Unterschied zum deklaratorischen Verwaltungsakt besteht; denn dieser erzeugt ebenfalls die Pflicht zu dem in ihm bezeichneten Verhalten, wenn er nicht mit der (angeblich nur deklarierten) gesetzlichen Pflicht übereinstimmt.

---

[13] Es stellt sich hier eine ähnliche Problematik wie bei der dogmatischen Erklärung der Rechtskraft von Urteilen. In der Auseinandersetzung mit der (nicht herrschenden) „materiellen Rechtskrafttheorie" vertreten *Lent-Jauernig* die Ansicht, dieser Theorie sei deshalb nicht zu folgen, weil sie einen grundlegenden Unterschied zwischen richtigen und unrichtigen Urteilen mache. Dieses Bedenken entfalle allerdings, wenn man konstruiere, daß (auch) das richtige Urteil einen selbständigen Rechtsgrund schaffe — Zivilprozeßrecht, § 62 II 3 c, S. 181 —. Eine Überlegung, die dieser von *Lent-Jauernig* ohne Begründung als „überflüssig und undurchführbar" abgelehnten Konstruktion entspricht, liegt letztlich der hier vertretenen Auffassung zugrunde.

[14] Erst bei dieser Sicht erschließt sich die volle Bedeutung der Behauptung, der Verwaltungsakt sei nicht deshalb verbindlich, weil das Gesetz verbindlich ist — s. oben D I 2 mit Fußn. 37.

[15] Die hier vertretene Auffassung, nach welcher zwischen der besonderen Wirkung des Verwaltungsakts einerseits und seiner Eigenschaft als Tatbestandsmerkmal andererseits unterschieden wird, entspricht im Grundsatz einigen Ausführungen in der Verkehrsrechtsprechung des Bayerischen Obersten Landgerichts und auch des Bundesgerichtshofs. So heißt es in einer Entscheidung des BayObLG in JZ 1968, 504 (Leitsatz 1): „Amtliche Verkehrszeichen sind ... Verwaltungsakte ... *Zugleich* sind sie normative Tatbestandsmerkmale der in Betracht kommenden Ge- oder Verbotsnormen" (Hervorhebung von mir); BayObLG in DAR 1969, 167: „In § 6 StVO ist nicht die Nichtbeachtung der Vorladung zum Verkehrsunterricht als solche der ... Bußgelddrohung unterstellt ... (so schon BayObLG in VRS 5, 314). Die Vorladung enthält nur die verwaltungstechnisch unerläßliche Bestimmung des Termins für den Unterricht, die letzte Bedingung, von der die bis dahin latente Pflicht zum Erscheinen im Verkehrsunterricht noch abhing" — so schon fast wörtlich BGHSt 21, 135.

Hinsichtlich der besonderen Pflicht aus dem Verwaltungsakt stellt sich nach alledem die Frage der Unterstellung unter den Gesetzesvorbehalt nicht im Hinblick auf die jeweils angewandte Norm (die Pflicht aus dem Verwaltungsakt besteht ja auch dann, wenn die Voraussetzungen dieser Norm nicht vorliegen), sondern im Hinblick darauf, ob der Verwaltungsaktbegriff einschließlich der in der Lehre vom Verwaltungsakt enthaltenen Abgrenzung von (bloßer) Fehlerhaftigkeit und Nichtigkeit ausreichend bestimmt ist und ob für seine Wirkung eine gesetzliche Grundlage besteht[16].

3. Die Entstehung der gesetzlichen Polizeipflicht von Hoheitsträgern

Die aufgezeigte Besonderheit konstitutiver Verwaltungsakte macht deutlich, daß ein solcher „konstitutiver" Akt als eine der Tatbestandsvoraussetzungen der jeweiligen gesetzlichen Pflicht wirkt; darin liegt — im Gegensatz zur „potentiellen Verbindlichkeit" der Verwaltungsakte — keine mit der Exekutivfunktion der jeweiligen Behörde unmittelbar verbundene Eigenschaft. Die Herbeiführung dieser Wirkung wird deshalb auch nicht durch die Überlegungen ausgeschlossen, die für die Ablehnung einer polizeilichen Verfügungsbefugnis gegen Hoheitsträger maßgebend waren. Das bedeutet für die Polizeipflicht von Hoheitsträgern, daß zwar die Pflicht zur Vermeidung oder Beseitigung einer Störung nicht auf der Verfügung als solcher beruhen kann, daß eine „Verfügung"[17] gegen Hoheitsträger aber beim Vorliegen der übrigen Voraussetzungen als rechtsfolgeauslösende Rechtsbehauptung die gesetzliche Polizeipflicht zum Entstehen bringt.

Diese Sicht der Polizeipflicht von Hoheitsträgern macht ohne weiteres deutlich, warum bei „Verfügungen" gegen Hoheitsträger bestimmte Rechtswirkungen nicht eintreten können. So erklärt sich der von *Rudolf* auch für Verfügungen gegen den „Fiskus" angenommene Ausschluß der Vollstreckbarkeit[18] daraus, daß es an der Grundlage einer Vollstreckung fehlt, nämlich der potentiell verbindlichen Rechtswirkung des Verwaltungsakts.

Auch die Disposition des polizeipflichtigen Hoheitsträgers über den Einsatz der Mittel zur Beseitigung der Gefahr ist nur auf diese Weise zu begründen: Der Ansicht Rudolfs, der bei Annahme der Zulässigkeit von Verfügungen gegen Hoheitsträger eine solche freie Mittelwahl für

---

[16] Zur Rechtsgrundlage der Wirkung von Verwaltungsakten s. oben D I 2, Fußn. 32.

[17] Die Polizeibehörde wird unter Umständen eine darüber hinausgehende Wirkung begründen, nämlich eine Polizeiverfügung im eigentlichen Sinn erlassen wollen; das hindert jedoch nicht, in dieser Anordnung die zum Entstehen der gesetzlichen Pflicht erforderliche Rechtsbehauptung zu sehen.

[18] *Rudolf*, Polizei gegen Hoheitsträger, S. 31 f., Fußn. 76; s. auch oben D II 2 a) nach Fußn. 50 und D II 5 b) bb) a. E.

erforderlich hält[19], hat *Wacke*[20] entgegengehalten, daß eine derartige Verfügung nicht ausreichend bestimmt sei. Dieser Einwand besteht an sich zu Recht[21]. Nach der hier vertretenen Auffassung liegt aber gar keine Verfügung vor; der Grundsatz der Bestimmtheit muß deshalb auch nicht im gleichen Umfang gelten wie sonst bei Polizeiverfügungen. Das Erfordernis der Bestimmtheit auch hinsichtlich des einzusetzenden Mittels beruht nämlich vor allem darauf, daß die Polizeiverfügung notfalls vollstreckt werden muß[22]. Die gesetzliche Pflicht als solche, die allein durch die konstitutive Rechtsbehauptung gegenüber Hoheitsträgern hervorgebracht wird, ist aber ohnehin nicht vollstreckbar[23]. Für die gesetzliche Pflicht genügt es demgemäß, wenn die Gefahr und derjenige Zustand, der als Beseitigung der Gefahr angesehen wird, ausreichend bestimmt sind.

Aus den aufgezeigten Grundlagen für die Möglichkeit der Entstehung einer Polizeipflicht von Hoheitsträgern ergibt sich auch, auf welche Weise die Polizeibehörde oder der betroffene Hoheitsträger ihre Rechtsansicht gerichtlich geltend machen können. Soweit sie nicht dem gleichen Hoheitsträger mit eigener Rechtsperson angehören — dann ist von Ausnahmefällen abgesehen eine gerichtliche Auseinandersetzung ohnehin als „Insichprozeß" ausgeschlossen[24] —, können sie gegeneinander Feststellungsklagen anstrengen[25]. Denn in der Rechtsbehauptung, die die Polizeipflicht begründet, liegt die Behauptung eines Rechtsverhältnisses im Sinn von § 43 VwGO.

III. Polizeipflicht von Hoheitsträgern als Nichtstörer

Ist die Polizeipflicht einmal durch die rechtsfolgeauslösende Rechtsbehauptung einer Polizeibehörde entstanden, so ist sie eine öffentlich-rechtliche Pflicht wie jede andere auch. Ihre Besonderheit gegenüber anderen Rechtspflichten besteht lediglich in der Zielrichtung auf die Gefahrenabwehr. Bei einer solchen Betrachtungsweise muß auch die Pflicht von Nichtstörern zur Duldung bestimmter Maßnahmen oder zur Vornahme von Handlungen als „Polizeipflicht" bezeichnet werden, mit lediglich anderen Tatbestandsvoraussetzungen als bei der Polizeipflicht

---

19 Polizei gegen Hoheitsträger, S. 29.

20 In DVBl. 1966, 513 (514).

21 Das Erfordernis der Bestimmtheit des Mittels ist allerdings nicht unbestritten; dazu *Stumpp* in DVBl. 1968, 330 ff. m. w. N.

22 *H. J. Wolff*, Verwaltungsrecht III, § 129 IV k (S. 76) m. w. N.; PrOVGE 77, 457 f.; VGH Bremen in DÖV 1956, 216 (217); OVG Saarland in DÖV 1963, 73.

23 B IV 5 d).

24 *Kisker*, Insichprozeß, S. 11, S. 29 ff., S. 57.

25 Vgl. *Reigl* in DÖV 1967, 397 (401).

von Störern[26]. Grundsätzlich kann deshalb, von diesen unterschiedlichen Tatbestandsvoraussetzungen abgesehen, für Hoheitsträger, die als Inhaber des Gegenmittels und nicht als Störer herangezogen werden, nichts anderes gelten als im voraufgegangenen Abschnitt zur Frage der Polizeipflicht von Hoheitsträgern als Störer dargelegt wurde.

Hoheitsträger können jedoch weitergehend als der Bürger polizeilich verantwortlich sein. Eine Inanspruchnahme als Nichtstörer stellt sich zugleich als Maßnahme der Amtshilfe dar[27], zu der alle Behörden einander verpflichtet sind (Art. 35 GG). Die Möglichkeit einer solchen Amtshilfe haben die Polizeibehörden auszuschöpfen, bevor sie einen Bürger als Nichtstörer in Anspruch nehmen[28].

IV. Polizeipflicht von Polizeibehörden

Soweit eine Polizeibehörde eine Gefahr außerhalb ihres gegenständlichen oder örtlichen Zuständigkeitsbereichs verursacht, bestehen für die Polizeipflicht der Polizeibehörden keine Besonderheiten; sie sind insoweit wie jeder andere Hoheitsträger der Begründung einer Polizeipflicht infolge einer Rechtsbehauptung der zuständigen Polizeibehörde ausgesetzt. Die Polizeipflicht einer Polizeibehörde innerhalb ihres eigenen Zuständigkeitsbereichs ist jedoch ersichtlich ein Problem eigener Art. Der Erlaß einer Verfügung durch die betroffene Behörde gegen sich selbst ist nicht nur aus strukturellen Gründen ausgeschlossen; beim Erfordernis einer solchen „Verfügung“ ist auch keine effektive Gefahrenabwehr zu erwarten[29].

1. Sonderregelungen

Die klarste Lösung besteht darin, daß jeweils einem (örtlich oder sachlich) benachbarten oder einem übergeordneten Hoheitsträger die Zuständigkeit zur Abwehr von Gefahren aus dem Bereich einer Polizeibehörde übertragen wird. Vereinzelt finden sich solche Regelungen; so in einigen Landesverordnungen über die Zuständigkeit von Maßnahmen nach §§ 16 und 24 GewO[30] — und eingeschränkt — im Bauordnungsrecht von Baden-Württemberg[31, 32].

---

[26] In diesem Sinn, als Oberbegriff für die polizeiliche Haftung von Störern wie Nichtstörern, verwendet auch *Friedrichs* den Begriff der Polizeipflicht — Polizeiverwaltungsgesetz, § 21 Anm. 2: „§ 21 PVG ... erweitert den Kreis der Polizeipflichtigen.“

[27] *Drews-Wacke*, Polizeirecht, S. 256.

[28] *Drews-Wacke*, Polizeirecht, S. 251.

[29] Die Annahme einer „materiellen Polizeipflicht“ würde zwar eine materielle Exemtion der Polizeibehörden verhindern; die Unmöglichkeit einer solchen „materiellen Polizeipflicht“ wurde aber bereits oben (B IV 3 b) und c) nachgewiesen.

[30] § 5 I Nr. 3 2. Halbs. Bad.-Württ. VO ZustkGewO vom 30. Nov. 1960 (GBl.

2. Keine Polizeipflicht der Polizeibehörden

Wo derartige Sonderregelungen nicht bestehen, ist die „störende" Behörde in dem betreffenden Bereich allein zuständig[33]. Es gibt also insoweit keine Polizeipflicht. Trotzdem kommt es zu keiner Exemtion der Polizeibehörden von der Verantwortlichkeit zur Vermeidung oder Beseitigung einer Störung. Die primäre Pflicht zur Abwehr aller erkannten oder erkennbaren Gefahren liegt ja gerade bei den Polizeibehörden, nicht bei den Polizeipflichtigen. Die Polizeipflicht ist nur das Mittel, mit dessen Hilfe die Polizeibehörden im allgemeinen ihre Aufgabe wahrnehmen[34]. Dieses Mittels bedarf es nur dann, wenn zur Durch-

---

S. 182), § 1 II Hess VOZustk. §§ 16 und 25 GewO vom 20. Sept. 1960 (GVBl. S. 206), § 3 Rh.-Pf. LVO zu §§ 16 und 25 GewO vom 8. Febr. 1961 (GVBl. S. 32).

[31] § 85 II LBauO vom 16. April 1964 (GBl. S. 151); danach ist die höhere Behörde zuständig, wenn Einwendungen erhoben worden sind.

[32] Es handelt sich hierbei zwar nur um Genehmigungsregelungen; daraus ergibt sich aber in Verbindung mit anderen Normen eine Kompetenz zum Einschreiten bei Verletzung der Genehmigungspflicht.

Derartige „Genehmigungen" zwischen Hoheitsträgern wirken — entsprechend den oben zu D II dargelegten Grundsätzen — unterschiedlich, je nachdem, ob die Genehmigungsbehörde gegenüber den um die Genehmigung nachsuchenden Hoheitsträgern rechtlich selbständig ist oder nicht. Bei Zugehörigkeit zu verschiedenen Hoheitsträgern handelt es sich um Verwaltungsakte — vgl. z. B. HessVGH in DÖV 1964, 783 ff. —, es sei denn, daß der genehmigende Hoheitsträger unter der (Rechts-)Aufsicht des genehmigungspflichtigen Hoheitsträgers steht — s. oben D II 4 c) —. Sind die betreffenden Hoheitsträger im Verhältnis zueinander nicht rechtlich selbständig oder besteht eine (Rechts-)Aufsicht des genehmigungspflichtigen Hoheitsträgers gegenüber der Genehmigungsbehörde, so ist die Genehmigung nur ein interner Rechtsakt — vgl. für die Zustimmung der Baugenehmigungsbehörden zu Baumaßnahmen des betreffenden Landes: *Mang-Simon*, Bayerische Bauordnung, Art. 103, Rdnr. 20 (S. 9); *Obermayer* in DVBl. 1958, 419 (420); s. auch oben D II 3 b), D IV 1 a. E. Die Bedeutung der Genehmigungspflicht liegt dann vor allem darin, daß bestimmte, für die öffentliche Gemeinwohlkonkretisierung — vgl. dazu *Häberle*, Öffentliches Interesse, insbes. S. 87 ff. — bedeutsame Verfahren (z. B. Verfahren nach §§ 16 ff. GewO) eingehalten und daß sachverständige Personen mit der Angelegenheit befaßt werden müssen.

[33] Nur andeutungsweise sei darauf hingewiesen, daß diese Überlegung auch bei Klärung der Frage weiterhilft, wann die Polizeibehörden gegen Dritte im Bereich eines anderen Hoheitsträgers (z. B. der Universität) einschreiten können (s. oben A I 4 a. E.). Für die Annahme einer besonderen örtlichen Immunität gibt es keinen Anlaß. Besteht eine Störung der öffentlichen Sicherheit und Ordnung aber gerade darin, daß Dritte die Verwaltungsfunktionen des betreffenden Hoheitsträgers beeinträchtigen — dazu *Drews-Wacke*, Polizeirecht, S. 67 —, so würde die dagegen einschreitende Polizeibehörde die Kompetenz einer anderen Behörde vollziehen; denn jede Behörde ist hinsichtlich des Vollzugs der ihr zugeordneten Verwaltungsfunktion „Polizeibehörde" — *Drews-Wacke*, Polizeirecht, S. 15 f. m. w. N.; dem Sinne nach ebenso OVG Münster in DÖV 1963, 393. Polizeiliches Einschreiten, das gerade zur Ermöglichung eines ordnungsgemäßen Verwaltungsablaufs erfolgt, ist also nur zur Unterstützung und deshalb außer in Eilfällen auch nur auf Anforderung der für diesen Verwaltungsablauf zuständigen Behörde zulässig.

[34] B II 3 c) nach Fußn. 75.

setzung oder Wahrnehmung von Sicherheit und Ordnung eine Einwirkung auf fremde Willenssphären erforderlich ist. Droht die Gefahr von der zur Gefahrenabwehr zuständigen Behörde selbst, so wäre die Annahme einer Polizeipflicht also ohnehin eine sinnlose Konstruktion. Diese Überlegungen gelten entsprechend, soweit einzelne Hoheitsträger hinsichtlich bestimmter Gefahrenbereiche von der Zuständigkeit der sonst für den Vollzug verantwortlichen Behörde ausgenommen sind, und ihnen damit die Abwehr dieser Gefahren selbst übertragen ist[35].

---

[35] E I a. E.

F. Die Polizeipflicht von Hoheitsträgern im System der polizeilichen Spezialermächtigungen

Der Begriff der Polizeipflicht wurde hier historisch wie dogmatisch in Anlehnung an das preußische Recht entwickelt[1]. Aus der Geschichte und den Normierungen des preußischen Polizeirechts ergaben sich die hier aufgezeigten Konsequenzen für die Polizeipflicht von Hoheitsträgern. Für das bayerische Polizeirecht, in dem die Generalklausel des preußischen Rechts nicht gilt, ist die Möglichkeit eines Begriffs der Polizeipflicht überhaupt bestritten worden[2]. Es ist aber nicht von vornherein auszuschließen, daß der Begriff der „Polizeipflicht", so wie er hier verstanden wird, auch in Bayern als systematische Zusammenfassung einen Sinn haben kann.

I. Das System der Spezialermächtigungen in Bayern[3]

Der Ursprung der gesonderten Entwicklung des Polizeirechts in Bayern liegt darin begründet, daß es dem bayerischen Landtag 1861 gelang, gegen den anfänglichen Widerstand der Krone ein Polizeistrafgesetzbuch durchzusetzen. Das darin zum Ausdruck gekommene Programm war, das ius politiae nicht nur einzuschränken, sondern zu einer Entmachtung der Polizei als einer Zweckmäßigkeitsverwaltung zu gelangen, indem jeder Verwaltungstätigkeit eine gesetzliche Grundlage gegeben werden sollte. „Dies führte ... zur Gleichstellung der Zwangsgewalt der Polizei mit der ‚nichtpolizeilichen' Zwangsgewalt der übrigen Verwaltung[4]."

---

1 Vgl. A I 4.

2 *König*, Polizeirecht in Bayern, S. 262.

3 Die Erörterung des Systems der Spezialermächtigung unter Beschränkung auf das Recht des Freistaats Bayern hat seinen Grund darin, daß allein Bayern von allen süddeutschen Ländern dem Grundsatz der Spezialermächtigung bis heute den Vorzug vor der Verwendung einer Generalklausel gegeben hat. So ist im Baden-Württembergischen Polizeigesetz von 1955 im § 1 eine nur verbal von der preußischen Generalklausel unterschiedene Regelung enthalten, wonach die Polizeibehörden zur Wahrnehmung von „Recht und Ordnung" Maßnahmen ergreifen können — *Drews-Wacke*, Polizeirecht, S. 34 f.; *Reiff*, Polizeigesetz für Baden-Württemberg, Einführung, S. 24.

4 *Franz Mayer*, Bayerns Polizeirecht, S. 76.

Anders als in Preußen fehlte zwar in Bayern bis zum Inkrafttreten des Verwaltungsgerichtsgesetzes von 1946 eine verwaltungsgerichtliche Überprüfungsmöglichkeit polizeibehördlicher Maßnahmen; der polizeiliche Rechtseingriff, der stets die Verletzung einer Strafnorm voraussetzte, war allein der Kontrolle des Strafrichters unterworfen[5]. Ein Richterrecht war aber, wie die preußische Entwicklung zeigte, ohnehin nur in der Lage, die Polizeigewalt zu *beschränken*. Die *rechtliche Grundlegung* der Polizeigewalt, das heißt ihre Bindung an das Recht (und nicht nur: ihre Zurückdämmung durch entgegenstehendes Recht), war nur durch ein umfassendes Gesetzgebungswerk möglich, wie es Bayern durch das Polizeistrafgesetzbuch erhielt[6].

Dieses System der Spezialermächtigungen erschien vielen Juristen angesichts der revolutionären Unruhen am Beginn der Weimarer Republik als unzureichend. Jedenfalls wird man es aus den Zeitverhältnissen erklären müssen, wenn nun in Bayern darüber gestritten wurde, ob nicht doch polizeiliche Eingriffe aufgrund einer Generalklausel möglich seien[7]. Unter der folgenden Herrschaft des Nationalsozialismus erübrigte sich eine Auseinandersetzung über diese Frage. Der Neuaufbau der Verwaltung nach 1945 führte nach anfänglichen Zweifeln hinsichtlich der Geltung einer Generalklausel, in denen der Streit der zwanziger Jahre nachklang[8], zur Konzipierung eines Polizei- und Sicherheitsrechts, das den Grundsatz der Einzelermächtigung weitgehend verwirklichte.

Zwar sind die Aufgaben der Polizei- und Sicherheitsbehörden[9], der Generalklausel des preußischen Rechts entsprechend, als „Aufrechterhaltung der öffentlichen Sicherheit und Ordnung" umschrieben (Art. 2 BayPAG[10], Art. 5 Abs. 1 S. 1 BayAusfGStPO[11]). Mit dieser Aufgabenzuweisung sind den Behörden jedoch noch keine Befugnisse zum Einschreiten gegenüber dem Bürger gegeben. Die Möglichkeit eines Eingriffs ist einmal tatbestandlich beschränkt auf Handlungen, die mit Strafe oder Geldbuße bedroht sind, und auf Gefahren für einige leicht abgrenzbare Rechtsgüter (Art. 5 Abs. 2 und 3 BayPAG; Art. 5 Abs. 1 S. 2 BayAusfGStPO). Zum anderen können auch die möglichen polizei-

---

5 *Franz Mayer*, Bayerns Polizeirecht, S. 112.

6 Vgl. *Franz Mayer*, Bayerns Polizeirecht, S. 136.

7 *Franz Mayer*, Bayerns Polizeirecht, S. 163 ff.

8 Vgl. *Bachof* in DÖV 1955, 105 f.

9 In Bayern ist nach 1945 eine weitgehende „Entpolizeilichung" im Behördenaufbau durchgeführt worden. Nur noch die Vollzugspolizei ist spezifische „Polizeibehörde" und wird auch so bezeichnet. Aus eigenem Entschluß kann die Vollzugspolizei grundsätzlich nur unaufschiebbare Maßnahmen treffen (Art. 7 BayPAG). Die Gefahrenabwehr ist im übrigen Angelegenheit der allgemeinen Verwaltungsbehörden als Sicherheitsbehörden gemäß Art. 5 BayAusfGStPO.

10 Neu bekanntgemacht am 3. April 1963 (GVBl S. 95, S. 210), geändert durch Gesetz vom 31. 7. 1970 (GVBl. S. 345).

11 Vom 17. Nov. 1956 (BayBerSlg. III, S. 149).

lichen Mittel nur unter ganz bestimmten Voraussetzungen eingesetzt werden (Art. 14 bis 45 BayPAG; Art. 5 Abs. 1 S. 2 bis 4, Abs. 2 BayAusfGStPO). Der Grundsatz der Spezialermächtigung ist freilich einstweilen nur für die Vollzugspolizei befriedigend durchnormiert; die kursorische Regelung der Befugnisse der allgemeinen Verwaltungsbehörden auf dem Gebiet des Sicherheitsrechts in Art. 5 BayAusfGStPO wird aber nur als Übergangslösung angesehen und soll durch ein in Vorbereitung befindliches Gesetz abgelöst werden[12]. Auch diese Übergangsregelung ist jedoch in der Beschränkung sicherheitsbehördlichen Einschreitens auf mit Strafe oder Geldbuße bedrohte Handlungen und „verfassungsfeindliche Handlungen im Sinn des Art. 5 PAG“ weit weniger allgemein als die Generalklausel des preußischen Polizeirechts.

II. Polizeipflicht und Spezialermächtigung

Die Ablehnung eines Begriffs der Polizeipflicht im System der Spezialermächtigungen ist folgerichtig, wenn es einer Ermittlung des Adressaten einer polizeilichen Maßnahme nach allgemeinen Grundsätzen nicht bedarf, weil die Eingriffsermächtigungen in Form von Spezialermächtigungen gegeben sind und die Tatbestände jeweils den Verantwortlichen mit bestimmten Merkmalen kennzeichnen. Soweit in Bayern der Grundsatz der Spezialermächtigungen gilt, ist er durch Bezug auf strafrechtliche Normen oder Ordnungswidrigkeitstatbestände durchgeführt. Dem Sicherheitszweck kann aber nicht Genüge getan werden, wenn nur die Adressaten der Straf- oder Bußgeldvorschrift — also jedenfalls nur schuldfähige Personen — polizeilich in Anspruch zu nehmen sind.

Mit der „Befreiung des Polizeirechts vom strafrechtlichen Denken“[13] waren auch in Bayern Grundsätze über die Adressierung polizeilicher Maßnahmen zu entwickeln, die über den Geltungsbereich dieser Normen hinausgehen mußten[14]. Die Artikel 9 bis 12 BayPAG haben hier weitgehend die Regelungen übernommen, die im Preußischen Polizeiverwaltungsgesetz unter der Titelüberschrift „Polizeipflichtige Personen“ für die Adressierung polizeilicher Maßnahmen galten. Diese Grundsätze werden über den Geltungsbereich des BayPAG hinaus — das Gesetz regelt nur Aufgaben und Befugnisse der Vollzugspolizei, nicht der Sicherheitsbehörden[15] — in Bayern als verbindlich angesehen[16].

---

[12] *König*, Polizeirecht in Bayern, S. 251; *Franz Mayer*, Bayerns Polizeirecht, S. 285 ff.; *Schiedermair*, Bayerisches Polizeirecht, S. 10.

[13] *Emmerig* in BayVBl. 1955, 69.

[14] Vgl. *Franz Mayer*, Bayerns Polizeirecht, S. 283 f.

[15] Vgl. oben Fußn. 9.

[16] *König*, Polizeirecht in Bayern, S. 259.

Damit kommt es für die Möglichkeit eines polizeilichen Eingriffs — wie nach preußischem Recht — ausschließlich auf die Verursachung der Verletzung eines polizeilichen Schutzgutes an, nicht auf Zurechnungsfähigkeit oder Verschulden des Verursachers.

Polizeiliches oder sicherheitsbehördliches Einschreiten ist auch in Bayern bei einer bloß bevorstehenden Störung möglich, wie aus der Eingriffsmöglichkeit zur „Verhütung" einer Rechtsverletzung (Art. 5 Abs. 2 Nr. 1 und 3 a BayPAG; Art. 5 Abs. 1 S. 2 BayAusfGStPO) und zur Abwehr einer „Gefahr" (Art. 5 Abs. 2 Nr. 3 b und c BayPAG) folgt. Damit gilt auch für das bayerische Recht, daß die Voraussetzungen polizeilichen Einschreitens nicht mit den Voraussetzungen der im Einzelfall „verletzten" Norm übereinstimmen. Das Polizeirecht greift auch in Bayern früher und umfassender ein als die Straf- oder Bußgeldnormen. Wie schon für das preußische Recht[17] muß deshalb auch in Bayern von einer Konkurrenz der Rechtsverhältnisse ausgegangen werden.

Die Besonderheiten der polizeilichen Bindung gegenüber der Bindung der Norm, deren Schutzgut polizeilich gewahrt werden soll, erlauben es, auch im bayerischen Recht zur Kennzeichnung dieses Sachverhalts den Begriff der „Polizeipflicht" zu verwenden[18]. Hinsichtlich der Polizeipflicht von Hoheitsträgern kann demzufolge auf die für das preußische Polizeirecht entwickelten Grundsätze verwiesen werden.

III. Exkurs: Der gegenständliche Umfang der Polizeipflicht im bayerischen und im preußischen Polizeirecht

Mit der Feststellung, daß es auch im bayerischen Polizei- und Sicherheitsrecht ein Strukturelement gibt, das sinnvollerweise als „Polizeipflicht" bezeichnet werden kann, ist ein Stück Rechtseinheit auf dem Gebiet des Polizeirechts dargetan. Das bedeutet aber nicht, daß auch die im preußischen Rechtsbereich herrschende Meinung hinsichtlich des Umfangs der Polizeipflicht für das bayerische Recht maßgebend ist. Angesichts der unterschiedlichen geschichtlichen Entwicklung des preußischen und des bayerischen Polizeirechtssystems und der besonderen positivrechtlichen Ausgestaltung des heutigen bayerischen Polizei- und Sicherheitsrechts ist bei der Feststellung einer Rechtseinheit durch bloße Übertragung preußisch-rechtlicher Auffassungen auf das bayerische Recht große Zurückhaltung angebracht[19].

---

[17] B IV 5 b).

[18] Auch der Bayerische Verwaltungsgerichtshof bezeichnet die polizeiliche Verantwortlichkeit des Störers als „Polizeipflicht" — in BayVBl. 1970, 328 ff.

[19] *Franz Mayer* in DVBl. 1959, 449 (452).

1. Die Trennung von Aufgabe und Befugnis der Polizei im preußischen Recht

Eine augenfällige Gemeinsamkeit zwischen bayerischem und preußischem Polizeirecht besteht in der bereits erwähnten Übernahme der Formel von der „öffentlichen Sicherheit und Ordnung“ in Art. 2 BayPAG und Art. 5 Abs. 1 S. 1 BayAusfGStPO. Während jedoch im preußischen Recht nach dem Grundsatz „ius ad finem dat ius ad media“[20] die Behörden bei der Wahrnehmung dieser Aufgabe ohne weiteres die Befugnis zum Vorgehen gegen den Bürger besitzen, besteht gerade diese Befugnis im bayerischen Recht nur im Falle spezieller Ermächtigungen. Die im bayerischen Recht klar durchgeführte Trennung zwischen Aufgabe und Befugnis kann jedoch auch für die systematische Erfassung des preußischen Polizeirechts von Nutzen sein.

Es gibt auch im Bereich des preußischen Polizeirechts nichteingreifende polizeiliche Tätigkeit — gerade in Preußen wurde diese Sicht der Polizei durch den Gedanken der Gefahrenabwehr entwickelt[21]. Bei dieser nichteingreifenden Tätigkeit geht die Behörde nicht gegen den Bürger vor, übt aber doch eine ihr zustehende Tätigkeit aus. Das bedeutet, daß es eine durchgängige Rückbezüglichkeit von polizeilicher Aufgabe und polizeilichem Eingriff auch im preußischen Recht nicht gibt. Unter Verwendung der im bayerischen Recht gebräuchlichen Terminologie läßt sich sagen, daß die Behörde bei nichteingreifender Tätigkeit ihre Aufgabe ausübt, ohne von ihrer (in Preußen grundsätzlich aus der Aufgabe abgeleiteten) Befugnis Gebrauch zu machen. Damit wird deutlich, daß es im preußischen wie im bayerischen Recht möglich ist, die *Aufgabe* der Polizei als Aufrechterhaltung der öffentlichen Sicherheit und Ordnung zu kennzeichnen[22]. Ausdrücklich findet sich die

---

[20] Vgl. § 89 EinlALR: „Wem die Gesetze ein Recht geben, dem bewilligen sie auch die Mittel, ohne welche dasselbe nicht ausgeübt werden kann.“ Zitiert nach *Schering*, Allgemeines Landrecht I.

[21] B II 3 c) nach Fußn. 73.

[22] Zu bedauern ist es, wenn bayerische Schriftsteller auch bei der Auslegung des Begriffs der öffentlichen Sicherheit und Ordnung eigenständige Gesichtspunkte herausarbeiten wollen. *Schiedermair* — Bayerisches Polizeirecht, S. 83 — und ihm folgend *König* — Polizeirecht in Bayern, S. 274 f. — lehnen eine getrennte Auslegung der „öffentlichen Sicherheit“ und der „öffentlichen Ordnung“ ab, weil nur eine Zusammenfassung dem Sinn und Geist der Bayerischen Verfassung und des BayPAG entspreche — *Schiedermair*, a.a.O. Ohne jede Auseinandersetzung mit der preußischen Praxis wird dabei der Bedeutungsgehalt der „öffentlichen Ordnung“ eliminiert. Das ist um so verwunderlicher, als der bayerische Gesetzgeber sich bei Kennzeichnung der *Aufgabe* der Polizei bewußt an das preußische Vorbild anlehnte — vgl. *Samper*, Bayerisches Polizeiaufgabengesetz, Rdnr. 15 und 22 zu Art. 2. Wenn *Schiedermair* dazu ausführt, ein „amtliches Eingreifen“ erscheine nur gerechtfertigt, „wenn eine erhebliche und ins Gewicht fallende Verletzung der Verwaltungsgesetze auf dem Spiel steht“ (a.a.O.), dann zeigt diese Begründung, daß er die Trennung von Aufgabe und Befugnis im bayerischen Recht nicht ausreichend beachtet. Seine ausdrücklich auf ein

Trennung von Aufgabe und Befugnis auch in dem der preußischen Polizeirechtstradition verbundenen Polizeirecht von Nordrhein-Westfalen (Teil I und II OBG, Abschnitt V und VI PolG.).

2. Die Generalklausel, insbesondere der Begriff der „öffentlichen Ordnung", als Eingriffsgrundlage

Unterschiede bestehen nach alledem lediglich bei den *Befugnissen* der Polizei- und Sicherheitsbehörden. Das preußische Recht zeigt hier vor allem mit dem Begriff der öffentlichen Ordnung als Tatbestandsvoraussetzung polizeilichen Vorgehens eine dem bayerischen Recht der Einzelermächtigungen entgegengesetzte Konzeption.

a) Rechtsstaatliche Bedenken

Die „öffentliche Ordnung" ist nach der amtlichen Begründung zum Preußischen Polizeiverwaltungsgesetz der „Inbegriff der Normen, deren Befolgung nach den jeweils herrschenden sozialen und ethischen Anschauungen als unentbehrliche Voraussetzung für ein gedeihliches Miteinanderleben der innerhalb eines Polizeibezirks vorhandenen Menschen angesehen wird"[23]. Das Gegenbild der bayerischen Regelung gibt hier zu bedenken, ob nicht eine weniger dynamische Auslegung des Begriffs der „öffentlichen Ordnung" zu fordern ist, damit rechtsstaatlichen und demokratischen Grundsätzen Genüge getan ist. Indem der Begriff der „öffentlichen Ordnung" auf die „jeweils herrschenden Anschauungen" abstellt, fordert er eine Auslegung nach politischer oder weltanschaulicher Zweckmäßigkeit geradezu heraus.

Die Befürworter der Generalklausel wenden gegen rechtsstaatliche Bedenken immer wieder ein, die Generalklausel sei „durch ihre viele Jahrzehnte währende Handhabung seitens der Verwaltungsgerichtsbarkeit so genau umschrieben, daß rechtsstaatliche Bedenken gegen sie nicht mehr erhoben werden können"[24]. Zugleich wird aber die Notwendigkeit der Generalklausel damit gerechtfertigt, daß „kein Gesetz ... sämtliche von der Polizei jemals zu treffende Maßnahmen im einzelnen voraussehen" könne[25]. Die Generalklausel als Grundlage für

---

„Eingreifen" gemünzten Ausführungen können für die Kennzeichnung der polizeilichen *Aufgabe* nicht von Bedeutung sein.

Gegen diese Eliminierung der „öffentlichen Ordnung" und für eine Ermittlung des Inhalts im Wege der Zergliederung, wie sie im preußischen Recht üblich ist, hat sich demgemäß für das bayerische Recht auch *Samper* (a.a.O., Rdnr. 13 zu Art. 2; ebenso *Franz Mayer* in Staats- und Verwaltungsrecht in Bayern, S. 299) im Grundsatz ausgesprochen. Diese Auffassung vermeidet eine unnötige Zersplitterung des Rechts, die insoweit durch die Besonderheiten des bayerischen Polizeirechts nicht gerechtfertigt würde.

[23] *Kerstiens* in VerwArch 36, 206 (215).

[24] *Drews-Wacke*, Polizeirecht, S. 45 m. w. N.; vgl. auch OVG Lüneburg, AS 11, 292 (294).

[25] *Drews-Wacke*, Polizeirecht, S. 45.

solche gesetzlich nicht voraussehbaren Eingriffe ist gerade nicht rechtsstaatlich; denn die Voraussehbarkeit ist das wesentliche Kriterium für die Rechtstaatlichkeit einer gesetzlichen Ermächtigung[26].

In den erwähnten Formulierungen zeigt sich darüber hinaus, daß die Polizei noch immer außerhalb der gesetzlichen Ordnung gesehen wird: unabhängig von der positivrechtlichen Normierung („kein Gesetz kann ...“), soll es „von der Polizei zu treffende Maßnahmen“ geben. Diese Auffassung statuiert also „vorgegebene“ staatliche Aufgaben und sieht damit im Staat nicht die von der Mehrheit der Bevölkerung durch ihre gewählten Repräsentanten verfaßte Ordnung des Gemeinwesens. Sie mißt dem Staat vielmehr eine eigenständige Wesenhaftigkeit bei, die von dem Vorhandensein konkreter Normierungen nicht abhängt. Diese staatliche Eigengewalt steht jeweils denen zur Verfügung, die den Staat regieren, ohne daß es noch der Erstellung von Normen und damit der Diskussion dieser Machtposition bedürfte. Darin zeigt sich eine ideologische Funktion dieser Auffassung, nämlich die Funktion undemokratischer Begründung von Macht. Bei einer vom Gesetz und damit vom (demokratischen) Gesetzgeber ausgehenden Betrachtungsweise kann es „von der Polizei zu treffende Maßnahmen“ nur geben, soweit sie gesetzlich vorgesehen sind.

Wacke rechtfertigt die Verwendung des dynamischen Begriffs der öffentlichen Ordnung weiterhin mit dem Argument, ein Verzicht auf diese Generalklausel „würde die Ohnmacht der staatlichen Gewalt vor neuen, durch die fortschreitende Entwicklung immer wieder eintretenden Lagen bedeuten“[27]. Das beschwört übertriebene Gefahren herauf und läßt mit der Betonung einer zu fürchtenden staatlichen Ohnmacht wiederum jene ideologische Funktion deutlich werden, die oben kritisiert wurde. Das einzige Beispiel, das Wacke für solche „staatliche Ohnmacht“ im bayerischen System der Spezialermächtigungen aufzeigt, ist das Fehlen einer Grundlage für die Einweisung Obdachloser[28]. Die Probleme der Obdachlosigkeit sind aber im Sozialstaat mit Hilfe des Polizeirechts ohnehin nicht angemessen zu lösen.

Der Begriff der öffentlichen Ordnung, auf dessen Auslegung die Auffassung von der dynamischen Funktion der Polizei beruht, kann nach alledem als Eingriffsgrundlage jedenfalls nicht in der herkömmlichen Weise Verwendung finden. Die „herrschenden Anschauungen“, auf welche die amtliche Begründung und die herrschende Meinung abstellen, kommen als Eingriffsgrundlage nur in Betracht, wenn sie zu allgemein verbindlichen Normen erhoben werden. „In Wirklichkeit kann also heute nur der Gesetzgeber selbst bestimmen, welche

---

[26] z. B. BVerfGE 8, 274 (325); BVerwGE 16, 87 (91).
[27] *Drews-Wacke*, Polizeirecht, S. 45.
[28] *Drews-Wacke*, Polizeirecht, S. 45.

Anschauung in einer bestimmten Frage gelten soll. Die Rechtsnorm und nur sie begründet die ‚herrschende' Anschauung[29]." Nur eine solche Betrachtungsweise wird den vom Bundesverfassungsgericht aufgestellten Grundsätzen gerecht, daß „der Gesetzgeber sich seines Rechtes, die Schranken der Freiheit zu bestimmen, nicht dadurch begeben (darf), daß er mittels einer vagen Generalklausel die Grenzziehung im einzelnen dem Ermessen der Verwaltung überläßt"[30].

b) Fortgeltung der Generalklausel als Verordnungsermächtigung

Ist die polizeiliche Generalklausel deshalb verfassungswidrig? Diese Frage kann angesichts der verschiedenen Funktionen der polizeilichen Generalklausel nicht einheitlich beantwortet werden. Ganz sicher nicht verfassungswidrig ist sie als bloße *Aufgaben*zuweisung[31]. Bei den *Befugnissen*, welche die Generalklausel der Verwaltung gegenüber dem Bürger erteilt, handelt es sich einmal um die Möglichkeit zum Erlaß von Einzelakten, zugleich aber auch zum Erlaß genereller Regelungen[32].

Soweit sich bisher die Gerichte mit der Frage der Verfassungsmäßigkeit der Generalklausel ausdrücklich auseinandersetzten (und sie bejahten), ging es stets darum, ob die Generalklausel den verfassungsmäßigen Anforderungen an eine Verordnungsermächtigung genügt[33]. Die Fortgeltung der Generalklausel als Verordnungsermächtigung beruht aber in erster Linie nicht auf ihrer Vereinbarkeit mit den Bestimmtheitserfordernissen des Art. 80 I 2 GG. Es ist bereits nach dem Wortlaut des Grundgesetzes zweifelhaft, ob diese Vorschrift, die unmittelbar nur die Bundesgesetzgebung erfaßt, auch nur entsprechend auf landesrechtliche Verordnungsermächtigungen anzuwenden ist[34]. Darauf kommt es jedoch letztlich nicht an; die Generalklausel gilt als vorkonstitutionelle Ermächtigung zu gesetzesausführenden Verordnungen auch ohne das von Art. 80 GG geforderte Maß an Bestimmtheit fort (arg. Art. 129 II, III GG)[35], und zwar auch dann, wenn sie in neuen Polizeigesetzen unter der Geltung des Grundgesetzes wiederholt worden ist[36]. Im übrigen wäre aber auch die Frage, ob die Generalklausel als

---

[29] *Schiedermair*, Bayerisches Polipeirecht, S. 82; sinngemäß ebenso *Franz Mayer* in DVBl. 1959, 449 (453).

[30] BVerfGE 6, 32 (42); ständige Rechtsprechung, vgl. z. B. BVerfGE 8, 274 (325) und 13, 153 (160 f.) m. w. N.

[31] Dazu oben F III 1.

[32] Auf diese Doppelfunktion der polizeilichen Generalklausel wurde bereits oben, B IV 2 a), hingewiesen.

[33] OVG Lüneburg, AS 11, 292; Bad.-Württ. VGH, ESVGH 7, 43 (46); vgl. auch *Zuleeg* in DVBl. 1970, 157 (159 mit Fußn. 52) m. w. N. aus der Literatur.

[34] Darstellung des Streitstandes in dem Rechtsprechungsbericht HessStGH in JuS 1970, 41 f.; vgl. auch oben Fußn. 1 zu C.

[35] Zur Möglichkeit eines solchen Schlusses aus Art. 129 III GG: BVerfGE 2, 307 (326 ff.).

[36] *Drews-Wacke*, Polizeirecht, S. 384 f.

Verordnungsermächtigung „nach Inhalt, Zweck und Ausmaß“ gemäß Art. 80 GG ausreichend bestimmt ist, zu bejahen. Infolge der jahrzehntelangen Handhabung durch Verwaltung und Rechtsprechung ist die Generalklausel — worauf sich die herrschende Meinung insoweit zu Recht beruft — in der Tat ausreichend bestimmt, um als Verordnungsermächtigung den verfassungsrechtlichen Anforderungen zu genügen[37]. Damit ist aber noch nicht gesagt, ob das auch für die Generalklausel in ihrer Funktion als Einzeleingriffsermächtigung gilt[38].

c) Die Generalklausel als Einzeleingriffsermächtigung bei eingeschränkter Auslegung

Die Überlegungen zum Begriff der „öffentlichen Ordnung“[39] haben gezeigt, daß jede dynamische Auslegung, welche die Bewältigung neu auftauchender Situationen im Einzelfall der Polizei überläßt, mit dem Grundgesetz nicht vereinbar ist. Wird die ausreichende Bestimmtheit der Generalklausel als Eingriffsermächtigung gerade damit begründet, daß sie durch die jahrzehntelange Rechtsprechung genau umschrieben sei[40], dann muß dieser Rechtsprechung bei einer rechtsstaatlichen Auslegung der Generalklausel eine besondere Bedeutung zukommen. Die Generalklausel kann unter Bezug auf die Rechtsprechung nur dann als rechtliche Grundlage (im Gegensatz zu einer bloßen Einschränkung) der Polizeigewalt wirken, wenn sich der Geltungsbereich der Generalklausel in den Fallgestaltungen erschöpft, die von der Rechtsprechung im Laufe der Jahrzehnte bis zum Inkrafttreten des Grundgesetzes unter Zuhilfenahme der Generalklausel gelöst wurden[41]. Das bedeutet, daß polizeiliches Eingreifen gegen jeden Angriff auf einige eng umgrenzte Rechtsgüter (z. B. Rechtsordnung, Leben, Gesundheit) sowie darüber hinaus — vor allem im Bereich der „öffentlichen Ordnung“ — gegen eine Vielzahl einzelner Handlungsweisen und Zustände ermöglicht wird. Je weniger eindeutig ein Rechtsgut abgrenzbar ist oder je weniger eindeutig der Gegenstand des Eingriffs mit dem Begriffskern eines

---

[37] OVG Lüneburg, AS 11, 292 (294); Bad.-Württ. VGH in ESVGH 7, 43 (46); *Drews-Wacke*, Polizeirecht, S. 385 f. m. w. N.; *Friauf*, Polizei- und Ordnungsrecht, S. 200. Auf die nähere Darlegung der Richtigkeit dieser Ansicht soll hier verzichtet werden; denn für die Untersuchung des unterschiedlichen Umfangs der Polizeipflicht im preußischen und im bayerischen Recht ist nur die ausreichende Bestimmtheit der Generalklausel als Einzeleingriffsermächtigung von Bedeutung.

[38] *Gegen* eine Gleichsetzung des Normsetzungsermessens nach Art. 80 GG mit dem exekutivischen Einzelfallermessen *Rupp* in NJW 1969, 1273 (1274 unter III 1); *für* eine solche Gleichsetzung *Zuleeg* in DVBl. 1970, 157 (159 f.).

[39] F III 2.

[40] Vgl. Fußn. 37; für den Begriff des „groben Unfugs“ i. S. von § 360 I Nr. 11 (2. Alternative) StGB ebenso BVerfG in JZ 1969, 800 (unter II 2 a).

[41] Ähnlich *Schroeder* in JZ 1969, 775 (778 f. unter 4 b und 5) zu der Ansicht des BVerfG (s. oben Fußn. 39), daß der Begriff des „groben Unfugs“ durch die Rechtsprechung ausreichend geklärt sei.

Rechtsguts übereinstimmt, desto eher muß sich die Polizei als Voraussetzung für die Rechtmäßigkeit eines Eingriffs auf eine Kasuistik der bisherigen Rechtsprechung stützen können. Nur ein solches Vorgehen nimmt die Argumentation ernst, auf welche die Verfassungsmäßigkeit der Generalklausel allgemein gestützt wird[42] und ermöglicht mit dem weiterhin generalklauselartigen Schutz des Kernbereichs wichtiger Rechtsgüter zugleich eine ausreichende Beweglichkeit der Polizeibehörden.

Zu einer *Einschränkung* gegenüber den bisherigen Ergebnissen der Rechtsprechung sind die Polizeibehörden insoweit berufen, als sie jeweils überdenken müssen, ob ein Eingriff den durch die Grundrechte geschützten Bereich berührt[43]. Eine *Ausweitung* der durch die Rechtsprechung sanktionierten Befugnisse der Polizei kann — wenn man die ausreichende Bestimmtheit der Generalklausel gerade mit der gefestigten Rechtsprechung begründet — nur durch die Schaffung von Straf- und Ordnungswidrigkeitstatbeständen (gegebenenfalls auch durch den Erlaß von Polizeiverordnungen) erfolgen[44]. Die Polizei als staatliches Vollzugsorgan hat demnach nicht die Befugnis, zur Bekämpfung *neu* entstehender Gefahrensituationen unter Berufung auf die „öffentliche Ordnung" in die Rechte des einzelnen einzugreifen.

Damit zeigt sich, daß bei dieser Auslegung der Generalklausel als Eingriffsermächtigung im Grundsatz eine weitgehende Angleichung an den bayerischen Rechtszustand erfolgt. Die Eingriffstatbestände differieren zwar; aber in der Beschränkung der polizeilichen Befugnisse auf den Schutz einiger Rechtsgüter und das Vorgehen gegen einzelne kasuistisch umschriebene Handlungen tritt auch hinsichtlich der polizeilichen Befugnisse eine rechtseinheitliche Gestaltung des Polizeirechts in der Bundesrepublik zutage.

---

[42] Zur Möglichkeit eines derart einengenden Gewohnheitsrechts *Schroeder* in JZ 1969, 775 (778 unter 4 a und b).

[43] Vgl. OVG Lüneburg, AS 14, 396; das Gericht engt die Möglichkeit der Heranziehung als Störer unter Berücksichtigung der Eigentumsgarantie ein. Zu beachten ist, daß sich die Frage der Vereinbarkeit eines Eingriffs mit dem Grundgesetz auch für andere Grundrechte — vgl. z. B. BVerwGE 10, 164 (165 f.) zu Art. 12 GG — und nicht nur für die Inanspruchnahme als Störer, sondern auch für die Inanspruchnahme als Nichtstörer stellt.

[44] Vgl. BVerwGE 10, 164 (166): „... geht es nicht an, daß die Polizei formell unter dem Gesichtspunkt, nur die Generalklausel anzuwenden, der Sache nach das tut, was die Gesetzgebung bisher nicht getan hat ..."; ebenso BVerwG in DVBl. 1970, 504 (505).

G. Der Anspruch auf Einschreiten der Polizei und seine klageweise Durchsetzung bei Beeinträchtigung durch einen Hoheitsträger

Eine immer stärker vordringende, man kann wohl sagen: die heute herrschende Meinung[1] gewährt dem Bürger aufgrund der polizeirechtlichen Normen (auch der Generalklausel) einen Anspruch auf Einschreiten der Polizeibehörden. Darin kommt die Erkenntnis zum Ausdruck, daß die „Öffentlichkeit", von der die Polizei Gefahren abzuwehren hat, keine abstrakte Größe ist, sondern daß diese Gefahren im allgemeinen den rechtlich geschützten Gütern einzelner Rechtsgenossen drohen. In einer staatlichen Ordnung, die nach ihrer Verfassung nicht nur objektiv Rechte des Bürgers schützt, sondern ihm auch die Möglichkeit gibt, sie einzufordern[2], liegt es nahe, daß auch die Wahrnehmung der Polizeiaufgaben dem Bürger nicht nur als „Reflexwirkung" zugute kommt; vielmehr entspricht es einer solchen Auffassung, dem konkret gefährdeten einzelnen einen Anspruch auf Erfüllung dieser Aufgabe zuzubilligen.

Für die Geltendmachung dieses Anspruchs wird allgemein die Verpflichtungsklage als die richtige Klageform angesehen[3], da mit einem polizeilichen Einschreiten zur Gefahrenabwehr grundsätzlich der Erlaß eines Verwaltungsakts verbunden ist. Aus dieser Betonung des Verwaltungsakts ergeben sich Schwierigkeiten sowohl für die Konstruktion eines (materiellrechtlichen) Anspruchs auf polizeiliches Einschreiten gegen Hoheitsträger als auch für die Wahl der richtigen Klageart zur Durchsetzung eines solchen Anspruchs; denn polizeiliche Verfügungen können gegenüber einem Hoheitsträger in der Regel nicht ergehen[4].

---

[1] Grundlegend *Bachof* in DVBl. 1961, 128 ff.; *Wolfgang Martens* in JuS 1962, 245 ff.; vgl. weiter *Henke* in DVBl. 1964, 649 ff.; *ders.* in DVBl. 1965, 783 ff.; OVG Münster in DVBl. 1967, 546 ff.; OVG Lüneburg in DVBl. 1967, 779 ff.; nach HessVGH in DVBl. 1970, 66 (67 f.) ist die Möglichkeit eines solchen Anspruchs „anerkannten Rechts"; umstritten ist, ob BVerwGE 11, 95 ff. so auszulegen ist, daß dort ein solcher Anspruch bejaht wird; dafür *Bachof*, a.a.O., dagegen *Heinrich* in DVBl. 1966, 425 (431 f.)

[2] Vgl. *Bartlsperger* in DVBl. 1970, 30 (32 mit Fußn. 28) m. w. N.

[3] z. B. *Wolfgang Martens* in JuS 1962, 245 (251 f.) m. w. N.; auch soweit der Erlaß einer Verfügung noch nicht verlangt werden kann, ist dann ebenfalls Verpflichtungsklage gegeben, auf die Bescheidungsurteil ergeht (§ 113 IV 2 VwGO).

[4] D II.

Es wäre daran zu denken, dem einzelnen statt eines Anspruchs auf Einschreiten der Polizeibehörden einen Anspruch auf Beseitigung der Gefahr durch den störenden Hoheitsträger selbst oder auf Einschreiten der Rechtsaufsichtsbehörde zuzubilligen. Ein Anspruch auf Gefahrenabwehr gegen den störenden Hoheitsträger selbst wäre die Konsequenz aus der bereits abgelehnten Auffassung[5], daß jeder Hoheitsträger in seinem eigenen Bereich aufgrund des Polizeirechts die Aufgabe habe, Gefahren zu beseitigen. Die Möglichkeit eines Anspruchs auf Einschreiten der Rechtsaufsichtsbehörden lehnt die herrschende Meinung ab[6]. Die Richtigkeit dieser Ansicht folgt für die Polizeipflicht von Hoheitsträgern daraus, daß erst eine polizeiliche Anordnung die polizeiliche Rechtspflicht des störenden Hoheitsträgers begründet[7]. Die Schwierigkeiten, die nach der hier vertretenen Auffassung mit einem Anspruch auf polizeiliches Einschreiten gegen Hoheitsträger verbunden sind, können also auf diese Weise nicht vermieden werden.

Es ist aber zu fragen, ob die Prämisse richtig ist, daß der Anspruch auf Gefahrenbeseitigung durch die Polizei ein Anspruch auf Erlaß eines Verwaltungsaktes sei. Gegen diese Qualifizierung spricht zunächst, daß die Polizeibehörden eine Gefahr auch auf andere Weise beseitigen können als durch Erlaß von Polizeiverfügungen. Entscheidend ist jedoch, daß die Grundlage dieses Anspruchs nicht in den polizeirechtlichen *Befugnis*normen gesehen werden kann. Das Rechtsverhältnis, auf das die polizeilichen Befugnisnormen bezogen sind, besteht und erschöpft sich in der Berechtigung der Polizeibehörden, Handlungen zu verlangen und zu erzwingen und auf der anderen Seite in der Pflicht zur Ausführung der Handlungen. Der Anspruch auf polizeiliches Tätigwerden kann also nur aus der polizeilichen *Aufgaben*zuweisung abgeleitet werden[8]; nur im Rahmen der Aufgabenzuweisung ist ein Rechtsverhältnis zwischen dem Träger des gefährdeten Rechts und den Polizeibehörden denkbar. In bezug auf dieses Rechtsverhältnis ist die Befugnis der Polizeibehörden zum Erlaß von Verwaltungsakten nur das *Mittel*, dessen sich die Polizeibehörden bedienen können (und häufig mangels anderer Möglichkeiten auch bedienen müssen). Der Anspruch des Bürgers kann hingegen allein auf die Beseitigung der Störung seiner Rechtsposition gerichtet sein, deren Beeinträchtigung (oder Gefährdung) den Anspruch begründet. Die Auswahl der einzusetzenden Mittel (auch des Verwaltungsaktes als Mittel) obliegt also

---

[5] E I.

[6] Nachweise bei *Henke* in DVBl. 1965, 783 (784 unter 5).

[7] E II.

[8] Zur Unterscheidung von Aufgabe und Befugnis s. oben F III 1; angesichts der dort festgestellten Übereinstimmung der Aufgabenzuweisung im Bereich des preußischen und des bayerischen Polizeirechts ist auch für den Anspruch auf polizeiliches Einschreiten dargetan, daß insoweit eine rechtseinheitliche Regelung vorliegt.

allein der Polizei. Wer den Anspruch auf polizeiliche Gefahrenbeseitigung als Anspruch auf Erlaß eines Verwaltungsakts ansieht, berücksichtigt im übrigen nicht, daß mit dem Erlaß einer Polizeiverfügung die Gefahr nicht sicher beseitigt und damit der Erfolg, auf den es ankommt, nicht erreicht wird. Das ist vielmehr erst dann der Fall, wenn der in Anspruch genommene Polizeipflichtige pflichtgemäß gehandelt oder die Polizeibehörde die Zwangsvollstreckung durchgeführt hat. Den Anspruch auf Erlaß einer Polizeiverfügung hätte die Polizeibehörde aber bereits mit dem Erlaß dieser Verfügung erfüllt.

Damit wird deutlich, daß der Anspruch auf polizeiliches Einschreiten nur als Anspruch auf Beseitigung der Verletzung (oder Gefährdung) zu verstehen ist und nicht als Anspruch auf Erlaß eines Verwaltungsaktes[9]. Das bedeutet, daß für diesen Anspruch auch dann keine Besonderheiten gelten, wenn für eine Störung oder Gefahr ein Hoheitsträger verantwortlich zu machen ist, gegen den keine polizeiliche Verfügung ergehen kann. Da der Anspruch auf polizeiliche Gefahrenbeseitigung nicht auf den Erlaß einer potentiell verbindlichen Regelung gerichtet ist, sondern auf die Herbeiführung eines tatsächlichen Erfolges, ist er nicht mit der Verpflichtungsklage nach § 42 VwGO, sondern im Weg der allgemeinen Leistungsklage zu verfolgen.

---

[9] Für den vergleichbaren Fall des Folgenbeseitigungsanspruches vertritt *Rösslein* den gleichen Standpunkt mit weitgehend ähnlichen Argumenten, wie sie hier ausschlaggebend waren — Folgenbeseitigungsanspruch, S. 92 ff.

H. Zusammenfassung und Ergebnis

1. Die Frage einer Polizeipflicht von Hoheitsträgern ist seit PrOVGE 2, 399 ff. Gegenstand zahlreicher Urteile und literarischer Erörterungen gewesen.

a) Die bis in die jüngste Zeit unangefochtene Lösung des Preußischen Oberverwaltungsgerichts identifizierte die Polizeipflicht mit der Möglichkeit, polizeibehördlichen Verfügungen ausgesetzt zu sein und bejahte diese Möglichkeit bei fiskalischem Handeln der betroffenen Hoheitsträger. Hoheitlich handelnde Hoheitsträger waren von der Polizeipflicht ausgenommen, weil in diesem Fall der Erlaß einer Polizeiverfügung der staatlichen Zuständigkeitsordnung widersprochen hätte.

b) Eine Abkehr von dieser Auffassung hat im Jahre 1958 *Werner Weber* eingeleitet. Werner Weber trennte die Möglichkeit, polizeibehördlichen Verfügungen ausgesetzt zu sein (im folgenden: „formelle" Polizeipflicht), von einer „materiellen", unmittelbar auf den Polizeigesetzen beruhenden Polizeipflicht. Hoheitsträger sind danach grundsätzlich „materiell" polizeipflichtig; Verfügungen können gegen sie jedoch nur bei fiskalischem Handeln ergehen. Diese Auffassung kann weitgehend als herrschende Meinung bezeichnet werden. Auch die Rechtsprechung des Bundesverwaltungsgerichts und des Bundesgerichtshofes folgt, soweit feststellbar, der Auffassung Werner Webers, läßt aber in der Argumentation Ansätze dafür erkennen, daß auch der Erlaß von Verfügungen gegen hoheitlich handelnde Hoheitsträger nicht von vornherein ausgeschlossen ist.

c) Neuere Auffassungen in der Literatur nehmen an, daß polizeiliche Verfügungen grundsätzlich auch gegen Hoheitsträger ergehen können (zuerst *Rudolf*) und lehnen demgemäß jede Unterscheidung zwischen hoheitlichem und fiskalischem Handeln als Voraussetzung einer Polizeipflicht ab *(Rudolf, Reigl, Scholz, Schönfelder)*. Zum Teil wird auch ein Unterschied zwischen „materieller" und „formeller" Polizeipflicht geleugnet *(Schönfelder)*.

2. Die auf der Auffassung von *Werner Weber* beruhende herrschende Meinung ist nicht haltbar.

a) Es gibt keine „materielle" Polizeipflicht.

aa) Werner Weber ist davon ausgegangen, daß er lediglich einen allgemein vertretenen Gedanken für das Problem der Polizeipflicht von Hoheitsträgern ausgewertet habe. Eine genauere Untersuchung der polizeirechtlichen Rechtsprechung des Preußischen und des Sächsischen Oberverwaltungsgerichts ergibt demgegenüber, daß diese Gerichte nicht von einer allgemeinen, unmittelbar auf Gesetz beruhenden Polizeipflicht ausgegangen sind. Das wird erklärlich, wenn man bedenkt, daß die Entwicklung eines eigentlichen Polizeirechts im preußischen Rechtskreis im Sinne einer beständigen *Einschränkung* staatlicher Handlungsmöglichkeiten mit Hilfe der „Generalklausel", nicht aber im Sinne einer rechtlichen *Grundlegung* verlaufen ist. Gegenüber dieser Generalklausel blieb das Bewußtsein wach, daß es sich um eine „ungemessene Ermächtigung" *(Otto Mayer)* handele.

In diesen Rechtszustand wurde der Begriff der „Polizeipflicht" nur als Rechtsfigur eingeführt, mit deren Hilfe bestimmte verfassungsrechtliche und rechtssystematische Ziele erreicht werden konnten: Die Behauptung einer vorausgesetzten allgemeinen Polizeipflicht erlaubte es, jene „ungemessene Ermächtigung" der Generalklausel für vereinbar mit dem Postulat des Gesetzesvorbehalts zu erklären und die Entschädigungspflicht des Staates für polizeiliche Eingriffe zurückzudrängen; der Begriff der Polizeipflicht war zugleich geeignet als zusammenfassende Kennzeichnung aller Voraussetzungen, unter denen die Polizeibehörden in die Rechte einzelner eingreifen konnten — in dieser Bedeutung ist der Begriff der Polizeipflicht auch in den Sprachgebrauch des Preußischen Polizeiverwaltungsgesetzes von 1931 eingegangen. Die früher verbreitete Skepsis gegenüber der ausreichenden Bestimmtheit ist heute unter den Anforderungen unserer Verfassung nicht etwa größer geworden. Diese Anforderungen haben im Gegenteil dazu geführt, daß die Generalklausel als ausreichend bestimmte Eingriffsgrundlage angesehen wird; denn andernfalls könnte sie bei dem rigiden Geltungsanspruch unseres Verfassungsrechts für verfassungswidrig erklärt werden. Die Umwertung wird auf die Spitze getrieben, wenn man infolge der nunmehr behaupteten Bestimmtheit annimmt, daß auch ohne Erlaß einer Polizeiverfügung die Polizeipflicht bereits rechtlich wirksam ist.

bb) Die geltenden polizeirechtlichen Regelungen der Länder zielen in ihrem Sprachgebrauch ausschließlich darauf ab, der Polizei eine Ermächtigung für Rechtseingriffe zu geben, nicht aber darauf, den „Polizeipflichtigen" von Gesetzes wegen zu einem Tun oder Unterlassen zu verpflichten. Soweit das Wort „Polizeipflicht" überhaupt verwendet wird, dient es (wie schon beim Preußischen Polizeiverwaltungsgesetz) nur als Kapitelüberschrift.

cc) Ein geklärter Begriff der Rechtspflicht (vgl. B III 5) erlaubt es nicht, von einer wirksamen Pflicht desjenigen zu sprechen, in dessen Person die Voraussetzungen der gesetzlichen Störerregelungen vorliegen. Die Wirksamkeit einer Pflicht setzt voraus, daß der Betroffene wenigstens die Möglichkeit hat, die Forderung zu kennen, welche die Rechtsordnung an ihn stellt. Die „Polizeipflicht" entsteht aber nach herkömmlicher Auffassung, wie sie in den Polizeigesetzen zum Ausdruck gekommen ist — ohne Rücksicht auf (außerpolizeirechtliche) Rechtswidrigkeit, auf Kenntnismöglichkeit oder Schuldfähigkeit der „Polizeipflichtigen Personen" —, durch einen nur kausalen Zusammenhang mit der eingetretenen Störung. Das aber bedeutet, daß die „Polizeipflicht" in diesem Sinn keine bereits wirksame Pflicht ist, sondern lediglich eine Bezeichnung für die polizeilichen Eingriffsvoraussetzungen. Auch wer, neueren Überlegungen folgend, nur den für „polizeipflichtig" erklärt, der rechtswidrig (und damit pflichtwidrig?) gehandelt hat *(Schnur)*, kommt nicht zur Annahme einer „materiellen" Polizeipflicht; denn die Abgrenzung zwischen einem dergestalt rechtswidrig und einem rechtmäßig handelnden Störer ist ohne Zirkelschluß nur durch andere als polizeirechtliche Überlegungen möglich. Damit wird aber der Begriff der Polizeipflicht aufgegeben.

Der Begriff der Polizeipflicht und seine Funktion werden durch die Einbeziehung von Rechtspflichten, die auf das gleiche Ziel gerichtet sind (und die u. U. bereits kraft Gesetzes unmittelbar wirksam sind), nur verdunkelt. Die Polizeipflicht geht als Instrument einer bereits gegen bloße *Gefahren* gerichteten Abwehr über die Tatbestandsvoraussetzungen der einzelnen Normen hinaus, deren Rechtsgüter über den Begriff der „öffentlichen Sicherheit" zum materiellen Geltungsbereich der Polizeipflicht gehören. Liegen die Voraussetzungen der Polizeipflicht *und* der einzelnen Normen vor, so konkurrieren beide Rechtsverhältnisse miteinander, ohne daß sich deshalb etwas an ihrer Selbständigkeit änderte. In jedem Fall aber entsteht die Polizeipflicht als Rechtspflicht erst dann, wenn eine Polizeibehörde eine entsprechende Verfügung erlassen hat.

b) Es ist nicht möglich, für die Zulässigkeit des Erlasses von Polizeiverfügungen gegen Hoheitsträger danach zu unterscheiden, ob der betreffende Hoheitsträger hoheitlich oder fiskalisch gehandelt hat.

Der Staat handelt „fiskalisch" immer nur im Hinblick auf seine Rechte und Pflichten aus bestimmten zivilrechtlichen Rechtsverhältnissen. Wer es für die Zulässigkeit polizeilicher Verfügungen gegen Hoheitsträger maßgebend sein läßt, ob der Hoheitsträger die Störung anläßlich „fiskalischer" Handlungen verursacht hat, zieht also Gesichtspunkte aus anderen als den in casu zu beurteilenden Rechtsverhältnissen heran. Der „fiskalisch" handelnde Hoheitsträger wird bei diesem Vorgehen aus den konkreten zivilrechtlichen Rechtsverhältnissen gelöst und als eigenständige zivilrechtliche Rechtsperson betrachtet, soweit irgendein Zusammenhang mit diesen Rechtsverhältnissen besteht. Damit wird in Wahrheit die seit mehr als hundert Jahren allgemein abgelehnte alte Fiskustheorie fortgeführt, die den zivilrechtlich handelnden Staat als besondere Rechtsperson ansah.

Daß das Preußische Oberverwaltungsgericht für die Frage der Polizeipflicht von Hoheitsträgern danach unterschied, ob der betreffende Hoheitsträger die Störung anläßlich fiskalischen oder anläßlich hoheitlichen Handelns verursachte, dürfte letztlich darauf zurückzuführen sein, daß zum Zeitpunkt der grundlegenden Entscheidung des Gerichts (1877) der „Fiskus" weitgehend identisch war mit dem Bereich, in dem der Staat überhaupt als rechtlich gebunden angesehen wurde; es lag deshalb nahe, staatliche Hoheitsträger auch nur insoweit den Verfügungen von Polizeibehörden auszusetzen.

3. Die grundsätzliche Zulässigkeit polizeilicher Verfügungen gegen Hoheitsträger ist nicht damit zu begründen, daß die Polizeiverfügungen heute nur noch als bloße Rechtsanwendungsakte ergehen dürfen und daß die volle Bindung staatlichen Handelns an das Recht ja allgemein anerkannt sei. Es bestehen Besonderheiten der rechtlichen Bindung an eine Verfügung gegenüber der Bindung an die Gesetze, die durch diese Gesichtspunkte nicht erfaßt werden.

Die Verfügungen sind — als Verwaltungsakte — auch im Falle ihrer Rechtswidrigkeit, also bei mangelnder Übereinstimmung mit dem angewandten Gesetz, nicht schlechthin wirkungslos. Falls sie nicht nichtig sind, gilt die in ihnen ausgesprochene Verpflichtung bis zur Einlegung eines Rechtsmittels. Damit wird eine Wirkung der Verwaltungsakte deutlich, die nicht auf den Fall der Rechtswidrigkeit beschränkt ist. Sie hängt vielmehr damit zusammen, daß die Verwaltungsakte als Akte der Rechtsanwendung nicht ohne eine gewisse Verbindlichkeit auskommen. Sie beruht auch nicht auf dem konkret (falsch oder richtig) angewandten Gesetz, sondern wird unter eigenständigen Voraussetzungen grundsätzlich dem Handeln der Verwaltungsorgane beigemessen. Wenn der Verwaltungsakt rechtmäßig ist, konkurriert also die Pflicht aus dem Verwaltungsakt mit der Pflicht aus dem Gesetz; im Falle seiner Rechtswidrigkeit besteht nur die Pflicht aus dem Verwaltungsakt. Diese Verbindung mit der Funktion der Exekutive macht deutlich, daß es bei der Beurteilung der Zulässigkeit polizeilicher Verfügungen gegen Hoheitsträger in erster Linie nicht um die Bindung der Hoheitsträger an das Recht geht, sondern darum, inwieweit die Polizeibehörden Exekutivbefugnisse gegenüber anderen Hoheitsträgern besitzen.

4. Welche Argumente dafür maßgebend sind, ob polizeiliche Verfügungen gegen Hoheitsträger ergehen können, ist davon abhängig, ob der verfügende und der betroffene Hoheitsträger demselben rechtlich selbständigen Hoheitsträger und weiter, ob sie dem gleichen Staat oder unterschiedlichen Staaten unseres Bundesstaats angehören.

a) Hoheitsträger, die demselben rechtlich selbständigen Hoheitsträger zugehören, können keine polizeilichen Verfügungen gegeneinander erlassen.

Da die Polizeibehörde in diesen Fällen selbst dem betroffenen Rechtssubjekt angehört, müßte sie zum Erlaß einer Polizeiverfügung aus der Zugehörigkeit zu der juristischen Person ausscheiden. Das widerspräche aber der auf Gesetz beruhenden Festlegung der Zurechnungssubjektivität. Es kommt also nur eine Anordnung im Innenverhältnis, eine interne Weisung, in Betracht. Mit dieser Weisung könnte die Polizeibehörde diejenige Behörde der gleichen juristischen Person in Anspruch nehmen, die im Innenverhältnis für die Handlungen zuständig ist, die zur Beseitigung der Gefahr erforderlich sind. Eine solche Anordnungsmöglichkeit der Polizeibehörden wäre aber mit den gesetzlichen oder verwaltungsinternen Normen über den Aufbau der betreffenden juristischen Person unvereinbar.

b) Zwischen rechtlich selbständigen Hoheitsträgern können zwar grundsätzlich Verwaltungsakte ergehen; polizeiliche Verfügungen kollidieren hier jedoch mit den staatlichen Aufsichtsregelungen.

aa) Gegenüber kommunalen Hoheitsträgern und anderen rechtlich selbständigen Hoheitsträgern des Landesrechts stehen Exekutivbefugnisse — mit der Möglichkeit, Verwaltungsakte gegen diese Hoheitsträger zu erlassen — nur den Aufsichtsbehörden zu, soweit nicht ausdrücklich eine andere gesetzliche Regelung eingreift.

Jede andere Auffassung würde angesichts der Aufsichtsregelungen, welche die gesamte Tätigkeit der Hoheitsträger (zumindest als Rechtsaufsicht) umfassen, zu weitgehenden Doppelzuständigkeiten führen. Außerdem würde die auf ausdrücklichen gesetzlichen Regelungen beruhende staatliche Zuständigkeitsordnung dadurch in Frage gestellt. Das gilt entsprechend auch für rechtlich selbständige Hoheitsträger des Bundesrechts gegenüber den Anordnungen anderer bundesrechtlicher Hoheitsräger.

bb) Kommunale Polizeibehörden können gegen Landesbehörden keine Polizeiverfügungen erlassen, weil die (Rechts-)Aufsichtsbehörden des Landes auch nach Unanfechtbarkeit diese Verfügungen mit der Behauptung aufheben könnten, daß sie mit dem Recht nicht vereinbar seien. Derartige Anordnungen würden also niemals die Verbindlichkeit gegen den Willen des Betroffenen erlangen, die zum Begriff des Verwaltungsakts gehört.

c) Der Bund kann Anordnungen gegen Behörden des Landesrechts nur in den durch die Verfassung ausdrücklich genannten Fällen erlassen. Polizeiverfügungen von Landespolizeibehörden gegen Bundesbehörden sind hingegen ohne weiteres möglich.

aa) Die Hoheitsträger des Bundes sind nach herrschender Meinung dem in den einzelnen Ländern geltenden Recht und damit dem Polizeirecht der Länder unterworfen.

Vereinzelte Einwände gegen diese Rechtsbindung des Bundes *(Kölble)* können nicht überzeugen. Insbesondere regeln die Länder aufgrund dieser rechtlichen Bindung nicht unzulässigerweise den Vollzug von Bundesgesetzen durch Bundesbehörden. Soweit der Vollzug von Bundesrecht zu Vorgängen führt, die den Sachbereich landesrechtlicher Gesetzgebungszuständigkeit berühren, haben die Länder darüber zu bestimmen, wie diese Vorgänge ablaufen sollen. Der Bund hat sich in diesem Handlungsrahmen zu halten.

bb) Keines der dargelegten Argumente gegen den Erlaß von Polizeiverfügungen gegen Hoheitsträger trifft auf das Verhältnis der Landespolizeibehörden zu Bundesbehörden zu. Eine „andere Regelung" im Sinne von Art. 30 GG ist ebenfalls nicht ersichtlich. Demgemäß sind die Landespolizeibehörden in der Lage, Polizeiverfügungen gegen den Bund zu erlassen.

d) Polizeiverfügungen eines Landes gegen ein anderes Land sind möglich, soweit Hoheitsträger eines Landes in einem anderen Land eine Störung verursachen.

e) Polizeiverfügungen gegenüber Hoheitsträgern, die nicht in jeder Beziehung dem öffentlichen Recht angehören (beliehene Unternehmer und die Kirchen als Körperschaften des öffentlichen Rechts), sind grundsätzlich möglich, weil solche Verfügungen nicht mit einer umfassenden Aufsichtsgewalt kollidieren. Im Bereich des Vollzugs der Hoheitsgewalt können jedoch nur die Aufsichtsbehörden bindende Anordnungen erlassen.

f) Polizeiliche Anordnungen gegen Organwalter — unter Umgehung der Hoheitsträger, deren Kompetenzen diese Organwalter vollziehen — sind ausgeschlossen. Derartige Anordnungen treffen den Organwalter nicht als Einzelperson, sondern regeln seine Amtsführung.

5. Soweit durch Sonderregelungen den Polizeibehörden die Möglichkeit eingeräumt wird, gegen Hoheitsträger des gleichen oder eines

anderen Rechtsträgers Anordnungen zu erlassen, kann auch eine Polizeipflicht dieser Hoheitsträger entstehen.

Falls der betroffene und der verfügende Hoheitsträger verschiedenen rechtlich selbständigen Hoheitsträgern zugehören, ergehen Polizeiverfügungen, die keinerlei Besonderheiten aufweisen. Sind sie Behörden desselben Hoheitsträgers, so ergehen „interne Weisungen", die nach Grundsätzen des Innenrechts verbindlich sind.

6. Soweit der Erlaß von Polizeiverfügungen gegen Hoheitsträger ausgeschlossen ist, gelten die Einwände nur gegenüber den Wirkungen eines Verwaltungsakts. Für die Entstehung der *gesetzlichen* Pflicht (die nicht identisch ist mit der Pflicht aufgrund des Verwaltungsakts), ist aber als Tatbestandsmerkmal nicht der Erlaß eines Verwaltungsakts erforderlich. Es genügt, daß die Polizeibehörde den Störer zu einem Verhalten auffordert, das zur Beseitigung der Störung notwendig und geeignet ist. Dieser Aufforderung (die in einer regulären Polizeiverfügung ebenfalls enthalten ist) kommt, anders als einem Verwaltungsakt, keine Rechtswirkung zu, die geeignet ist, das Fehlen von gesetzlichen Voraussetzungen der Polizeipflicht zu überspielen; sie wird insbesondere nicht unanfechtbar. Sie ist aber Tatbestandsmerkmal einer Polizeipflicht als Rechtspflicht und in diesem Sinn für die Entstehung der Polizeipflicht konstitutiv.

7. Polizeibehörden werden nicht polizeipflichtig, soweit es um Gefahren geht, für deren Abwehr sie zuständig sind. Die Polizeipflicht ist ein Mittel, das die Polizeibehörden zur Wahrnehmung ihrer Aufgabe einsetzen. Dessen bedarf es nicht, wenn die Gefahr von der Behörde ausgeht, die selbst für deren Beseitigung verantwortlich ist.

8. Die erarbeiteten Grundsätze zur Polizeipflicht von Hoheitsträgern gelten auch für das bayerische System der Spezialermächtigungen.

Entgegen anderer Stellungnahmen *(König)* ist es durchaus sinnvoll, auch für das bayerische Recht vom Bestehen einer besonderen „Polizeipflicht" im bisher dargelegten Sinn auszugehen, denn die Störerregelungen, die im preußischen Rechtskreis entwickelt wurden, gelten auch in Bayern. Das bedeutet nicht, daß auch der gegenständliche Umfang der Polizeipflicht im bayerischen Recht dem preußischen Recht entspricht.

9. Der Anspruch des Bürgers auf Einschreiten der Polizei scheitert nicht daran, daß ein Hoheitsträger polizeipflichtig ist, auch wenn in diesem Fall keine Polizeiverfügung ergehen kann und demgemäß eine Verpflichtungsklage nicht in Betracht kommt. Nach richtiger Auffassung ist dieser Anspruch ohnehin kein Anspruch auf Erlaß eines Verwal-

tungsakts, sondern er ist auf die tatsächliche Beseitigung einer eingetretenen Störung gerichtet.

10. Mit der erarbeiteten Lösung ist für die Verwaltungspraxis gewährleistet, daß jede Exemtion von Hoheitsträgern im Bereich des Polizeirechts vermieden wird. Polizeiliche Anordnungen haben danach zwar entsprechend dem Verhältnis der Polizeibehörde zur betroffenen Behörde unterschiedliche Rechtswirkungen; die gefahrenabwehrende Tätigkeit der Polizeibehörden wird dadurch aber nicht merklich behindert. Auf der anderen Seite wird den im Grundsatz richtigen Einwänden des Preußischen Oberverwaltungsgerichts, daß eine Polizeipflicht von Hoheitsträgern den organisatorischen Staatsaufbau (die staatliche Hierarchie) in Frage stellen könnte, voll Rechnung getragen.

Literaturverzeichnis

Anschütz, Gerhard: Die Verfassung des deutschen Reiches vom 11. August 1919, Neudruck der 14. Aufl., Bad Homburg vor der Höhe 1960
zit.: Anschütz, Reichsverfassung

Aretin, Johann Christian Freiherr von: Staatsrecht der constitutionellen Monarchie, 2. Band, 2. Auflage, Leipzig 1839
zit.: v. Aretin, Staatsrecht der constitutionellen Monarchie, Bd. 2

Bachof, Otto: Anmerkung zu BVerwG in DVBl. 1961, 125 ff. (= BVerwGE 11, 95 ff.), in: DVBl. 1961, S. 128 ff.
zit.: Bachof in DVBl. 1961, 128 ff.

— Ein neues Polizeigesetz in Bayern, in: DÖV 1955, S. 105 f.
zit.: Bachof in DÖV 1955, 105 f.

Baumgarten, Arthur: Rechtsphilosophie, München und Berlin 1929
zit.: Baumgarten, Rechtsphilosophie

Baur, Fritz: Der Ersatz von Aufwendungen für präventiven Gewässerschutz, in: JZ 1964, S. 354 ff.
zit.: Baur in JZ 1964, 354 ff.

Bartlsperger, Richard: Der Rechtsanspruch auf Beachtung von Vorschriften des Verfahrensrechts, in: DVBl. 1970, S. 30 ff.
zit.: Bartlsberger in DVBl. 1970, 30 ff.

Bettermann, Karl August: Die allgemeinen Gesetze als Schranken der Pressefreiheit, in: JZ 1964, S. 601 ff.
zit.: Bettermann in JZ 1964, 601 ff.

— Grenzen der Grundrechte, Berlin 1968
zit.: Bettermann, Grenzen der Grundrechte

Binder, Julius: Der Adressat der Rechtsnorm und seine Verpflichtung, Leipzig 1927
zit.: Binder, Adressat

— Philosophie des Rechts, Berlin 1925
zit.: Binder, Philosophie des Rechts

— Rechtsnorm und Rechtspflicht, Erlanger Prorektoratsrede, Leipzig 1912
zit.: Binder Rechtsnorm und Rechtspflicht

Bleutge, Rolf: Der Kommunalverfassungsstreit, Berlin 1970

Böckenförde, Ernst-Wolfgang: Gesetz und gesetzgebende Gewalt. Von den Anfängen der deutschen Staatsrechtslehre bis zur Höhe des staatsrechtlichen Positivismus, Berlin 1958
zit.: Ernst-Wolfgang Böckenförde, Gesetz und gesetzgebende Gewalt

Böhm, Otto: Das Verhältnis von Hoheitsträgern untereinander. Erwiderung zum Aufsatz Dörge in DÖV 1961, 527 ff. in: DÖV 1962, S. 257 ff.
zit.: Böhm in DÖV 1962, 257 ff.

Bornhak, Conrad: Preußisches Staatsrecht, 3. Band, 2. Aufl., Breslau 1914
zit.: Bornhak, Preußisches Staatsrecht, Bd. 3

Bornhak, Conrad: Die Rechtsprechung des Kammergerichts in verwaltungsrechtlichen Streitsachen, in: AöR Bd. 5, S. 401 ff.
zit.: Bornhak in AöR 5, 401 ff.

Burckhardt, Walther: Methode und System des Rechts, Zürich 1936
zit.: Walther Burckhardt, Methode und System des Rechts

Cramer, Johann Ulrich Freiherr von: Wetzlarische Nebenstunden, Achter Theil, Ulm 1757
zit.: v. Cramer, Wetzlarische Nebenstunden VIII

Danckelmann, Bernhard: Einleitung vor § 241 BGB, in: Palandt, Bürgerliches Gesetzbuch, 26. Auflage, München und Berlin 1967
zit.: Palandt-Danckelmann

Deutsch, Erwin: Grundmechanismen der Haftung nach deutschem Recht, in: JZ 1968, S. 721 ff.
zit.: Erwin Deutsch in JZ 1968, 721 ff.

Dietlein, Max Josef: Anmerkung zu BVerwG in DVBl. 1964, 921 ff. (= BVerwGE 18, 283 ff.), in: DVBl. 1964, S. 923 ff.
zit.: Dietlein in DVBl. 1964, 923 ff.

— Die Geltendmachung von Schadensersatzansprüchen im besonderen Gewaltverhältnis, in: NJW 1962, S. 1946 ff.
zit.: Dietlein in NJW 1962, 1946 ff.

Dörge, Hans: Das Verhältnis von Hoheitsträgern untereinander (am Beispiel von Liegenschaftsproblemen der Bundeswehrverwaltung), in: DÖV 1961, S. 527 ff.
zit.: Dörge in DÖV 1961, 527 ff.

Drews, Bill: Preußisches Polizeirecht. Allgemeiner Teil, Berlin 1927
zit.: Drews, Preußisches Polizeirecht

Drews, Bill und Gerhard *Wacke*: Allgemeines Polizeirecht, 7. Aufl., Berlin—Köln—München—Bonn 1961
zit.: Drews-Wacke, Polizeirecht

Dürig, Günther in: Maunz-Dürig-Herzog: Grundgesetz, Kommentar, Band I, 2. Aufl., München 1969
zit.: Dürig in Maunz-Dürig-Herzog, Grundgesetz

— Art. 2 des Grundgesetzes und die Generalermächtigung zu allgemeinpolizeilichen Maßnahmen, in: AöR Bd. 79, S. 57 ff.
zit.: Dürig in AöR 79, 57 ff.

Emmerig, Ernst: Die Befreiung des Polizeirechts vom strafrechtlichen Denken, in: BayVBl. 1955, S. 69 ff.
zit.: Emmerig in BayVBl. 1955, 69 ff.

Ewald, Klaus: Zur Beteiligtenfähigkeit im Kommunalverfassungsstreit, in: DVBl. 1970, S. 237 ff.
zit.: Ewald in DVBl. 1970, 237 ff.

Eyermann, Erich und Ludwig *Fröhler*: Verwaltungsgerichtsordnung, Kommentar, 4. Aufl., München und Berlin 1965
zit.: Eyermann-Fröhler, VwGO

Fleiner, Fritz: Institutionen des Deutschen Verwaltungsrechts, 8. Auflage, Tübingen 1928
zit.: Fleiner, Institutionen

Fleiner, Fritz: Über die Umbildung zivilrechtlicher Institute durch das öffentliche Recht, Tübingen 1906
zit.: Fleiner, Umbildung zivilrechtlicher Institute

Folz, Hans-Ernst: Polizeiliche Zuständigkeiten und kollidierende Kompetenzen anderer Hoheitsträger, in: JuS 1965, S. 41 ff.
zit.: Folz in JuS 1965, 41 ff.

Forsthoff, Ernst: Lehrbuch des Verwaltungsrechts, 1. Band, Allgemeiner Teil, 9. Auflage, München und Berlin 1966
zit.: Forsthoff, Verwaltungsrecht

Friauf, Karl-Heinrich: Polizei- und Ordnungsrecht, in: Besonderes Verwaltungsrecht, herausgegeben von Ingo von Münch, Bad Homburg, Berlin, Zürich 1969, S. 137 ff.
zit. Friauf, Polizei- und Ordnungsrecht

Fricker, K. V.: Über die Einwirkung des Erscheinens einer Verfassungsurkunde auf das bestehende Recht, in: Zeitschrift für die gesamte Staatswissenschaft 1887, S. 1 ff.
zit.: Fricker in Zeitschrift für die gesamte Staatswissenschaft 1887, 1 ff.

Friedrichs, Karl: Polizeiverwaltungsgesetz vom 1. Juni 1931, 2. Auflage, Berlin 1932
zit.: Friedrichs, Polizeiverwaltungsgesetz

Galette, Alfons: Zur Entwicklung des „Polizei- und Ordnungsrechts“, in: DVBl. 1955, S. 276 ff., 313 ff.
zit.: Galette in DVBl. 1955, 276

Gierke, Otto von: Deutsches Privatrecht, 1. Band, Allgemeiner Teil und Personenrecht, Leipzig 1895
zit.: v. Gierke, Privatrecht I

— Deutsches Privatrecht, 2. Band, Sachenrecht, Leipzig 1905
zit.: v. Gierke, Privatrecht II

Häberle, Peter: „Fiskalische“ Interessen als „öffentliche“ Interessen i. S. des § 80 Abs. 2 Nr. 4 VwGO, in: DVBl. 1967, S. 220 ff.
zit.: Häberle in DVBl. 1967, 220 ff.

— Öffentliches Interesse als juristisches Problem — Eine Analyse von Gesetzgebung und Rechtsprechung, Bad Homburg 1970
zit.: Häberle, Öffentliches Interesse

Hartung, Fritz: Deutsche Verfassungsgeschichte vom 15. Jahrhundert bis zur Gegenwart, 8. Auflage, Stuttgart 1964
zit.: Hartung, Deutsche Verfassungsgeschichte

Haueisen, Fritz: Der Verwaltungsakt im Lichte neuerer Überlegungen, in: DÖV 1961, S. 121 ff.
zit.: Haueisen in DÖV 1961, 121 ff.

Häussling, Josef M.: Besprechung von Hans-Ludwig Schreiber, Der Begriff der Rechtspflicht, in: JZ 1968, S. 438 f.
zit.: Häussling in JZ 1968, 438 f.

Heinrich, Herbert: Entwicklungstendenzen des Gewerberechts, in DVBl. 1966, S. 425 ff.
zit.: Heinrich in DVBl. 1966, 425 ff.

Henke, Wilhelm: Anmerkung zu VG Minden in DVBl. 1965, 780 ff., in: DVBl. 1965, S. 783 ff.
zit.: Henke in DVBl. 1965, 783 ff.

Henke, Wilhelm: Das subjektive öffentliche Recht auf Eingreifen der Polizei, in: DVBl. 1964, S. 649 ff.
zit.: Henke in DVBl. 1964, 649 ff.

Henrichs, Wilhelm: Anmerkung zu BVerwG in NJW 1964, 2030 f. (= BVerwGE 18, 283 ff.), in: NJW 1965, S. 2366 ff.
zit.: Henrichs in NJW 1965, 2366 ff.

— Anmerkung zu BVerwG in NJW 1965, 458 ff., in: NJW 1965, S. 458 ff.
zit.: Henrichs in NJW 1965, 458 ff.

Hesse, Konrad: Grundzüge des Verfassungsrechts der Bundesrepublik Deutschland, 4. Auflage, Karlsruhe 1970
zit.: Hesse, Grundzüge

— Der Rechtsschutz durch staatliche Gerichte im kirchlichen Bereich, Göttingen 1956
zit.: Hesse, Rechtsschutz durch staatliche Gerichte im kirchlichen Bereich

Holstein, Günther: Die Lehre von der öffentlich-rechtlichen Eigentumsbeschränkung, Berlin 1921
zit.: Holstein, Öffentlich-rechtliche Eigentumsbeschränkungen

Holtzmann, Ernst: Die „kopernikanische Wendung" im Polizeirecht, in: DVBl. 1965, S. 753 ff.
zit.: Holtzmann in DVBl. 1965, 753 ff.

Hoppe, Werner: Organstreitigkeiten vor den Verwaltungs- und Sozialgerichten, Siegburg 1970
zit.: Hoppe, Organstreitigkeiten

— Organstreitigkeiten und organisationsrechtliche subjektiv-öffentliche Rechte, in: DVBl. 1970, S. 765 ff.
zit : Hoppe in DVBl. 1970, 765 ff.

Huber, Ernst Rudolf: Der Streit um das Wirtschaftsverfassungsrecht (II), in: DÖV 1956, S. 135 ff.
zit.: E. R. Huber in DÖV 1956, 135 ff.

— Wirtschaftsverwaltungsrecht, II. Band, 2. Auflage, Tübingen 1954
zit.: E. R. Huber, Wirtschaftsverwaltungsrecht II

Humboldt, Wilhelm von: Ideen zu einem Versuch, die Gränzen der Wirksamkeit des Staates zu bestimmen, Breslau 1851
zit.: Wilhelm von Humboldt, Ideen zu einem Versuch, die Gränzen der Wirksamkeit des Staates zu bestimmen

Hurst, Karl: Probleme der Zustandshaftung nach dem Polizei- und Ordnungsrecht im Falle der Rechtsnachfolge, in: DVBl. 1963, S. 804 ff.
zit.: Karl Hurst in DVBl. 1963, 804 ff.

Hurst, Werner: Zur Problematik der polizeirechtlichen Handlungshaftung, in: AöR Bd. 83, S. 43 ff.
zit.: Werner Hurst in AöR 83, 43 ff.

Ipsen, Hans Peter: Enteignung und Sozialisierung, in: VVDStRL Bd. 10, S. 74 ff.
zit.: Ipsen in VVDStRL 10, 74 ff.

— Verwaltungsakte, Braunschweig 1957
zit.: Ipsen, Verwaltungsakte

Jahn, Friedrich-Adolf: Die Haftungsgrundlage bei Verletzungen der Verkehrssicherungspflicht auf öffentlichen Straßen, in: JuS 1965, S. 165 ff.
zit.: Jahn in JuS 1965, 165 ff.

Jellinek, Walter: Kritische Bemerkungen zum Entwurf eines preußischen Polizeiverwaltungsgesetzes, in: RuPrVBl. 1931, S. 121 ff.
zit.: Walter Jellinek in RuPrVBl. 1931, 121 ff.

— Gesetz, Gesetzesanwendung und Zweckmäßigkeitserwägung, Tübingen 1913
zit.: Walter Jellinek, Gesetz, Gesetzesanwendung und Zweckmäßigkeitserwägung

— Verwaltungsrecht, Neudruck der 3. Auflage, Bad Homburg v. d. Höhe—Berlin—Zürich 1966
zit.: Walter Jellinek, Verwaltungsrecht

Jesch, Dietrich: Gesetz und Verwaltung, 2. Auflage, Tübingen 1968
zit.: Jesch, Gesetz und Verwaltung

— Rechtsstellung und Rechtsschutz der Gemeinden bei der Wahrnehmung „staatlicher" Aufgaben, in: DÖV 1960, S. 739 ff.
zit.: Jesch in DÖV 1960, 739 ff.

Kant, Immanuel: Über den Gemeinspruch: Das mag in der Theorie richtig sein, taugt aber nicht für die Praxis: Ausgabe Wissenschaftliche Buchgesellschaft, Darmstadt 1964, Band 9
zit.: Kant, Über den Gemeinspruch

Kelsen, Hans: Hauptprobleme der Staatsrechtslehre, Neudruck der 2. Aufl. 1923, Aalen 1963
zit.: Kelsen, Hauptprobleme

— Reine Rechtslehre, 2. Auflage, Wien 1960
zit.: Kelsen, Reine Rechtslehre

Kemper, Gerd Heinrich: Pressefreiheit und Polizei, Berlin 1964
zit.: Kemper, Pressefreiheit und Polizei

Kerstiens: Die Reform des Polizeirechts in Preußen, in: VerwArch Bd. 36, S. 206 ff.
zit.: Kerstiens in VerwArch Bd. 36, 206 ff.

Kirn, Michael: Der Hintergrund der Verjährungsfrage, in: ZfRP 1968, S. 3 ff.
zit.: Kirn in ZfRP 1968, 3 ff.

Kisker, Gunter: Insichprozeß und Einheit der Verwaltung, Baden-Baden 1968
zit.: Kisker, Insichprozeß

Knapp, Ludwig: System der Rechtsphilosophie, Neudruck der Ausgabe Erlangen 1857, Aalen 1963
zit.: Knapp, System der Rechtsphilosophie

Knauth, Rudolf und Kurt *Wagner:* Landesverwaltungsordnung für Thüringen vom 10. Juni 1926, Kommentar, Weimar 1927
zit.: Knauth-Werner, Landesverwaltungsordnung für Thüringen

Knies, Wolfgang: Schranken der Kunstfreiheit als verfassungsrechtliches Problem, München 1967
zit.: Knies, Schranken der Kunstfreiheit

Kölble, Josef: Die hoheitliche Verwaltung des Bundes und die Staatsgewalt der Länder, in: DÖV 1962, S. 661 ff.
zit.: Kölble in DÖV 1962, 661 ff.

König, Hans-Günther: Allgemeines Sicherheits- und Polizeirecht in Bayern, Band III 2. Halbband von Ule-Brauchitsch, Verwaltungsgesetze des Bundes und der Länder, Köln—Berlin—Bonn—München 1962
zit.: König, Polizeirecht in Bayern

Köttgen, Arnold: Der Einfluß des Bundes auf die deutsche Verwaltung und die Organisation der bundeseigenen Verwaltung (Berichtszeit: Legislaturperiode des 1. Bundestages), in: JöR 1954, S. 67 ff.
zit.: Köttgen in JöR 1954, 67 ff.

— Der Einfluß des Bundes auf die deutsche Verwaltung und die Organisation der bundeseigenen Verwaltung (Berichtzeit: 2. und 3. Legislaturperiode), in: JöR 1962, S. 173 ff.
zit.: Köttgen in JöR 1962, 173 ff.

Krückmann, Paul: Einführung in das Recht, Tübingen 1912
zit.: Krückmann, Einführung in das Recht

Krüger, Herbert: Grundgesetz und Kartellgesetzgebung, Göttingen 1950
zit.: Herbert Krüger, Grundgesetz und Kartellgesetzgebung

— Der Rundfunk im Verfassungsgefüge und in der Verwaltungsordnung von Bund und Ländern, Hamburg 1960
zit.: Herbert Krüger, Der Rundfunk

— Völkerrecht im Bundesstaat, in: Um Recht und Gerechtigkeit, Festschrift für Erich Kaufmann, Stuttgart und Köln 1950, S. 239 ff.
zit.: Herbert Krüger, Völkerrecht im Bundesstaat

Lassar, Gerhard: Der Erstattungsanspruch im Verwaltungs- und Finanzrecht, Berlin 1921
zit.: Lassar, Erstattungsanspruch

Laband, Paul: Das Staatsrecht des Deutschen Reiches, 4. Auflage, Tübingen und Leipzig 1901
zit.: Laband, Staatsrecht II

Lent, Friedrich und Othmar *Jauernig:* Zivilprozeßrecht. Ein Studienbuch, 13. Auflage, München und Berlin 1966
zit.: Lent-Jauernig, Zivilprozeßrecht

Loening, Edgar: Lehrbuch des Deutschen Verwaltungsrechts, Leipzig 1884
zit.: Loening, Deutsches Verwaltungsrecht

Loewenstein, Karl: Verfassungslehre, 2. Auflage, Tübingen 1969
zit.: Loewenstein, Verfassungslehre

Lorenz, Dieter: Zur Problematik des verwaltungsgerichtlichen Insichprozesses, in: AöR Bd. 93, S. 308 ff.
zit.: Lorenz in AöR 93, 308 ff.

Mallmann, Walter: Schranken nichthoheitlicher Verwaltung, in: VVDStRL Bd. 19, S. 165 ff.
zit.: Mallmann in VVDStRL 19, 165 ff.

Mang, Johann und Alfons *Simon:* Bayerische Bauordnung, München, Stand 1968
zit.: Mang-Simon, Bayerische Bauordnung

Mangoldt, Hermann von und Friedrich *Klein:* Das Bonner Grundgesetz, Band I, 2. Auflage, Berlin und Frankfurt 1957
zit.: v. Mangoldt-Klein, Grundgesetz

— Das Bonner Grundgesetz, Band II, 2. Auflage, Berlin und Frankfurt 1964
zit.: v. Mangoldt-Klein, Grundgesetz

Martens, Joachim: Normenvollzug durch Verwaltungsakt und Verwaltungsvertrag, in: AöR Bd. 89, S. 429 ff.
zit.: Joachim Martens in AöR 89, 429 ff.

Martens, Joachim: Zur Begriffsbestimmung des Verwaltungsaktes, in: DVBl. 1968, S. 322 ff.
zit.: Joachim Martens in DVBl. 1968, 322 ff.

Martens, Wolfgang: Anmerkung zu BGH in DVBl. 1968, 148 ff., in: DVBl. 1968, S. 150
zit.: Wolfgang Martens in DVBl. 1968, 150

— Öffentlich als Rechtsbegriff, Bad Homburg, Berlin, Zürich 1969
zit.: Wolfgang Martens, Öffentlich als Rechtsbegriff

— Öffentlichrechtliche Probleme des negatorischen Rechtsschutzes gegen Immissionen, in: Hamburger Festschrift für Schack, Hamburg 1966, S. 85 ff.
zit.: Wolfgang Martens, Rechtsschutz gegen Immissionen

— Zum Rechtsanspruch auf polizeiliches Handeln, in: JuS 1962, S. 245 ff.
zit.: Wolfgang Martens in JuS 1962, 245 ff.

Maunz, Theodor: in: Maunz-Sigloch-Schmidt-Bleibtreu-Klein: Bundesverfassungsgerichtsgesetz, München und Berlin 1967
zit.: Maunz, Bundesverfassungsgerichtsgesetz

— in: Maunz-Dürig-Herzog: Grundgesetz, Kommentar, Band I und II, 2. Auflage, München 1969
zit.: Maunz in Maunz-Dürig-Herzog, Grundgesetz

Maurer, Hartmut: Polizei und Geschäftsführung ohne Auftrag, in: JuS 1970, S. 561 ff.
zit.: Maurer in JuS 1970, 561 ff.

Mayer, Franz: Die Eigenständigkeit des bayerischen Verwaltungsrechts, dargestellt an Bayerns Polizeirecht, München 1958
zit.: Franz Mayer, Bayerns Polizeirecht

— Der Rechtswert des Begriffs „Öffentliche Sicherheit und Ordnung", in: DVBl. 1959, S. 449 ff.
zit.: Franz Mayer in DVBl. 1959, 449 ff.

— in: Mang, Maunz, Mayer, Obermayer: Staats- und Verwaltungsrecht in Bayern, München 1962
zit.: Franz Mayer in Staats- und Verwaltungsrecht in Bayern

Mayer, Otto: Deutsches Verwaltungsrecht, 1. Band, 1. Auflage, Leipzig 1895
zit.: Otto Mayer, Verwaltungsrecht I, 1. Aufl.

— Deutsches Verwaltungsrecht, 1. Band, 3. Auflage, München und Leipzig 1924
zit.: Otto Mayer, Verwaltungsrecht I

— Deutsches Verwaltungsrecht, 2. Band, 3. Auflage, München und Leipzig 1924
zit.: Otto Mayer, Verwaltungsrecht II

Meder, Götz: Das Prinzip der Rechtmäßigkeitsvermutung, Berlin 1970
zit.: Götz Meder, Rechtmäßigkeitsvermutung

Medicus, Dieter: Anmerkung zu OLG Nürnberg in JZ 1967, S. 61 ff. und AG Düsseldorf in JZ 1967, S. 62 f., in: JZ 1967, S. 63 ff.
zit.: Medicus in JZ 1967, 63 ff.

Meier, Ernst: Die Reform der Verwaltungs-Organisation unter Stein und Hardenberg, Leipzig 1881
zit.: E. Meier, Reform der Verwaltungs-Organisation

Meier, Ernst von: Das Verwaltungsrecht, in: Encyklopädie der Rechtswissenschaft, herausgegeben von Franz von Holtzendorff, 5. Aufl., Leipzig 1890, S. 1157 ff.
zit.: Ernst v. Meier, in: von Holtzendorffs Enzyklopädie, 1157 ff.

Meister, Hans: Unser Staatshaftungsrecht — kleine Einführung in die praktische Rechtslogik, in: JZ 1969, S. 749 ff.
zit.: Meister in JZ 1969, 749 ff.

Menger, Christian-Friedrich und Hans-Uwe *Erichsen:* Höchstrichterliche Rechtsprechung zum Verwaltungsrecht, in: VerwArch Bd. 60, S. 89 ff.
zit.: Menger und Erichsen in VerwArch 60, 89 ff.

Meyer, Georg: Besprechung von: Laband, Das Staatsrecht des deutschen Reiches, Zweiter Band, Tübingen 1878, in: Hirth, Annalen des Deutschen Reichs, Leipzig 1878, 369 ff.
zit.: Georg Meyer, in Hirths Annalen 1878

— Lehrbuch des Deutschen Verwaltungsrechts, 1. Teil, 4. Auflage, bearbeitet von Franz Dochow, München und Leipzig 1913
zit.: Georg Meyer, Verwaltungsrecht I

Mikat, Paul: Kirchliche Streitsachen vor den Verwaltungsgerichten, in: Staatsbürger und Staatsgewalt, Jubiläumsschrift zum 100jährigen Bestehen der deutschen Verwaltungsgerichtsbarkeit und zum 10jährigen Bestehen des Bundesverwaltungsgerichts. Band II, S. 315 ff., Karlsruhe 1963
zit. Kirchliche Streitsachen

Model, Otto und Klaus *Müller:* Grundgesetz, 4. Auflage, Köln, Berlin, Bonn, München 1965
zit.: Model-Müller, Grundgesetz

Nelson, Leonard: Die Rechtswissenschaft ohne Recht, 2. Auflage, Göttingen, Hamburg 1949
zit.: Nelson, Rechtswissenschaft ohne Recht

Obermayer, Klaus: Die baurechtliche Behandlung öffentlicher Bauten, in: DVBl. 1958, S. 419 ff.
zit.: Obermayer in DVBl. 1958, 419 ff.

Oertel, A.: Die Städteordnung für die sechs Provinzen der Preußischen Monarchie, 7. Auflage, Liegnitz 1931
zit.: Oertel, Städteordnung

Ossenbühl, Fritz: Die Rechtsnachfolge des Erben in die Polizei- und Ordnungspflicht, in: NJW 1968, S. 1992 ff.
zit.: Ossenbühl in NJW 1968, 1992 ff.

Pappermann, Ernst: Anmerkung zu OVG Saarlouis in JZ 1970, 283 ff., in: JZ 1970, S. 286 f.
zit.: Pappermann in JZ 1970, 286 f.

Peters, Hans: Die Gegenwartslage des Staatskirchenrechts, in: VVDStRL Bd. 11, S. 177 ff.
zit.: Peters in VVDStRL 11, 177 ff.

— Die Polizeiwidrigkeit und ihre Beziehung zur Rechtswidrigkeit, in: VerwArch Bd. 29, S. 369 ff.
zit.: Peters in VerwArch 29, 369 ff.

Puntschart, Paul: Besprechung von Binder, Rechtsnorm und Rechtspflicht, in: Kritische Vierteljahresschrift für Gesetzgebung und Rechtswissenschaft, 3. Folge, Band 13, S. 481 ff.
zit.: Puntschart in Kritische Vierteljahresschrift, 3. Folge, Band 13, S. 481 ff.

Pütter, Johann Stephan: Institutiones iuris publici germanici, Göttingen 1802, zit.: Pütter, Institutiones iuris publici germanici

Quaritsch, Helmut: Eigentum und Polizei, in: DVBl. 1959, S. 455 ff.
zit.: Quaritsch in DVBl. 1959, 455

Rasch, Ernst: Entstehung und Auflösung von Körperschaften des öffentlichen Rechts. Zugleich ein Beitrag zur Rechtsnatur der Gebietsänderungsakte, in: DVBl. 1970, S. 765 ff.
zit.: Rasch in DVBl. 1970, 765 ff.

— Die staatliche Verwaltungsorganisation. Allgemeines — Rechtliche Grundlagen — Aufbau, Köln 1967
zit.: Rasch, Verwaltungsorganisation

Reiff, Hermann: Polizeigesetz für Baden-Württemberg, Stuttgart—München—Hannover 1956
zit.: Reiff, Polizeigesetz für Baden-Württemberg

Reigl, Otto: Landesrecht und Bundesverwaltung, in: DÖV 1967, S. 397 ff.
zit.: Reigl in DÖV 1967, 397 ff.

Renck, Ludwig: Verwaltungsakt und Gesetzesvorbehalt — BVerwGE 18, 283, in: JuS 1965, S. 129 ff.
zit.: Renck in JuS 1965, 129 ff.

Rönne, Ludwig: Das Staatsrecht der preußischen Monarchie, 2. Band, 5. Auflage, bearbeitet von Ludwig Zorn, Leipzig 1906
zit.: Rönne, Staatsrecht II

Rosin, Heinrich: Das Polizeirecht in Preußen, 1. Auflage, Breslau 1882
zit.: Rosin, Polizeiverordnungsrecht (1. Aufl.)

— Das Polizeiverordnungsrecht in Preußen, 2. Auflage, Berlin 1895
zit.: Rosin, Polizeiverordnungsrecht

— Der Begriff der Polizei und der Umfang des polizeilichen Verfügungs- und Verordnungsrechts in Preußen, Berlin 1895
zit.: Rosin, Begriff der Polizei

Rösslein, Thomas: Der Folgenbeseitigungsanspruch, Berlin 1968
zit.: Rösslein, Folgenbeseitigungsanspruch

Rudolf, Walter: Polizei gegen Hoheitsträger, Tübingen 1965
zit.: Rudolf, Polizei gegen Hoheitsträger

Rupp, Hans Heinrich: Anmerkung zu BVerwG in JZ 1965, 179 f. (= BVerwGE 18, 283 ff.), in: JZ 1965, S. 180 f.
zit.: Rupp in JZ 1965, 180 f.

— Besprechung von Werner Hoppe, Organstreitigkeiten vor den Verwaltungs- und Sozialgerichten, in: DVBl. 1970, S. 594 f.
zit.: Rupp in DVBl. 1970, 594 f.

— Ermessensspielraum und Rechtsstaatlichkeit, in: NJW 1969, S. 1273 ff.
zit.: Rupp in NJW 1969, 1273 ff.

— Grundfragen der heutigen Verwaltungsrechtslehre. Verwaltungsnorm und Verwaltungsrechtsverhältnis, Tübingen 1965
zit.: Rupp, Grundfragen

Rupp, Hans Heinrich: Der Schadenersatz- und Regreßanspruch des Dienstherrn im „besonderen Gewaltverhältnis“ und seine Durchsetzung — Zugleich ein Beitrag zur Lehre vom Verwaltungsakt, in: DVBl. 1963, S. 577 ff.
zit.: Rupp in DVBl. 1963, 577 ff.

Salzwedel, Jürgen: Die Grenzen der Zulässigkeit des öffentlich-rechtlichen Vertrages, Berlin 1958
zit.: Salzwedel, Öffentlich-rechtlicher Vertrag

Samper, Rudolf: Kommentar zum bayerischen Polizeiaufgabengesetz — PAG —, 2. Auflage, München 1969
zit.: Samper, Bayerisches Polizeiaufgabengesetz

Sarwey, Otto von: Allgemeines Verwaltungsrecht, Freiburg i. Br. 1887
zit.: v. Sarwey, Verwaltungsrecht

Sauer, Hubert: Das normativ vorgeschriebene Zusammenwirken verschiedener Verwaltungsbehörden beim Erlaß von Verwaltungsakten. Diss. iur. Marburg 1966
zit.: Sauer, Zusammenwirken verschiedener Verwaltungsbehörden

Schelcher, Walter: Art. 153. Die Rechte und Pflichten aus dem Eigentum, in: Die Grundrechte und Grundpflichten der Reichsverfassung, herausgegeben von Hans Carl Nipperdey, Berlin 1930, S. 196 ff.
zit.: Schelcher, Art. 153 WRV

Schering: Allgemeines Landrecht für die Preußischen Staaten, I. Band, 2. Auflage, Berlin 1869
zit.: Schering, Allgemeines Landrecht I

Scheuner, Ulrich: Voraussetzungen und Formen der Errichtung öffentlicher Körperschaften (außerhalb des Kommunalrechts), in: Gedächtnisschrift Hans Peters, Berlin, Heidelberg, New York 1967
zit.: Scheuner, Errichtung öffentlicher Körperschaften

Scheurer, Hans: Unterwerfung der Bundesverwaltung unter Landesrecht?, Diss. iur. Heidelberg 1965
zit.: Scheurer, Unterwerfung der Bundesverwaltung unter Landesrecht

Schiedermair, Rudolf: Einführung in das bayerische Polizeirecht, München und Berlin 1961
zit.: Schiedermair, Bayerisches Polizeirecht

Schmidt, R.: Anmerkung zum „Hannoverschen Lärmprozeß“ (LVG Hannover in APF 1958, 62 ff.; OVG Lüneburg in APF 1958, 68 ff. = AS 12, 340 ff.), in: APF 1958, S. 70 ff.
zit.: R. Schmidt in APF 1958, 70 ff.

Schmidt, Reimer: Die Obliegenheiten. Studien auf dem Gebiet des Rechtszwanges im Zivilrecht unter besonderer Berücksichtigung des Privatversicherungsrechts
zit.: Reimer Schmidt, Obliegenheit

Schmidt, Walter: Pressefreiheit, allgemeine Gesetze und Polizei, in: JZ 1967, S. 151 ff.
zit.: Walter Schmidt in JZ 1967, 151 ff.

— Das Verhältnis von Bund und Ländern im demokratischen Rechtsstaat des Grundgesetzes, in: AöR Bd. 87, S. 253 ff.
zit.: Walter Schmidt in AöR 87, 253 ff.

Schnur, Roman: Probleme um den Störerbegriff im Polizeirecht, in: DVBl. 1962, S. 1 ff.
zit.: Schnur in DVBl. 1962, 1 ff.

Scholz, Rupert: Anmerkung zu BVerwG in DVBl. 1968, 749 ff. (= BVerwGE 29, 52 ff.), in: DVBl. 1969, S. 116 f.
zit.: Scholz in DVBl. 1969, 116

— Zur Polizeipflicht von Hoheitsträgern, in: DVBl. 1968, S. 732 ff.
zit.: Scholz in DVBl. 1968, 732 ff.

Schönfelder, Hermann: Polizeiliche Eingriffe gegen Hoheitsträger, Diss iur. Frankfurt 1969
zit.: Schönfelder, Polizeiliche Eingriffe gegen Hoheitsträger

Schreiber, Hans-Ludwig: Der Begriff der Rechtspflicht, Berlin 1966
zit.: Hans-Ludwig Schreiber, Begriff der Rechtspflicht

Schroeder, Friedrich-Christian: Die Bestimmtheit von Strafgesetzen am Beispiel des groben Unfugs, in: JZ 1969, S. 775 ff.
zit.: Schroeder in JZ 1969, 775 ff.

Schücking, Walther: Quellensammlung zum Preußischen Staatsrecht, Leipzig 1906
zit.: Schücking, Quellensammlung zum Preußischen Staatsrecht

Schütz, Erwin: Juristische Personen (Körperschaften, rechtsfähige Anstalten, rechtsfähige Stiftungen) des öffentlichen Rechts, in: DöD 1969, S. 161 ff.
zit.: Schütz in DöD 1969, 161 ff.

Siber, H.: Recht der Schuldverhältnisse, Allgemeiner Teil, in: Plancks Kommentar zum Bürgerlichen Gesetzbuch, II. Band, 1. Hälfte, 4. Auflage, Berlin 1914
zit.: Planck-Siber

Siebert, Wolfgang: Zur neueren Rechtsprechung über die Abgrenzung von Zivilrechtsweg und Verwaltungsrechtsweg, in: DÖV 1959, S. 733 ff.
zit.: Wolfgang Siebert in DÖV 1959, 733 ff.

Sohm, Rudolf, Ludwig *Mitteis* und Leopold *Wenger:* Institutionen — Geschichte und System des Römischen Privatrechts, 17. Auflage, Berlin 1949
zit.: Sohm-Mitteis-Wenger, Institutionen

Stahl, Friedrich Julius: Die Philosophie des Rechts, 2. Band: Rechts- und Staatslehre auf der Grundlage christlicher Weltanschauung. 2. Abteilung, 2. Auflage, Heidelberg 1846
zit.: Stahl, Die Philosophie des Rechts, II 2.

Stödter, Rolf: Öffentlich-rechtliche Entschädigung, Hamburg 1933
zit.: Stödter, Öffentlich-rechtliche Entschädigung

Stumpp, Hans: Die Bestimmtheit von Verwaltungsakten, in: DVBl. 1968, S. 330 ff.
zit.: Stumpp in DVBl. 1968, 330 ff.

Thoma, Richard: Der Polizeibefehl im Badischen Recht, 1. Teil, Tübingen 1906
zit.: Thoma, Polizeibefehl

Tsatsos, Dimitris: Der verwaltungsgerichtliche Organstreit, Bad Homburg, Berlin, Zürich 1969

Ule, C. H. und D. *Fittschen:* Anmerkung zum Urteil des Bundesgerichtshofes vom 18. 3. 1964 in JZ 1965, 313 ff., in: JZ 1965, S. 315 ff.
zit.: Ule und Fitschen in JZ 1965, 315 ff.

Ule, Hermann und Ernst *Rasch:* Allgemeines Polizei- und Ordnungsrecht, Köln—Berlin—Bonn—München 1965
zit.: Ule-Rasch, Polizeirecht

Unruh, Christoph von: Gemeinderecht, in: Besonderes Verwaltungsrecht, herausgegeben von Ingo von Münch, Bad Homburg, Berlin, Zürich 1969, S. 82 ff.
zit.: v. Unruh, Gemeinderecht

Vogels: Polizei und staatliches Hoheitsrecht, in: PrVBl. Bd. 34, S. 706 f.
zit.: Vogels in PrVBl. Bd. 34, 706 f.

Wacke, Gerhard: Besprechung zu Walter Rudolf, Polizei gegen Hoheitsträger, in: DVBl. 1966, S. 513 f.
zit.: Wacke in DVBl. 1966, 513 f.

Wagner, Heinz: Amts- oder Fiskalhaftung? Zur Abgrenzung zwischen öffentlichem und privatem Recht im System der staatlichen Ersatzleistungen, in: JZ 1968, S. 245 ff.
zit.: Heinz Wagner in JZ 1968, 245 ff.

Weber, Hermann: Die Religionsgemeinschaften als Körperschaften des öffentlichen Rechts im System des Grundgesetzes, Berlin 1966
zit.: Hermann Weber, Religionsgemeinschaften als Körperschaften des öffentlichen Rechts

Weber, Werner: Gutachten zum Urteil des LVG Hannover v. 14. April 1955 (APF 58, 62 ff.), in: APF 58, S. 65 ff.
zit.: Werner Weber in APF 1958, 65 ff.

Weidemann, Helmut: Anmerkung zu HessVGH in NJW 1966, 2183 f., in: NJW 1967, S. 124 f.
zit.: Weidemann in NJW 1967, 124 f.

Weimar, Robert: Der polizeiliche Eingriff in den Wirkungsbereich anderer staatlicher Aufgabenträger, in: DÖV 1960, S. 114 ff.
zit.: Weimar in DÖV 1960, 114 ff.

Welzel, Hans: Gesetz und Gewissen, in: Festschrift zum hundertjährigen Bestehen des Deutschen Juristentages 1860—1960, 1. Band, Karlsruhe 1960, S. 383 ff.
zit.: Welzel, Gesetz und Gewissen

— Macht und Recht (Rechtspflicht und Rechtsgeltung), in: Festschrift für Gottfried Hugelmann, 2. Band, Aalen 1959, S. 833 ff.
zit.: Welzel, Macht und Recht

Wiethaup, Hans: Zuständigkeitsgrenzen der Polizei bei der Lärmbekämpfung, in: JR 1962, S. 415 ff.
zit.: Wiethaup in JR 1962, 415 ff.

Wolf, Ernst: Anleitung zum Lösen zivilrechtlicher Fälle, in: JuS 1962, S. 101 ff.
zit.: Ernst Wolf in JuS 1962, 101 ff.

Wolff, Hans Julius: Verwaltungsrecht, Band I, 7. Auflage, München 1968
zit.: H. J. Wolff, Verwaltungsrecht I

— Verwaltungsrecht, Band III, 2. Auflage, München und Berlin 1967
zit.: H. J. Wolff, Verwaltungsrecht III

Wolff, Martin: Reichsverfassung und Eigentum, in: Festgabe der Berliner juristischen Fakultät für Wilhelm Kahl
zit.: Martin Wolff, Reichsverfassung und Eigentum

Wolzendorff, Kurt: Der Polizeigedanke des modernen Staates, Neudruck, Aalen 1964
zit.: Wolzendorff, Polizeigedanke

— Die Grenzen der Polizeigewalt, 1. Teil: Über den Umfang der Polizeigewalt im Polizeistaat, Marburg 1905
zit.: Wolzendorff, Grenzen der Polizeigewalt I

— Die Grenzen der Polizeigewalt, 2. Teil: Die Entwicklung des Polizeibegriffs im 19. Jahrhundert, Marburg 1906
zit.: Wolzendorff, Grenzen der Polizeigewalt II

Zeidler, Karl: Schranken nichthoheitlicher Verwaltung, in: VVDStRL Bd. 19, S. 208 ff.
zit.: Zeidler in VVDStRL 19, 208 ff.

Zeumer, Karl: Quellensammlung zur Geschichte der Deutschen Reichsverfassung in Mittelalter und Neuzeit, 2. Auflage, Tübingen 1913

Zimmermann, Gustav: Wesen, Geschichte, Literatur, characteristische Tätigkeiten und Organisation der modernen Polizei, Hannover 1852
zit.: Zimmermann, Die moderne Polizei

Zuleeg, Manfred: Die Ermessensfreiheit des Verordnungsgebers, in: DVBl. 1970, S. 157 ff.
zit.: Zuleeg in DVBl. 1970. 157 ff.

FSC
www.fsc.org
MIX
Papier | Fördert gute Waldnutzung
FSC® C083411

Kolibri 360 GmbH
Ferdinand-Jühlke-Straße 7
99095 Erfurt, Deutschland
produktsicherheit@kolibri360.de

Druck:
CPI Druckdienstleistungen GmbH
im Auftrag der
Kolibri 360 GmbH
Ferdinand-Jühlke-Str. 7
99095 Erfurt